未成年人司法保护社会工作实务

章恩友 等 著

天津大学出版社
TIANJIN UNIVERSITY PRESS

图书在版编目（CIP）数据

未成年人司法保护社会工作实务 / 章恩友等著.
天津 ： 天津大学出版社, 2024. 8. -- ISBN 978-7-5618-7805-7

Ⅰ. D926.8

中国国家版本馆CIP数据核字第2024EE2579号

出版发行 天津大学出版社
地　　址 天津市卫津路92号天津大学内（邮编：300072）
电　　话 发行部：022-27403647
网　　址 www.tjupress.com.cn
印　　刷 北京虎彩文化传播有限公司
经　　销 全国各地新华书店
开　　本 787mm×1092mm　1/16
印　　张 12
字　　数 300千
版　　次 2024年8月第1版
印　　次 2024年8月第1次
定　　价 50.00元

撰稿人员名单

（以撰写章节先后为序）

章恩友　宋秋英　栗志杰　贡太雷
朱佩林　张　凯　李晓娥　郭　伟

前　言

未成年人作为社会弱势群体，其基本权益受到国家政策法规的特殊保护和社会公众的高度重视。近年来，国内外学者针对未成年人保护进行了较为全面的理论架构与实践探索，但在司法保护社会工作领域，对具有严重不良行为的未成年人、违法犯罪未成年人、被害未成年人以及其他相关困境未成年人的社会调查、心理疏导、教育矫治、司法救助、社会帮扶等方面的体系性、指导性、规范性探索相对薄弱。事实上，对于未成年人合法权益的充分保护，尤其是对具有严重不良行为的未成年人的危机干预、对违法犯罪未成年人的综合矫治、对被害未成年人的多元救助，不仅需要各地公安机关、人民检察院、人民法院、司法行政部门、学校以及家庭的协同联动，更需要多种社会力量的专业介入和广泛参与。在当前全面依法治国和社会治理法治化的背景下，未成年人司法保护的事前多级预防、事中及时介入与事后综合矫治亟待完善。而未成年人司法保护社会工作实务的开展便成为中央有部署、行业有需求、民众有期待的焦点所在。

党和国家历来高度重视未成年人的健康成长，制定了一系列专门保护未成年人合法权益和预防未成年人犯罪的法律法规，确立了未成年人的法律地位。习近平总书记强调，“全社会都要关心少年儿童成长，支持少年儿童工作。对损害少年儿童权益、破坏少年儿童身心健康的言行，要坚决防止和依法打击”[①]，号召“各级党委和政府、全社会都要关心关爱少年儿童，为少年儿童茁壮成长创造有利条件”[②]。党的十八大以来，以习近平同志为核心的党中央多次作出重要指示和决策部署，对完善未成年人保护相关法律制度、改进未成年人保护工作，提出明确的要求。为了进一步加强未成年人司法保护工作，中央综治委（中央社会治安综合治理委员会）、共青团中央、最高人民检察院、最高人民法院、公安部、司法部、教育部、民政部、财政部等部门纷纷发布了《关于全面加强未成年人国家司法救助工作的意见》《关于构建未成年人检察工作社会支持体系合作框架协议》《关于做好政府购买青少年社会工作服务的意见》《关于深化预防青少年违法犯罪工作的意见》《关于依法严惩利用未成年人实施黑恶势力犯罪的意见》《关于建立侵害未成年人案件强制报告制度的意见（试行）》《未成年人法律援助服务指引（试行）》《未成年人学校保护规定》《关于未成年人犯罪记录封存的实施办法》等。2021 年 6 月 1 日，新修订的《中华人民共和国未成年人保护法》《中华人民共和国预防未成年人犯罪法》正式施行，其中特别强调了社会工作专业参与未成年人司法保护的必要性。2023 年 6 月 1 日，最高人民检察院发布《未成年人检察工作白皮书（2022）》，其中强调，“认真贯彻落实新修订的未成年人保护法、预防未成年人犯罪法有关专门机构或者专门人员配备的要求，进一步加强专业化建设”，同时重申“持续加强未成年人

---

① 霍小光，周英峰．坚决防止和依法打击损害少儿权益破坏少儿身心健康的言行[N]．法制日报，2013-05-31（1）．

② 国家发展和改革委员会政策研究室．国家发展和改革委员会新闻发布会实录（2021 年）[M]．北京：中国计划出版社，2022：505．

检察规范化建设”，“强化未成年人司法保护、完善专业化与社会化相结合的保护体系”[①]。专业化要求、规范化保障、社会化建设，是做好未成年人检察工作的前提和基础，为未成年人司法保护社会工作者队伍建设提供了基本遵循。而持续加强未成年人司法保护，不断提升未成年人司法保护社会工作的系统化、专业化、规范化水平，已成为落实新时代未成年人保护法律体系建设要求的应有之义。

随着知识经济时代的到来，我国正在步入一个高度专业化时代，对过去由一人完成的工作进行更专业化的细分，加快了工作进度、提高了工作质效。就未成年人司法保护工作而言，新时代不仅对公检法司各自的立案监督、逮捕、关押、预审、起诉、审判、辩护、管教等的专业化要求很高，而且对社会力量参与社会调查、教育矫正、情绪疏导、心理矫治、生活指引、观护帮教、司法救助等方面工作的要求也很高。当然，未成年人司法保护工作专业化并非一蹴而就的，而是经历了从萌芽到基本实现再到初具规模的过程。上海是我国开展未成年人司法保护工作专业化探索最早的地区。1984 年，上海市长宁区人民法院建立了第一个专门审理未成年人刑事案件的合议庭。随后，根据第五届全国人民代表大会第二次会议于 1979 年 7 月 1 日通过的《中华人民共和国刑事诉讼法》中关于未成年人刑事案件诉讼特殊程序的专门规定，上海市第八届人民代表大会常务委员会在 1987 年公布的《上海市青少年保护条例》中明确要求，公安机关、检察院和法院要分别组织专门的预审组、起诉组、合议庭，采取适合青少年特点的方式方法讯问、审查和审理青少年违法犯罪案件。长宁区在区人大、区政法委的重视下以及区公检法司的互相配合下，初步形成了对未成年犯关押、预审、起诉、审判、辩护、管教的“一条龙”司法工作体系，即“公检法司机关在办理少年案件中形成配套成龙的体系”[②]，到了 20 世纪 90 年代初期，建立“司法一条龙”和“社会一条龙”的两条龙体系被正式提出并作为未成年人司法制度建设的重要目标。尤其是始自 2003 年的社会工作专职化，为未成年人司法保护“社会一条龙”的发展打下了良好的基础。“社会一条龙”有广义和狭义之分。广义的“社会一条龙”也称“未成年人犯罪防控体系”，在实践中为综治委体系下，由共青团具体负责的预防未成年人违法犯罪的工作体系；而狭义的“社会一条龙”亦称“社会帮教一条龙”“社会支持一条龙”或“未成年人犯罪社会化帮教预防体系”，其基本含义是应当整合社会资源，建立未成年人司法工作的社会支持体系[③]。对此，人们在肯定成绩的同时也清醒地认识到，“‘社会一条龙’合作模式的深度或者说持续的、规范的合作并没有真正形成制度性的成果”[④]，社会工作介入未成年人司法工作“仅限于几个发达城市的尝试与探索，尚未形成成熟经验”[⑤]。历经 20 多年的实践探索，我国未成年人司法保护社会工作逐步得到了立法的认可。2021 年 6 月，党中央印发《中共中央关于加强新时代检察机关法律监督工作的意见》，明确要求“强化未成年人司法保护，完善专业化与社会化相结合的保护体系”。2023 年 3 月 17 日，由民政部、最高人民检察院、共青团中央共同推动完成的《未成年人司法社会工作服务规范》正式发布，这是我国司法社会工作服务领域出台的首个国

① 最高人民检察院网上发布厅. 未成年人检察工作白皮书（2022）[EB/OL].（2023-06-01）[2023-06-30]https：//www.spp.gov.cn/spp/xwfbh/wsfbt/202 306/t20230601_615967.shtml#2.

② 汤啸天. 刑事诉讼研究的新视角[M]. 上海：上海人民出版社，2008：278.

③ 姚建龙. 少年法院的学理论证与方案设计[M]. 上海：上海社会科学院出版社，2014：143.

④ 王耀世，侯东亮. 未成年人刑事案件社会：司法模式研究[M]. 北京：中国检察出版社，2015：29.

⑤ 吴高臣. 大学教学改革研究[M]. 北京：首都师范大学出版社，2012：397.

家标准，也是开启未成年人司法社会工作服务新局面的重要指引。而积极开展未成年人司法保护社会工作，在实践中探索分类清晰、权责明确、内容科学、程序规范、配套完备、效果明显的运行机制，进一步保障"专业的人做专业的事"，已成为新形势下司法社会工作服务领域有序发展的行业需求。

党的十九届四中全会在擘画国家治理体系和治理能力现代化宏伟蓝图时，就进一步健全幼有所育、学有所教、弱有所扶等未成年人保护机制进行了全面的部署。党的二十大报告明确要求，加强和改进未成年人思想道德建设，保障儿童合法权益，健全学校家庭社会育人机制。多年来，全国人大及其常委会高度重视、加快推进未成年人保护相关立法工作，不仅在《中华人民共和国刑法》《中华人民共和国刑事诉讼法》修订中对未成年人保护作出专门规定，在《中华人民共和国民法典》中进一步完善未成年人特殊保护、监护制度，而且颁布实施了《中华人民共和国反家庭暴力法》《中华人民共和国家庭教育促进法》，修订了《中华人民共和国未成年人保护法》《中华人民共和国预防未成年人犯罪法》，以期促进我国未成年人保护的法律体系的健全和完善，推动有关部门和责任主体全面严格落实法律义务，宣传未成年人保护的法律制度，同时进一步增强广大人民群众的未成年人保护意识，凝聚社会共识，在全社会营造更加浓郁的关爱保护未成年人的氛围。上述举措，为加强新时代未成年人保护工作奠定了基础，指明了方向，提供了依据。在全民普法的新常态下，改变我国未成年人犯罪日趋低龄化、暴力化的局面以及未成年人被害、未成年人遭遗率等方面的案件时有发生的严峻境况，不能仅靠相关部门、单位或组织按照"谁执法、谁普法"的要求单打独斗，还需要建构未成年人司法保护社会工作体系，广泛发动社会力量有序、有效、有力地加入普法队伍，从而减轻公检法司的工作压力，消除单个部门、单位或组织在保障未成年人的合法权益、预防与减少未成年人违法犯罪等工作中的局限性和滞后性，积极回应未成年人尊法、学法、守法、用法的民众期待。

《未成年人司法保护社会工作实务》是2019年度共青团中央"青少年发展研究"项目资助的重大课题"未成年人司法保护社会工作指南"（19ZL012）、教育部新文科研究与改革实践项目"新文科建设框架下的监狱学专业升级改造"（2021140036）的研究成果。本书的总体内容框架是在简要介绍未成年人司法保护社会工作的相关概念、主要特点、基本原则的基础上，分别探讨罪错未成年人、服刑未成年人、戒毒未成年人、被害未成年人的司法保护社会工作的对象、主体、内容、方法、流程与评估，希望能为相关领域研究人员和从业者提供一定的参考与启示。

本书由五个章节和一个附录组成，撰写人员包括（以章节先后为序）：中央司法警官学院章恩友教授、宋秋英教授、栗志杰教授、贡太雷教授、朱佩林助理研究员、张凯教授、李晓娥副教授，以及甘肃省联合国教科文组织协会郭伟老师。具体分工如下：

第一章，未成年人司法保护社会工作概述由章恩友、宋秋英撰写；

第二章，罪错未成年人司法保护社会工作由栗志杰撰写；

第三章，服刑未成年人司法保护社会工作由贡太雷、朱佩林撰写；

第四章，戒毒未成年人司法保护社会工作由张凯撰写；

第五章，被害未成年人司法保护社会工作由李晓娥、郭伟撰写；

附录，未成年人司法保护社会工作调研报告由章恩友、宋秋英、李晓娥撰写。

在撰写本书的过程中,我们参阅引用了国内外许多专家学者的研究成果,同时调研了北京、天津、上海、重庆、河北、辽宁、江苏、安徽、四川、广东等地的公安局、检察院、法院、司法局、社区矫正中心、社会工作事务所、未成年犯管教所、未成年人强制隔离戒毒所,得到了这些部门、单位的领导及工作人员的大力支持,在此一并致以诚挚的谢意。由于时间仓促,加之作者所具备的理论知识与实务经验有限,书中难免存在缺漏、讹误和不足之处,敬请广大读者和各位方家不吝赐教、指瑕纠谬。

章恩友

2023 年 6 月 30 日

目　　录

第一章　未成年人司法保护社会工作概述

立法是法治之起始环节，司法是法治之最后屏障。在新时代法治社会建设的背景下，我国着力构筑更加完备的未成年人保护法律体系。尤其自2020年以来，出台的《中华人民共和国民法典》（以下简称《民法典》）强化了未成年人民事权益的法治保障；修订的《中华人民共和国未成年人保护法》（以下简称《未成年人保护法》）、《中华人民共和国预防未成年人犯罪法》（以下简称《预防未成年人犯罪法》）完善了未成年人不良行为分级预防、分类干预和矫治的机制，并对社会力量协助司法机关做好未成年人保护工作加以明确规定；发布的《中华人民共和国刑法修正案（十一）》（以下简称《刑法修正案（十一）》）将刑事责任年龄降低至12周岁，加大了对侵害未成年人的犯罪行为的惩治力度；制定的《中华人民共和国家庭教育促进法》（以下简称《家庭教育促进法》）确立了家庭教育的法律地位，要求建立健全家庭、学校、社会协同育人机制，不仅在“国家支持”专章中明确了各级人民政府、家庭教育指导机构及其他有关政府部门等的家庭教育工作职责，而且在“社会协同”专章中广泛动员居民委员会、村民委员会、中小学校、幼儿园、医疗保健机构等社会力量参与家庭教育指导服务和实践活动，从而为未成年人健康成长营造良好的家庭环境。随着未成年人保护立法工作的有序推进，守护未成年人的法律之网越织越密，未成年人司法保护社会工作方兴未艾，呈现出专业化、职业化、规范化的发展态势。

第一节　未成年人司法保护社会工作的相关概念

一、未成年人

（一）未成年人的含义

“未成年人”是相对“成年人”而言的一个法律概念，专指法律规定的未达到成年年龄的自然人，意即“未达法定成年年龄的人”[①]。未成年是自然人生命过程中的一个必经阶段，也是自然人成长历程中的特殊时期。未成年人与成年人的划分标准通常是法律规定的成年年龄，而隐含在这个年龄标准背后的却是代表自然人心智、理性的认识能力、辨别能力和控制能力，即法律上的行为能力和责任能力[②]。

尽管世界各国都以生理年龄作为界定未成年人的标准，但对未成年人的称法不同，未成年人与成年人的年龄界限标准也不尽一致，且关于未成年人法律行为能力和责任能力的规定亦存在差异。联合国有关机构及会议在拟定《联合国少年司法最低限度标准规则》（《北京规则》）时，曾对未成年人的概念进行过讨论，试图在该规则中予以明确规定，但经过反复

① 吴宗宪. 法律心理学大词典[M]. 北京：警官教育出版社，1994：711.

② 刘金霞. 未成年人法律制度研究[M]. 北京：群众出版社，2007：1.

研究，最终未能达成一致，只是对其做了描述性的规定，即“少年系指按照各国法律制度，对其违法行为可以不同于成年人的方式进行处理的儿童或少年人”，并在说明中指出，未成年人的“年龄限度将取决于各国本身的法律制度”，可以“从7岁到18岁或18岁以上不等”①。此后不久，联合国在《儿童权利公约》中把未成年人称为“儿童”，并规定“儿童系指18岁以下的任何人，除非其适用之法律规定成年年龄低于18岁”②。在澳大利亚，新南威尔士州的《青少年罪犯法》第4条规定：“本法中的‘成年人’指年满18岁的人。”③《英国青少年法》使用了“少年”的称法，并将其定义为未满18岁者④。在美国，各州法律对未成年人的界定有所差异，如伊利诺伊州《少年法庭法》将其适用对象限定在“16岁以下的少年儿童”⑤，而《美国青少年犯教养法的补充规定》使用了“少年”的概念，并将其定义为“不满18周岁的人，或不满21周岁，因被指控有某种少年犯罪行为需要按本章规定起诉和处理的人”⑥。1974年12月11日颁布的《德意志联邦共和国青少年刑法》使用了“少年”“未成年人”两个概念，其把“少年”界定为已满14周岁不满18周岁的人，把“未成年人”界定为已满18周岁不满21周岁的人”⑦，而按照《德国民法典》的规定，自1975年1月1日起，未成年人与成年人的年龄界限为18周岁⑧。在日本，《禁止未成年人饮酒法》和《禁止未成年人吸烟法》均规定，未成年人是指年龄不满20岁的人⑨，《日本儿童福利法》把“儿童”定义为“18岁以下的人”⑩，《日本少年法》则将“少年”定义为“未满二十岁的人”，与二十岁以上的成年人相对应⑪。印度的《中央少年法》规定，男性未满16周岁、女性未满18周岁的为未成年人⑫。《菲律宾儿童及少年福利法典》第2条规定：“本法排除依法应除外的对象，而仅适用于未满二十一岁者。本法中使用的‘儿童’‘未成年人’及‘少年’，即指上述对象。”⑬可见，多数国家以未满18周岁作为未成年人的标准。

从我国有关法律规定来看，未成年人与成年人的年龄界限是18周岁。遵循国际通行做法，《未成年人保护法》第二条明确规定，未成年人是指未满18周岁的公民。法律意义上的未成年人包括两个条件。第一，应当未满18周岁。《民法典》第十七条规定，18周岁以上的自然人为成年人，不满18周岁的自然人为未成年人。自然人是“活着出生、有生命的人类个体”⑭。因此，未成年是指从出生之日起至不满18周岁的阶段，而胎儿在脱离母体前不是独立的个体，还不属于未成年人。第二，应当是我国公民。根据《中华人民共和国宪法》（以下简称《宪法》）第三十三条第一款、第三十四条的规定，“凡具有中华人民共和国国籍的人

① 联合国大会. 联合国少年司法最低限度标准规则[EB/OL].（1985-11-29）[2023-06-01].https://www.un.org/zh/node/181421.
② 中国人权发展基金会. 中国签署批准的国际人权公约[M]. 北京：新世界出版社，2003：79-80.
③ 孙云晓，张美英. 当代未成年人法律译丛：澳大利亚卷[M]. 北京：中国检察出版社，2006：280.
④ 萧榕. 世界著名法典选编：刑法卷[M]. 北京：中国民主法制出版社，1998：154.
⑤ 康树华，郭翔，等. 青少年法学参考资料[M]. 北京：中国政法大学出版社，1987：703.
⑥ 康树华，郭翔，等. 青少年法学参考资料[M]. 北京：中国政法大学出版社，1987：727.
⑦ 萧榕. 世界著名法典选编：刑法卷[M]. 北京：中国民主法制出版社，1998：490.
⑧ 孙云晓，张美英. 当代未成年人法律译丛：德国卷[M]. 北京：中国检察出版社，2005：1.
⑨ 丁凤春，曹彦基. 未成年人法律、法规、司法解释[M]. 北京：华文出版社，2002：533-534.
⑩ 陈群林，靳尔刚. 国外社会福利制度精选[M]. 北京：中国社会出版社，2005：340.
⑪ 萧榕. 世界著名法典选编：刑法卷[M]. 北京：中国民主法制出版社，1998：587.
⑫ 康树华，郭翔，等. 青少年法学参考资料[M]. 北京：中国政法大学出版社，1987：385.
⑬ 丁凤春，曹彦基. 未成年人法律、法规、司法解释[M]. 北京：华文出版社，2002：535-536.
⑭ 杨立新.《民法典》总则编案例精解[M]. 北京：知识产权出版社，2020：76.

都是中华人民共和国公民”，“中华人民共和国年满十八周岁的公民，不分民族、种族、性别、职业、家庭出身、宗教信仰、教育程度、财产状况、居住期限，都有选举权和被选举权；但是依照法律被剥夺政治权利的人除外”。根据《中华人民共和国国籍法》的相关规定，父母双方或一方为中国公民，本人出生在中国，具有中国国籍；父母双方或一方为中国公民，本人出生在外国，具有中国国籍；但父母双方或一方为中国公民并定居在外国，本人出生时即具有外国国籍的，不具有中国国籍[①]。除了上述两个条件外，法律没有规定其他条件，只要满足这两个条件，就享有我国法律赋予未成年人的各项权利。当然，从未成年人保护的宗旨与目的来看，“在符合对等原则的条件下，我国未成年人法律也应该对进入中国境内的外国未成年人或无国籍未成年人给予相应的保护”[②]。为此，《未成年人保护法》第一百三十一条要求：“对中国境内未满十八周岁的外国人、无国籍人，依照本法有关规定予以保护。”

（二）儿童、少年、青少年与未成年人的概念辨析

在司法实践中，“儿童”“少年”“青少年”等术语往往与“未成年人”混淆，容易导致未成年人保护工作衔接不畅、各部门协作程度不够等诸多问题，因此需要对这些概念加以辨析与澄清。

在 1991 年 9 月 4 日第七届全国人民代表大会常务委员会第二十一次会议通过的《未成年人保护法》将“未成年人”确立为一个法律概念之前，虽然学界已兴起了对未成年群体的研究热潮，但通常称之为“儿童”“少年”或“青少年”；尽管相关法律也有对未成年人进行特殊保护、对未成年犯进行专门矫正的规定，但对未成年群体在称呼上却未有统一的提法。例如，我国未成年犯的专门性矫正机构创始于 20 世纪 50 年代，至今其名称几经演变。在 20 世纪 50 年代，它被称为“少年犯管教所”（简称“少管所”），其主要依据是 1954 年 9 月 7 日政务院公布的《中华人民共和国劳动改造条例》中第二章第四节关于“少年犯管教所”的相关规定。到了 20 世纪 60 年代，由于 1965 年 5 月 15 日《公安部、教育部关于加强少年管教所工作的意见》的公布，有的地方把“少年犯管教所”改称为“少年管教所”，但是仍有很多地方沿用“少年犯管教所”的名称。1986 年 1 月 7 日，《司法部关于印发第二次全国少年管教工作会议文件通知》中要求，为了适应当时犯罪少年的新情况、新特点，有利于对他们的改造和出所后的安置、帮教工作，经研究决定，将“少年犯管教所”改称为“少年管教所”。随后，由于 1991 年 9 月 4 日《未成年人保护法》的通过，使用“未成年犯管教所”（简称“未管所”）一词的趋势开始出现。1994 年 12 月 29 日通过的《中华人民共和国监狱法》（简称《监狱法》）设专章规范了“对未成年犯的教育改造”，并以法律规定的形式把“少年管教所”正式更名为“未成年犯管教所”。

“儿童”一词最早出现在《列子·仲尼》中（“闻儿童谣曰：‘立我蒸民，莫匪尔极’。”）在古代“儿童”一词的使用范围较广泛，凡年龄大于婴儿且尚未成年的人通常都被称为儿童，虽有不少文人学者对儿童、幼儿或小儿加以年龄分期，但说法纷纭、莫衷一是。根据《现代汉语词典》的解释，“儿童”是指“较幼小的未成年人”[③]。《新编汉语辞海》把“儿童”定义为“年

① 郭林茂. 中华人民共和国未成年人保护法实用问答[M]. 北京：中国民主法制出版社，2021：1.

② 刘金霞. 未成年人法律制度研究[M]. 北京：群众出版社，2007：7-8.

③ 中国社会科学院语言研究所词典编辑室. 现代汉语词典[M]. 7 版. 北京：商务印书馆，2016：344.

龄较小的未成年人”[①]。我国《宪法》有多个条款提到“儿童”，如第四十六条规定“中华人民共和国公民有受教育的权利和义务。国家培养青年、少年、儿童在品德、智力、体质等方面全面发展”，第四十九条第一款规定“婚姻、家庭、母亲和儿童受国家的保护”。2021年4月修订的《中华人民共和国教育法》亦有多个条款提及“儿童”，如第十八条第二款规定“各级人民政府应当采取措施，为适龄儿童接受学前教育提供条件和支持”，第十九条第二款规定“各级人民政府采取各种措施保障适龄儿童、少年就学”，第三十八条规定“国家、社会对符合入学条件、家庭经济困难的儿童、少年、青年，提供各种形式的资助”。然而，这些法律均未明确儿童的年龄界限。最高人民法院在1989年7月7日《关于拐卖人口案件中婴儿、幼儿、儿童年龄界限如何划分问题的批复》(现已失效)中提到，不满1岁的为婴儿，1岁以上不满6岁的为幼儿，6岁以上不满14岁的为儿童[②]。国家互联网信息办公室室务会议在2019年8月22日审议通过的《儿童个人信息网络保护规定》中把“儿童”界定为“不满十四周岁的未成年人”。除此之外，我国没有其他规范性文件对“儿童”给予定义或明确“儿童”的年龄界定。在中文语境下，“儿童”作为一个与父母、妇女、老年人相对而称的概念，通常是指不满14周岁的未成年人，被认为是比少年更小的一个年龄群体。值得一提的是，我国于1990年8月29日签署了联合国《儿童权利公约》，在该语境下“儿童”则指不满18周岁的未成年人，与我国法律规定的未成年人具有同样的范畴。

“少年”在《现代汉语全功能词典》中的义项有二，即“人十岁左右到十五六岁的阶段”“指上述年龄的人”[③]。在《新编汉语辞海》中，“少年”的释义为“十来岁到十五六岁的阶段。也指这一年龄段的人”“青年男子”，“少年犯”的释义为“少年罪犯，在我国指年满14岁不满18岁因犯罪情节严重而被依法判处徒刑的人”[④]。尽管以《中华人民共和国刑法》(以下简称《刑法》)规定为标准，少年是指14周岁以上不满18周岁的人，但《刑法》总则及其修正案中并未出现“少年”“未成年人”等词语，只是使用了“已满十二周岁不满十四周岁的人”“已满十四周岁不满十六周岁的人”“已满十六周岁的人”“不满十八周岁的人”等表述方式，“似乎是为了尽量不卷入这些概念之争”[⑤]。1991年1月26日经最高人民法院审判委员会通过并于1991年2月1日起实施的《最高人民法院关于办理少年刑事案件的若干规定(试行)》中使用了“少年”的概念，如“少年被告人”“少年刑事案件”“少年法庭”等。该规定所适用的少年即指已满14周岁、未满18周岁且按照我国《刑法》应当承担刑事责任的未成年人[⑥]。2000年11月15日最高人民法院审判委员会第1139次会议通过并于2001年4月12日起施行的《最高人民法院关于审理未成年人刑事案件的若干规定》使用了“未成年人”“少年”两个概念，并明确规定“未成年人刑事审判庭和未成年人刑事案件合议庭统称少年法庭”[⑦]，少年法庭审理的是未成年人刑事案件。在中文语境中，“少年”是儿童与成年人之间的过渡阶段，属于未成年人概念范畴。而在联合国大会于1990年12月14日决议通过

① 路丽梅，王群会，江培英. 新编汉语辞海：图文珍藏版[M]. 北京：光明日报出版社，2012：355.

② 全国人大常委会法制工作委员会. 中华人民共和国法律分类总览：刑法卷[M]. 北京：法律出版社，1994：194.

③ 范庆华，周广德. 现代汉语全功能词典[M]. 长春：吉林人民出版社，1998：908.

④ 路丽梅，王群会，江培英. 新编汉语辞海：图文珍藏版[M]. 北京：光明日报出版社，2012：1165.

⑤ 姚建龙. 刑事法视野中的少年：概念之辨[J]. 青少年犯罪问题，2005(3)：20-21.

⑥ 邢宜哲，李艳萍. 刑法刑事诉讼法司法与行政解释[M]. 长春：吉林人民出版社，1994：188-190.

⑦ 国务院法制办公室政法劳动社会保障法制司. 未成年人权益保护常用法律政策手册[M]. 北京：中央文献出版社，2004：710-711.

的《联合国保护被剥夺自由少年规则》的语境下，"少年系指未满18岁者"[①]，与我国法律规定的未成年人具有同样的范畴。

"青少年"作为一个常用词语，频繁出现在党政机关文件、法学研究文献中，但它并不是一个法律概念，目前没有任何全国性的法律对"青少年"作出过年龄界定。在已公布的司法统计中，青少年往往包括已满14周岁不满18周岁的少年和18周岁至25周岁的青年[②]。根据我国法律规定，年满18周岁的就是成年人，是与未成年人有着不同法律地位的人。《中国法律年鉴》在对青少年犯罪的统计中，主要以14周岁至25周岁的年龄段作为基准。在地方性法规中，如1987年6月20日上海市第八届人民代表大会常务委员会第二十九次会议通过并于1987年10月1日起施行的《上海市青少年保护条例》中采用了"青少年"的概念，却明确将青少年界定为未满18周岁的公民，实际是未成年人，而2004年11月25日上海市第十二届人民代表大会常务委员会第十六次会议通过并于2005年3月1日起施行的《上海市未成年人保护条例》是在《上海市青少年保护条例》基础上进行修订的，其中把"青少年"改称为"未成年人"，以便与国家《未成年人保护法》保持一致。

总之，从严格意义上讲，"儿童""少年""青少年"皆非法律语词[③]。它们与"未成年人"既存在联系，又有着各自特定的含义和使用语境[④]。而"未成年人"这一术语具备法律概念所要求的准确性、传承性和系统性，不仅能够运用于刑事、行政、民事领域，还能运用到实体法、程序法和执行法等诸多方面，符合中国特色未成年人司法体系建构的需求。如前所述，凡是具有中国国籍的年龄未满18周岁的自然人都属于未成年人。以年龄阶段划分，未成年人可以包括婴儿（不满1周岁的自然人）、幼儿（已满1周岁不满6周岁的自然人）、儿童（已满6周岁不满14周岁的自然人）、少年（14周岁以上不满18周岁的自然人）；以性别划分，包括女性未成年人、男性未成年人；以身体健康和智力发育状态划分，包括普通未成年人、残疾未成年人、具有特殊天赋的未成年人；以生活状态划分，包括未成年学生、未成年工、被非法雇用的童工及由于其他原因而未入学或入学后流失、辍学的未成年人；以司法保护社会工作的适用对象划分，包括罪错未成年人、服刑未成年人、戒毒未成年人、被害未成年人、未成年证人、刑满释放的未成年人、司法程序中涉及的未成年人、服刑（戒毒）人员未成年子女及其他相关困境未成年人等。上述未成年人不管处于何种状态，均应平等地受到法律的保护。

二、司法保护

（一）司法保护的含义

司法又称为"法的适用"或"法律适用"，是国家司法机关依照法定职权和法定程序，运用法律处理各种案件的专门活动[⑤]。司法通常包括行政司法、民事司法和刑事司法。司法保

① 中华人民共和国公安部. 中华人民共和国警察法律全书：国际条约卷[M]. 北京：中国人民公安大学出版社，2001：1138.

② 在我国的政府工作、社会活动中，多数把青年期界定为14、15岁至35岁。关于"青年"的下限，《辞海》认为"从十六七岁"开始称青年，《现代汉语词典》主张从"十五六岁"算起，而《中国共产主义青年团章程》则明确规定为"十四周岁"。关于"青年"的上限，《辞海》将之定在"二十三四岁"，《现代汉语词典》认为"到三十岁左右"，共青团的团章原规定为25周岁，后来放宽到28周岁，联合国世界卫生组织更是将"青年"的上限提高到44周岁。

③ 张芃. 未成年人法律保护机制研究[M]. 济南：山东大学出版社，2022：1.

④ 刘金霞. 未成年人法律制度研究[M]. 北京：群众出版社，2007：3-6.

⑤ 闻立军. 法理学导读[M]. 北京：中国政法大学出版社，2021：183.

护是国家司法机关及其相关工作人员依据职能对权利主体实施保护的活动。国家司法机关有狭义、广义之分[①]。狭义的司法机关特指法律监督机关、审判机关，即人民检察院、人民法院。人民检察院和人民法院共同行使我国的司法权。广义的司法机关包括公安机关、人民检察院、人民法院、司法行政部门。其中，公安机关依法管理社会治安、维护社会秩序、保护公共财产、保障公民权利，行使国家的行政权，是国家的行政机关之一；同时，公安机关依法侦查刑事案件，行使国家的司法权，因而它又是国家的司法机关之一。人民检察院是国家的法律监督机关，行使国家的检察权，对直接受理的刑事案件，进行侦查；对公安机关侦查的案件，进行审查，决定是否逮捕并依法进行起诉；对公安机关的侦查活动是否合法，实行监督；对刑事案件提起公诉，支持公诉；对人民法院的审判活动是否合法，实行监督；对刑事案件判决、裁定的执行和看守所、监狱的管理活动是否合法，实行监督。人民法院是国家的审判机关，其任务是审判刑事案件、民事案件和行政案件，通过审判活动惩罚犯罪，解决纷争，保护社会主义的全民所有的财产、劳动群众集体所有的财产、公民私人所有的合法财产，保护公民的人身权利、民主权利和其他权利。司法行政部门负责法律顾问以及律师工作、公证业务、司法干部培训、法治宣传教育、矫治戒毒人员、改造服刑人员等。

作为维护社会公平正义的最后屏障，司法始终承担着重要的法治使命。而公正作为司法运行过程中的核心价值，也充分彰显着司法的社会职责。如果只有单纯的法律条文而忽视司法的存在，法律条文则失去生命力。因此，必须重视司法工作，强调“徒法不足以自行”。而司法保护作为最基础的法律救济与权利保障措施，在新时代法治社会建设的背景下，发挥着至关重要且特殊的作用。

（二）未成年人司法保护的含义

所谓“未成年人司法保护”，是指公安机关、人民检察院、人民法院以及司法行政部门等国家司法机关及其相关工作人员通过依法履行职责，对未成年人所实施的一种专门保护活动[②]。从适用对象而言，未成年人司法保护可划分为一般司法保护和特殊司法保护。一般司法保护适用于所有的未成年人，侧重于保障未成年人的合法权益，其工作任务主要包括四个方面。第一，司法机关依法制裁侵犯未成年人合法权益的违法犯罪行为；第二，人民法院依法审理涉及未成年人合法权益的各种民事案件，保护未成年人的民事权利；第三，司法机关依法保障违法犯罪未成年人的合法权益；第四，司法机关依法保护未成年人、未成年人的监护人以及其他相关组织和公民的请求权、检举权和控告权的行使。特殊司法保护专门适用于违法犯罪案件中的未成年人，侧重于教育、感化、挽救违法犯罪未成年人，其工作任务主要包括两个方面。第一，司法机关坚持非监禁化原则，依法对违法犯罪未成年人不予处罚或者从轻、减轻处罚，把监禁作为改造未成年犯的最后手段；第二，司法机关秉持“教育为主、惩罚为辅”原则，有计划、有组织地对违法犯罪未成年人依法实施教育转化工作，使其转变思想、矫正恶习、增长技能，以便顺利回归社会，成为自食其力、遵纪守法的合格公民。

未成年人司法保护是国家、社会、学校、家庭以及所有成年公民对未成年人实施的共同

① 全国人大内务司法委员会，未成年人保护法修订起草组. 未成年人保护法学习读本[M]. 北京：中国民主法制出版社，2007：203-204.

② 乔德明. 未成年人保护法律常识[M]. 北京：中国大百科全书出版社，1996：102.

保护中的重要组成部分。新修订的《未成年人保护法》以未成年人权利保护为核心,从“最有利于未成年人”的原则出发,构建了家庭保护、学校保护、社会保护、网络保护、政府保护、司法保护“六位一体”的未成年人保护新体系。该法第一百条明确规定:“公安机关、人民检察院、人民法院和司法行政部门应当依法履行职责,保障未成年人合法权益。”除此之外,关于未成年人司法保护的法律条款具体包括十六个方面的内容。

第一,公安机关、人民检察院、人民法院和司法行政部门应当确定专门机构或者指定专门人员,负责办理涉及未成年人案件。办理涉及未成年人案件的人员应当经过专门培训,熟悉未成年人身心特点。专门机构或者专门人员中,应当有女性工作人员。公安机关、人民检察院、人民法院和司法行政部门应当对上述机构和人员实行与未成年人保护工作相适应的评价考核标准。

第二,公安机关、人民检察院、人民法院和司法行政部门办理涉及未成年人案件,应当考虑未成年人身心特点和健康成长的需要,使用未成年人能够理解的语言和表达方式,听取未成年人的意见。

第三,公安机关、人民检察院、人民法院、司法行政部门以及其他组织和个人不得披露有关案件中未成年人的姓名、影像、住所、就读学校以及其他可能识别出其身份的信息,但查找失踪、被拐卖未成年人等情形除外。

第四,对需要法律援助或者司法救助的未成年人,法律援助机构或者公安机关、人民检察院、人民法院和司法行政部门应当给予帮助,依法为其提供法律援助或者司法救助。法律援助机构应当指派熟悉未成年人身心特点的律师为未成年人提供法律援助服务。法律援助机构和律师协会应当对办理未成年人法律援助案件的律师进行指导和培训。

第五,人民检察院通过行使检察权,对涉及未成年人的诉讼活动等依法进行监督。

第六,未成年人合法权益受到侵犯,相关组织和个人未代为提起诉讼的,人民检察院可以督促、支持其提起诉讼;涉及公共利益的,人民检察院有权提起公益诉讼。

第七,人民法院审理继承案件,应当依法保护未成年人的继承权和受遗赠权。人民法院审理离婚案件,涉及未成年子女抚养问题的,应当尊重已满8周岁未成年子女的真实意愿,根据双方具体情况,按照最有利于未成年子女的原则依法处理。

第八,未成年人的父母或者其他监护人不依法履行监护职责或者严重侵犯被监护的未成年人合法权益的,人民法院可以根据有关人员或者单位的申请,依法作出人身安全保护令或者撤销监护人资格。被撤销监护人资格的父母或者其他监护人应当依法继续负担抚养费用。

第九,人民法院审理离婚、抚养、收养、监护、探望等案件涉及未成年人的,可以自行或者委托社会组织对未成年人的相关情况进行社会调查。

第十,公安机关、人民检察院、人民法院讯问未成年犯罪嫌疑人、被告人,询问未成年被害人、证人,应当依法通知其法定代理人或者其成年亲属、所在学校的代表等合适成年人到场,并采取适当方式,在适当场所进行,保障未成年人的名誉权、隐私权和其他合法权益。人民法院开庭审理涉及未成年人案件,未成年被害人、证人一般不出庭作证;必须出庭的,应当采取保护其隐私的技术手段和心理干预等保护措施。

第十一,公安机关、人民检察院、人民法院应当与其他有关政府部门、人民团体、社会组织互相配合，对遭受性侵害或者暴力伤害的未成年被害人及其家庭实施必要的心理干预、经济救助、法律援助、转学安置等保护措施。

第十二，公安机关、人民检察院、人民法院办理未成年人遭受性侵害或者暴力伤害案件，在询问未成年被害人、证人时，应当采取同步录音录像等措施，尽量一次完成；未成年被害人、证人是女性的，应当由女性工作人员进行。

第十三，对违法犯罪的未成年人，实行教育、感化、挽救的方针，坚持教育为主、惩罚为辅的原则。对违法犯罪的未成年人依法处罚后，在升学、就业等方面不得歧视。

第十四，公安机关、人民检察院、人民法院和司法行政部门发现有关单位未尽到未成年人教育、管理、救助、看护等保护职责的，应当向该单位提出建议。被建议单位应当在一个月内作出书面回复。

第十五，公安机关、人民检察院、人民法院和司法行政部门应当结合实际，根据涉及未成年人案件的特点，开展未成年人法治宣传教育工作。

第十六，国家鼓励和支持社会组织、社会工作者参与涉及未成年人案件中未成年人的心理干预、法律援助、社会调查、社会观护、教育矫治、社区矫正等工作。

三、社会工作

（一）社会工作的含义

社会工作在我国并非古已有之，而是从西方国家引介过来的。社会工作源起于英美等国在工业化、城市化、现代化的发展过程中出现的、亟待纾解的城市贫困、失业、犯罪和人际关系疏离等社会问题。自 19 世纪末 20 世纪初，在英美等国逐渐出现了运用专业方法帮助有困难的群体，以解决其基本生存问题的社会工作。美国社会工作先驱、个案社会工作之母玛丽·埃伦·里士满（Mary Ellen Richmond）于 1917 年出版的《社会诊断》一书被后人公认为第一本对社会工作进行系统论述的专著。该书试图使社会工作方法成为一套独立的知识体系，它的问世标志着现代社会工作的发端[①]。随着社会工作的广泛开展与对外延伸，“社会工作”（social work）在一些国家又被称为“社会服务”（social service）或“社会福利服务”（social welfare service）。如今，世界各国学者对“社会工作”“社会服务”或“社会福利服务”的概念界定可谓众说纷纭，其中较具代表性的定义有三类：第一，个人扶助社会贫困者与不幸者的专门事业；第二，政府、社团为解决社会上失业、贫困、疾病、衰老、孤苦、身心障碍、精神病患及其他问题而进行的有组织的活动；第三，政府、社团为全体社会成员改善生活而开展的专业服务[②]。尽管不同的专家、学者对社会工作有不同的解释，但对其本质的认识基本一致，即以利他主义的价值观为指导来帮助他人。

从理论角度而言，我国社会工作专业学者普遍接受的说法为“社会工作是以利他主义的价值观为指导，以科学的知识为基础，运用科学方法助人的服务活动”[③]，即社会工作是“以利他主义为价值指引，以社会学、心理学、人类学等学科知识为科学基础，以个案、小组、

① 李锦顺. “五社联动”：番禺先行探索概论[M]. 北京：中国社会出版社，2022：101.

② 卢谋华. 社会工作的理论与实践[M]. 北京：中国社会出版社，2007：221.

③ 王思斌. 社会工作概论[M]. 北京：高等教育出版社，1999：13.

社区等一系列专业方法为介入手段的科学的助人活动”[①]。这一定义涵盖了四个方面的要点。第一，社会工作是以帮助他人（服务对象）为目的的活动；第二，社会工作是以科学知识为基础的活动；第三，社会工作有着科学的助人方法；第四，社会工作本质上是一种助人服务活动[②]。从实务角度而言，我国对社会工作有三种不同的理解，即普通社会工作、行政性社会工作和专业性社会工作。普通社会工作是人们在本职工作之外承担的、不计报酬的思政教育性或公益服务性的活动。行政性社会工作是政府部门、社会组织和群众团体专门从事的职工福利、社会救助、思想工作等类型的助人活动。专业性社会工作是由受过社会工作专业训练的人开展的助人活动。

（二）司法保护社会工作的含义

司法保护社会工作又称为“司法社会工作”，作为专业性社会工作与司法工作的一种结合，是社会工作领域的重要组成部分[③]。司法社会工作的发展与一个国家的政治、经济、文化、社会的发展乃至福利制度密切相关。因此，不同国家在司法社会工作的概念描述和服务领域规定等方面存在一定的差异。在英国，司法社会工作被称为“criminal justice social work”，即“刑事司法社会工作”，主要致力于预防犯罪、促进违法犯罪人员重返社会、增强社会对有违法犯罪前科的人员的接纳度；而美国、加拿大、澳大利亚等国则多数使用“forensic social work”来指称“司法社会工作”。

对于“司法社会工作”的概念，国内外学界迄今尚未有统一而权威的表述。比利时安特卫普大学利斯贝特·南森（Liesbeth Naessens）和彼得·瑞马克斯（Peter Raeymaeckers）在梳理大量文献资料的基础上提出，“司法实践领域的社会工作常用两个术语，即‘司法社会工作’（forensic social work）和‘刑事司法社会工作’（criminal justice social work），两者均有狭义、广义之分。我们更倾向于使用‘司法社会工作’（forensic social work）”[④]。南非社会服务专业委员会（South African Council for Social Service Professions）从狭义角度界定了“司法社会工作”（forensic social work），即“作为社会工作的一个专业领域，侧重于建立法律和社会之间的联系，社会工作者的主要职能是为司法系统在法庭上提供专家证词”[⑤]。美国司法社会工作协会（National Organization of Forensic Social Work，NOFSW）将之定义为“运用社会工作专业于法律与司法体系相关议题与问题中。对于被评估为有能力且有责任（competency and responsibility）接受矫治并改正自身罪错的刑事被告，社会工作比精神病院能提供更多的专业服务。以广义的角度来界定司法社会工作，只要涉及法律和诉讼的相关议题，不论刑事或民事皆属之。换言之，涉及分居、离婚、遗弃、亲权中止的儿童监护、虐待儿童、家暴、未成年人司法服务、成人司法服务、矫治和强制处遇等都包括在该定义中”[⑥]。可见，在美国司

① 席小华. 少年司法社会工作理论与实务研究初探[M]. 北京：中国人民公安大学出版社，2011：196.

② 贾志科. 社会工作导论[M]. 武汉：武汉大学出版社，2020：4.

③ 胡艳华，徐前权，李向玉，等. 司法社会工作理论与实务[M]. 北京：中国社会科学出版社，2017：6.

④ NAESSENS L，RAEYMAECKERS P. A generalist approach to forensic social work：a qualitative analysis [J]. Journal of social work，2020，20（4）：503.

⑤ FRANK P S. Effectiveness of interviewing techniques with the black child during forensic social work assessments：South African perspective[D].Limpopo：University of Limpopo，2018：7.

⑥ National Organization of Forensic Social Work. What is Forensic Social Work?[EB/OL].（2011-02-17）[2023-06-01]. https：//www.nifsw.org/html/forensic_social_work.html.

法社会工作协会看来，司法社会工作的服务领域包括了刑事司法与民事司法。美国学者巴克·罗伯特（Barker L. Robert）在《社会工作词典》（*The Social Work Dictionary*）中把“司法社会工作”（forensic social work）解释为“一种专门的社会工作实务活动，工作主体侧重于社会福利领域的司法人员、法律专业人员以及司法服务方面的社会工作者”①。美国犹他大学社会工作学院的罗布·巴特斯（Rob P. Butters）博士和弗吉尼亚联邦大学社会工作学院的维奥拉·沃恩伊顿（Viola Vaughan-Eden）博士进一步指出，“司法社会工作（forensic social work）是一个专业领域，广义上被界定为涉及刑事或民事诉讼、刑事犯罪人、受害人或其他司法系统的社会工作活动”②。澳大利亚莫纳什大学的罗斯玛丽·希恩（Rosemary Sheehan）认为，“司法社会工作（forensic social work）是一种在刑事司法系统和心理卫生领域之间架起桥梁的专门性社会工作服务”，需要“社会工作者以通才的身份”参与保障儿童福利、减少家暴、预防少年犯罪、戒治药物成瘾、矫治特殊罪犯等项目③。

我国首都师范大学席小华教授认为，“司法社会工作，顾名思义就是进入刑事司法领域，以利他主义为指引，以科学知识和方法为基础的专业的助人活动”。席教授主张，“司法社会工作应贯穿于刑事司法活动的始终并服务于犯罪预防、犯罪侦查、犯罪检察、犯罪审判、犯罪矫正、帮教安置等各个刑事司法环节，具体工作内容如配合公安机关的犯罪侦查和缓处考察工作、配合检察机关的刑事和解及暂缓起诉考察工作、配合审判机关的社会调查及暂缓判决考察工作、配合司法行政部门的帮教安置及犯罪矫正工作等等。”④上海政法学院章友德教授把“司法社会工作”阐释为“专业社会工作者和志愿人士坚持以人为本的精神，运用专业理论和方法，动员一切有关个人、家庭、团体及社区等资源，帮助罪犯或具有犯罪危险性的违法人员在审判、服刑、缓刑、刑满释放或其他社区处遇期间矫正错误、修正行为模式、适应社会生活并积极地发挥其潜能的一种专业福利服务”⑤。华东政法大学何明升教授在2012年发表的《司法社会工作概念的缺位及其补足》一文中指出，“近年来，我国的司法社会工作相当活跃，不仅在青少年、禁毒和社区矫正这三个主要分支领域取得了令人瞩目的实践成果，而且也厘清了各分支学科的概念和边界。但是，作为总和概念的司法社会工作称谓，却仍然是混沌不清的”。对此，何教授在梳理和对比国内外司法社会工作的实践逻辑、价值取向和工作理念的基础上，提出了一个归纳性定义，即“司法社会工作是一个由特定价值理念与实践逻辑所决定的复合系统，社会工作机构及其从业人员与司法机构在其中相互依托，面向罪错者、受害人以及相关利益人中的受助者，通过充分发展其全部潜能而推动社会变革、改善人际关系和促进问题解决”⑥。从广义而言，我国现阶段的司法社会工作包含普通司法社会工作、行政性司法社会工作和专业性司法社会工作三类，所以司法社会工作主体除了司法机关、社会工作机构及其从业人员之外，还包括其他相关政府部门、人民团体、社会组织、企业事业单位、居民委员会、村民委员会、学校、家庭等。

① ROBERT B L. The social work dictionary[M]. DC：National Association of Social Workers Press，1995：140.

② BUTTERS R P，VAUGHAN-EDEN V. The ethics of practicing forensic social work[J]. Journal of forensic social work，2011，1（1）：61.

③ SHEEHAN R. Forensic social work：a distinctive framework for intervention[J]. Social work in mental health，2012，10（5）：409-412.

④ 席小华. 少年司法社会工作理论与实务研究初探[M]. 北京：中国人民公安大学出版社，2011：196.

⑤ 章友德. 青少年社会工作[M]. 天津：天津大学出版社，2010：220.

⑥ 何明升. 司法社会工作概念的缺位及其补足[J]. 法学论坛，2012，27（2）：138.

(三)未成年人司法保护社会工作的含义

综合上述梳理与分析,未成年人司法保护社会工作也称“未成年人司法社会工作”,是指司法社会工作主体特别是社会工作机构及其从业人员与司法机关秉承特定的价值理念、基本原则、功能定位与实践逻辑,针对特定的问题与需要,综合运用专业的方法与技术,为罪错未成年人、服刑未成年人、戒毒未成年人、被害未成年人等工作对象提供心理疏导、教育矫治、法律援助、职业技能培训、社会化或再社会化训练等一系列服务,以提升其社会适应能力,建构社会支持网络,恢复健康生活状态,最终达到未成年人权益保护与犯罪预防、彰显公平正义的助人活动。对于这一概念界定,可以从四个方面加以系统理解和认识。

第一,未成年人司法保护社会工作是一个由特定的价值理念、基本原则、功能定位与实践逻辑所决定的复合系统。特定的价值理念、基本原则是关键性的因素,其功能定位或是司法本位的,或是社会工作本位的,或是混合形态的。在此基础上,该系统会呈现出相应的实践逻辑,并表现为实务领域的宽窄以及工作对象的多寡。

第二,无论未成年人司法保护社会工作的价值理念、基本原则、功能定位以及实践逻辑如何,社会工作机构及其从业人员与司法机关都是相互依托的合作伙伴。比如,在西方发达国家常见的社会工作本位系统中,社会工作机构及其从业人员展现出了相对独立的行业特征,但仍然要紧密依托司法机关来开展工作;而在我国现阶段的司法本位系统中,未成年人司法保护社会工作的主导权掌握在司法机关一方,但具体工作的开展仍然要依托社会工作机构及其从业人员。

第三,未成年人司法保护社会工作的对象以罪错未成年人、服刑未成年人、戒毒未成年人、被害未成年人为主。从应然角度而言,未成年人司法保护社会工作面向的是所有未成年人,尤其是罪错未成年人、服刑未成年人、戒毒未成年人、被害未成年人、未成年证人、刑满释放的未成年人、服刑(戒毒)人员未成年子女,甚至还有少数处于流浪、脱离监护、不当监护、非法雇佣等境况中的困境未成年人,但实务工作受到司法机制体制、社会工作专业、服务对象意愿等诸多方面的约束,目前未成年人司法保护社会工作的对象主要集中在罪错未成年人、服刑未成年人、戒毒未成年人、被害未成年人上。

第四,未成年人司法保护社会工作的旨趣在于保护未成年人合法权益、预防和矫治违法犯罪、彰显公平正义。从微观层面而言,未成年人司法保护社会工作最直接、最根本的目标就是通过综合运用专业的方法、技术、内容,帮助罪错未成年人、服刑未成年人、戒毒未成年人、被害未成年人等工作对象解决问题并满足其需要。从宏观层面而言,未成年人司法保护社会工作的宗旨在于未成年人权益保护和犯罪预防、彰显公平正义。在微观与宏观之间,未成年人司法保护社会工作的中观目标则是提升未成年人的社会适应能力,帮助其建构社会支持网络,使之恢复健康生活状态,从而将“解决问题”“满足需要”与“权益保护和犯罪预防”“彰显公平正义”有机地联结起来。

第二节 未成年人司法保护社会工作的主要特点

一、工作的法定性

工作的法定性是指未成年人司法保护社会工作中的各项要素都必须以法律规范为依据，相关工作既要在法律许可的范围内进行，也受到法律应有的保护。依法专业服务、依法介入、依法助人是未成年人司法保护社会工作的必然要求。

目前，我国未成年人司法保护社会工作的法律依据主要包括《宪法》、《民法典》、《刑法》、《中华人民共和国刑事诉讼法》（以下简称《刑事诉讼法》）、《未成年人保护法》、《预防未成年人犯罪法》、《中华人民共和国义务教育法》（以下简称《义务教育法》）、《家庭教育促进法》、《中华人民共和国反家庭暴力法》（以下简称《反家庭暴力法》）、《关于全面加强未成年人国家司法救助工作的意见》、《关于深化预防青少年违法犯罪工作的意见》、《关于依法严惩利用未成年人实施黑恶势力犯罪的意见》、《关于依法处理监护人侵害未成年人权益行为若干问题的意见》、《关于建立侵害未成年人案件强制报告制度的意见（试行）》、《未成年人法律援助服务指引（试行）》、《关于未成年人犯罪记录封存的实施办法》、《关于办理涉未成年人有组织犯罪案件若干问题的意见》、《关于办理性侵害未成年人刑事案件的意见》等一系列法律法规及其他规范性文件。这些法律和规章制度的出台实现了未成年人司法保护社会工作的有法可依、有章可循，充分保障了未成年人司法保护社会工作的法治化、规范化运行。

关于社会工作的要素，学界存在“社会工作服务对象、社会工作目标、社会工作主体”三要素说[①]、“社会工作者、社会工作对象、社会工作价值观”三要素观[②]、“社会工作者、受助者、社会工作价值观、助人活动”四要素观[③]、“服务对象、社会工作者、社会工作价值观、专业助人方法、助人方法”五要素观[④]等多种提法。在实务工作中，人们普遍认同“社会工作者、受助者、社会工作价值观、助人活动”四要素观的提法。社会工作者也称社会工作主体，是服务和帮助的提供者，是社会工作过程的首要构成部分[⑤]、基本要素[⑥]；受助者也称工作客体、工作对象、服务对象或案主，是遇到困难而自身不能解决并且愿意接受帮助的人；社会工作价值观是用以支撑社会工作者专业实践的哲学信念、价值取向，包括社会工作者对助人活动的看法、对自己及受助者的看法，其核心价值观是利他主义、尊重受助者的权利和选择；助人活动作为社会工作的关键，是社会工作的主要过程，社会工作者通过助人活动来帮助受助者解决实际困难。事实上，社会工作价值观属于社会工作者的主观意识范畴，可列入社会工作者要素中。除了社会工作者、受助者、助人活动之外，社会工作的组织管理、保障措施等条件也是必不可少的要素。换言之，条件要素是影响社会工作存在并能促进社会工作发展的必

① 韦克难. 社会工作理论方法与实务[M]. 成都：四川人民出版社，2008：245-246.
② 闫广芬，袁继红. 妇女社会工作[M]. 天津：天津大学出版社，2010：187-188.
③ 秦英. 社会工作实务[M]. 北京：中国人民公安大学出版社，2016：12.
④ 沈光辉. 社会工作概论[M]. 北京：中国社会出版社，2014：16-17.
⑤ 秦英. 社会工作实务[M]. 北京：中国人民公安大学出版社，2016：12.
⑥ 童星. 现代社会学理论新编[M]. 南京：南京大学出版社，2003：316.

要因素，它揭示社会工作依靠什么而存在，这些条件是如何发展变化的，又是如何促进社会工作发展变化的；条件要素最突出的特征是可变性，可变性的表现是可以增加或减少①，这种增加或减少推动着社会工作的变化和发展，但条件增加、减少的幅度，以不影响社会工作的有序运行、有效实施为界限。因此，为了有序、有效地开展实务工作，未成年人司法保护社会工作可以分为未成年人司法保护社会工作主体、对象、活动、条件四大要素。

未成年人司法保护社会工作主体包括政府部门、人民团体、社会组织、企业事业单位、居民委员会、村民委员会、学校、家庭等。从专业角度来看，未成年人司法保护社会工作的核心主体是国家司法机关，以及受国家司法机关的委托，依法履行司法保护社会工作职能、开展司法保护社会工作的机构、人员，主要包括司法保护社会工作者、志愿者及其他相关人员②。其中，在专门机构的培育方面，司法机关、各级社会工作行业协会、共青团各级委员会及相关政府部门应联络其他枢纽型社会组织及相关力量，培育专门的未成年人司法社会工作服务机构。未成年人司法社会工作服务机构应具备的资质主要包括但不限于：经民政部门正式登记，或经相关部门批准成立；年检合格；拥有 3 名及以上专门从事未成年人司法保护社会工作的人员，其中至少包含 1 名女性。司法保护社会工作者应获得国家颁发的社会工作者职业水平证书，或者具备国家承认的社会工作专业大学专科及以上学历；热爱未成年人司法保护社会工作，既有司法工作者的法律意识，又有社会工作者的人文关怀；遵循“平等、保密、不歧视、非评判、个别化”等专业伦理③，遵守社会工作者职业道德；不仅要在上岗前接受不少于 10 小时的社会工作理论、社会工作服务方法、未成年人发展、未成年人权利、未成年人保护、性别平等、残障保护意识等方面的专业基础知识与能力培训，不少于 20 小时的基础法律法规知识培训，以及不少于 30 小时的针对具体服务类型④的专业培训，而且每年应接受不少于 32 小时的涵盖专业知识与能力、法律知识、社会工作研究、社会工作者个人成长等方面的未成年人司法社会工作服务专业培训⑤。未成年人司法保护社会工作主体还应符合以下要求：严格遵守法律的规定，依法履行未成年人司法保护社会工作职责；具有法学、犯罪学基础知识，掌握涉及未成年人的相关法律、法规、政策，了解未成年人案件司法程序；掌握社会工作、社会学、心理学、教育学理论与方法，熟悉未成年人身心特点以及社区、学校、司法矫正机构等相关场域的工作要求；以工作对象的正当需求为出发点，全心全意为工作对象提供专业服务，最大限度地维护工作对象的合法权益；不得利用与工作对象之间的专业关系，谋取私人利益或其他不当利益，损害工作对象的合法权益⑥；主动与同事分享知识、经验、技能，互相促进，共同成长，并且有责任在必要时协助同事为工作对象提供服务、接受转介的工作；尊重其他社会工作者、专业人士和志愿者的不同意见及工作方法，对于任何建议、批评及

---

① 王健青．建国以来我国思想政治教育的条件要素及其发展[J]．商洛师范专科学校学报，2004，18(2)：70.

② 本书第二、三、四、五章将分别对罪错未成年人、服刑未成年人、戒毒未成年人、被害未成年人的司法保护社会工作主体加以阐述。

③ 国家市场监督管理总局，国家标准化管理委员会．未成年人司法社会工作服务规范：GB/T 42380—2023[S]．北京：中国标准出版社，2023：3.

④ 针对具体服务类型的专业培训的主要内容包括但不限于：不良行为干预服务；严重不良行为矫治教育服务；合适成年人服务；社会调查服务；帮教服务；被害人保护救助服务；家事案件观护服务。

⑤ 国家市场监督管理总局，国家标准化管理委员会．未成年人司法社会工作服务规范：GB/T 42380—2023[S]．北京：中国标准出版社，2023：24-25.

⑥ 中华人民共和国民政部．社会工作者职业道德指引[N]．中国社会报，2013-01-09(7).

冲突，都应以负责任、具有建设性的态度沟通和解决。

未成年人司法保护社会工作对象是未成年人司法保护社会工作的逻辑起点，通常以罪错未成年人、服刑未成年人、戒毒未成年人、被害未成年人为主。罪错未成年人主要包括实施了一般不良行为、严重不良行为（包括治安违法行为）、违反刑事法律但依法不予追究刑事责任或免于刑事处罚的行为，正受到有关司法机关的保护、教育、管束且需要专业性社会服务以助其健康成长的未成年人。服刑未成年人主要包括未成年在押服刑人员和未成年社区矫正对象两大类。未成年在押服刑人员是指由人民法院依法判处有期徒刑、无期徒刑，接受刑罚、教育改造的未成年人；未成年社区矫正对象是指被判处管制、宣告缓刑、假释或者暂予监外执行，实施社区矫正时未满 18 周岁的未成年人。戒毒未成年人主要是指接受强制隔离戒毒或者社区戒毒、社区康复的未成年人。被害未成年人是指人身、财产等合法权益遭受侵害的未成年人。未成年人司法保护社会工作对象在权利得到保障的同时，也要在未成年人司法保护社会工作主体的引导下树立尊法、学法、守法、用法的观念，逐渐从内心深处真正理解和认同法律的正义性、权威性，进一步强化规则意识、遵守法律规范。

未成年人司法保护社会工作活动主要包括工作内容、工作方法、工作流程、工作评估①等。其中，未成年人司法保护社会工作内容涉及思想引导、心理辅导、行为规范、社会支持、合法权益维护、违法犯罪预防、亲职教育指导、保护处分参与、合适成年人担任、社会调查、观护帮教、附条件不起诉考察教育、羁押期帮教服务、刑事和解参与、法庭教育、合适保证人担任、刑事司法矫正等。未成年人司法保护社会工作的一般方法包括个案工作、小组工作、社区工作等直接服务方法，以及社会工作行政、社会工作督导、社会工作研究、社会工作政策等间接服务方法②。此外，针对未成年人特定需要的介入方法有危机干预、家庭治疗、外展服务、历奇辅导、朋辈辅导、公益体验、家庭教育指导、资源链接等。未成年人司法保护社会工作的具体流程取决于工作对象的特点与需要，通常包括受理委托、接案、预估、计划、服务实施或介入、成效评估、结案或转介、跟进。从实务角度来看，并非所有的未成年人司法保护社会工作流程都是从受理委托开始的，有的直接从结案开始，有的在遇到紧急情况时需要越过受理委托、接案、预估、计划等环节而进行服务实施或介入的程序。未成年人司法保护社会工作评估是根据未成年人司法保护社会工作目标，运用可操作的科学手段与工具，通过系统地收集、整理、分析有关信息和数据资料，对未成年人司法保护社会工作进行价值判断的活动过程。总之，所有的未成年人司法保护社会工作活动均应在国家的有关法律、法规允许的范围内进行。

未成年人司法保护社会工作条件主要包括组织管理、保障措施等。其中，组织管理主要包括制度建设、质量管理、档案管理、风险管理等四个方面。第一，制度建设。未成年人司法社会工作服务机构应制定相关规章制度，主要包括但不限于：未成年人司法保护社会工作项目过程管理与成效评估制度；未成年人司法保护社会工作督导制度；未成年人司法保护社会工作者与志愿者的选任、培训、考核等管理制度；未成年人司法保护社会工作档案管理制度；未成年人司法保护社会工作沟通衔接制度；未成年人司法社会工作服务委托制度；未成年人

① 本书第二、三、四、五章将分别对罪错未成年人、服刑未成年人、戒毒未成年人、被害未成年人的司法保护社会工作活动的工作内容、工作方法、工作流程、工作评估加以阐述。

② 刘涛. 社会工作基础与实务[M]. 北京：中国社会出版社，2012：147.

司法社会工作服务风险管理制度；未成年人司法社会工作服务经费管理制度等。第二，质量管理。未成年人司法社会工作服务机构应对本机构内的服务进行质量管理，主要任务包括但不限于：建立司法社会工作服务质量管理体系，未成年人司法社会工作服务应严格按照社会工作服务流程和质量手册开展；建立外部监督和内部监督相结合的跟踪督导、质量监督与评估机制；对司法社会工作服务情况进行适当的信息公开，保障未成年人的知情权；及时识别、分析对服务质量有重要影响的关键过程，并加以控制、调整；根据服务质量评估情况改进服务，完善相关制度。第三，档案管理。未成年人司法社会工作服务机构应加强档案管理，主要工作包括但不限于：建立未成年人司法社会工作服务档案管理制度，包括档案的归档范围及要求、档案移交、档案储存及保管、档案的借阅、档案销毁、档案保密等内容；建立符合档案管理要求的服务档案管理室，并指定专人负责服务档案管理工作；建立未成年人基本信息档案，包括未成年人的基本信息、服务提供者以及接受服务的场所、过程与成效等；对服务过程进行记录，包括个案、小组、社区服务、危机介入、外展服务等相关服务的记录；建立服务质量监督与评估档案，包括是否符合基本服务要求、目标完成情况、服务评估情况、服务计划调整情况、服务转介情况、跟踪回访情况等；根据未成年人实际情况，分类、分级管理档案，在不违反法律、不妨碍他人正当权益的前提下保护未成年人的隐私，对在服务过程中获取的信息资料予以严格保密；将未成年人司法社会工作服务中非涉密类或非保密类信息纳入信息化系统建设或规划，并运用信息技术对未成年人司法保护社会工作主体、对象以及服务过程中所产生的信息进行系统化的管理；建立未成年人司法社会工作服务数据库，定期开展服务数据统计分析，并将其用于服务成效评价及社会工作研究与相关决策。第四，风险管理。未成年人司法社会工作服务机构应加强相关风险识别、风险控制和风险应对。未成年人司法社会工作服务机构不仅"应确定何种风险可能会对未成年人司法社会工作服务造成影响，例如信息泄露、意外伤害等"，而且"应建立未成年人保护问题举报制度，在力所能及的范围内开展未成年人司法社会工作服务"，"对不可控制的风险应采取回避措施"，"针对服务过程中可能出现的风险，社会工作服务机构应制定风险应对预案，明确基本流程和人员职责，并定期演练，做好充分准备"，还"应采取措施分散部分风险，如购买商业保险等"，"对风险造成的影响，应及时补救，承担相应责任"[①]。

保障措施主要包括政策保障、督导保障、经费保障、设施设备等四个方面。第一，政策保障。制定社会力量参与未成年人司法保护工作的政策性文件，进一步规范工作内容、工作流程和服务标准；争取民政、财政、人力资源社会保障部门等多个部门的政策支持，建立和完善未成年人司法保护社会工作者薪酬保障、考核评估、表彰奖励等机制。第二，督导保障。未成年人司法保护社会工作督导应结合服务的实际情况，以个别督导、团体督导、同事督导等方式开展，主要包括但不限于：建立未成年人司法保护社会工作督导机制，明确督导关系以及督导者的资格、督导对象；明确督导工作的内容、流程与评估标准；定期为督导对象提供督导服务。第三，经费保障。在既有经费预算中统筹安排购买相关未成年人司法社会工作服务的经费，同时积极争取财政专项资金支持并列入财政预算，保障购买的服务项目的连续性和稳定性；鼓励多渠道引入社会资金，支持未成年人司法社会工作服务机构的发展。第四，

① 国家市场监督管理总局，国家标准化管理委员会. 未成年人司法社会工作服务规范：GB/T 42380—2023[S]. 北京：中国标准出版社，2023：22.

设施设备。开展未成年人司法社会工作服务应具有必要的个案工作室、小组工作室、多功能活动室等;在未成年人司法社会工作服务机构中开展的社会工作服务,其环境与设施设备应符合国家相关标准或规定。

二、任务的复杂性

任务的复杂性是指把未成年人司法保护社会工作总目标分解为一系列项目化、阶段化、层次化的流程和要求,并细化为具体的工作责任与服务事项,而这些责任与事项呈现出纷繁且庞杂的特点。

从专业角度来看,不同的未成年人司法社会工作服务项目需要不同的专业性投入。依据国家市场监督管理总局、国家标准化委员会于 2023 年 3 月 17 日发布的《未成年人司法社会工作服务规范》,未成年人司法社会工作服务的总目标是“未成年人犯罪预防和权益保护”①。为了逐步实现这一总目标,该规范针对有不良行为的未成年人、有严重不良行为的未成年人、未成年人犯罪嫌疑人、违法犯罪未成年人、被害未成年人等不同的工作对象,规定了不良行为干预服务、严重不良行为矫治教育服务、合适成年人服务、社会调查服务、帮教服务、被害人保护救助服务、家事案件观护服务等七个方面的服务项目,并设定了不同的流程以及具体的工作责任与服务要求。例如,针对罪错未成年人中的具有严重不良行为者,设计了一般矫治教育中服务的流程和专门学校内矫治教育中服务的流程。其中,专门学校内矫治教育中服务的流程主要包括受理委托、入学建档、制定计划、提供服务、结案或转介、跟进等六个步骤。在第一步受理委托中,社会工作服务机构可接受专门学校委托,准备为具有严重不良行为的未成年人提供矫治教育服务,而受理委托的程序为“社会工作服务机构在接受专门学校委托后,应及时了解具有严重不良行为的未成年人的基本信息,录入案件管理系统,制作接案登记表,并根据具有严重不良行为的未成年人的特点和需求,将其分派给合适的社会工作者。每个具有严重不良行为的未成年人宜由 2 名社会工作者负责,女性未成年人宜由女性社会工作者负责”。在第二步入学建档中,社会工作者应及时建立具有严重不良行为的未成年人的矫治教育档案,全面收集资料,完善档案内容,并与具有严重不良行为的未成年人及其监护人签署服务协议。在第三步制定计划中,社会工作者应及时与具有严重不良行为的未成年人、家长、班主任及任课教师等进行沟通,了解各方情况,整合需求,确定服务目标,制定服务计划。在第四步提供服务中,社会工作者应依照服务计划提供服务,并及时与专门学校相关责任人沟通反馈服务情况。在第五步结案或转介中,社会工作者应与具有严重不良行为的未成年人、专门学校相关责任人讨论服务的过程与效果,并在各方协商一致、确定服务目标达成的情况下结案。社会工作者应在结案后整理相关文案材料,及时归档。当被委托未成年人确有其他需求而所在社会工作服务机构无法提供服务时,社会工作者应及时转介其他社会工作服务机构或其他专业服务机构。在第六步跟进中,社会工作者应在结案后定期跟进具有严重不良行为的未成年人的情况,跟进时间宜为 6 个月②。关于

① 国家市场监督管理总局,国家标准化管理委员会. 未成年人司法社会工作服务规范: GB/T 42380—2023[S]. 北京:中国标准出版社,2023:1.

② 国家市场监督管理总局,国家标准化管理委员会. 未成年人司法社会工作服务规范: GB/T 42380—2023[S]. 北京:中国标准出版社,2023:7-8.

严重不良行为矫治教育服务的内容,《未成年人司法社会工作服务规范》进一步细化出教育引导、转入转出评估、入学适应服务、社会系统评估、矫治教育、家庭服务、正向交往服务、校园环境建设、校外拓展服务、社会适应服务等十个方面的工作责任与服务要求。第一,教育引导。公安机关、人民检察院依据相关法律,结合具有严重不良行为的未成年人的案件情况、行为后果等因素,对其进行口头及书面形式的警示教育,并制作训诫笔录。社会工作者宜到场参与。社会工作者应在办案人员进行训诫前,向具有严重不良行为的未成年人及其监护人进行自我介绍,说明身份与职责,并与办案人员配合,根据具有严重不良行为的未成年人特点及需求,有针对性地开展教育引导工作。第二,转入转出评估。关于转入评估事宜,社会工作者应接受教育行政部门、专门教育指导委员会委托,协助专门教育指导委员会对被申请转入专门学校、具有严重不良行为的未成年人的转送必要性开展评估工作,分析其问题和需求,作出专业判断,提出矫治教育建议,完成转入评估表。关于转出评估事宜,社会工作者应接受教育行政部门、专门教育指导委员会委托,协助专门教育指导委员会对符合条件、申请转回普通学校的未成年人开展评估工作,评估其转化后的效果以及是否适合转回普通学校,作出专业判断,提出建议,完成转出评估表。第三,入学适应服务。对于转入专门学校的具有严重不良行为的未成年人,社会工作者应在其转入专门学校的 1 个月内,对其开展专业服务,协助其尽快适应和融入新环境,建立对学校和班级的良好归属感,促进未成年人稳定地在校学习、生活。第四,社会系统评估。社会工作者应围绕具有严重不良行为的未成年人的个体、家庭、朋辈、学校等维度,与其开展访谈,并根据访谈内容评估影响其发展的保护性因素及风险性因素,撰写预估表,提出具有可操作性的矫治教育建议。第五,矫治教育。社会工作者应引导和协助具有严重不良行为的未成年人进行自我探索,提升法律意识,提高抗逆力、情绪管理能力、沟通表达能力等,以改善具有严重不良行为的未成年人在情绪、认知、行为等方面存在的问题。第六,家庭服务。社会工作者应开展亲子小组、家长讲座等家庭教育指导活动,协助具有严重不良行为的未成年人与其家庭进行沟通,恢复家庭功能。第七,正向交往服务。社会工作者应了解具有严重不良行为的未成年人的朋辈群体状况,针对其朋辈群体开展专业服务,协助具有严重不良行为的未成年人搭建正向、良性的人际关系网络。第八,校园环境建设。社会工作者应结合具有严重不良行为的未成年人所在学校的管理教育现状与需要,协助改善校园环境,促进学校更好地为具有严重不良行为的未成年人提供支持,校园环境建设的内容包括但不限于:协助教师缓解在管理教育过程中的情绪困扰、缓解工作压力;提升教师管理教育能力;支持教师个人生命成长;开展以班级归属感建设、规则意识提升、人际交往、校园欺凌等为主题的服务。第九,校外拓展服务。社会工作者应对专门学校辐射的普通学校、社区等场域中具有不良和严重不良行为的未成年人开展服务,以增强其法律意识、安全自护意识,促进其成长与发展。第十,社会适应服务。社会工作者应链接资源,鼓励具有严重不良行为的未成年人参与社会活动,引导其培养正向健康的生活方式,促进其适应社会规范、提升社会参与度、增强社会认同感,避免发生违法犯罪行为①。又如,在对违法犯罪未成年人的帮教服务中,社会工作者受国家的委托,要把违法犯罪未成年人从歧途引向正道,使其身心发展、思想状态、行为表现与司法社会工作目标相一致。因此,

① 国家市场监督管理总局,国家标准化管理委员会.未成年人司法社会工作服务规范:GB/T 42380—2023[S].北京:中国标准出版社,2023:8-9.

社会工作者既要“组织违法犯罪未成年人学习法治知识,以促使其提升规则意识、法治意识”,又要对违法犯罪未成年人进行情绪疏导、认知调整、行为矫治,还要帮助其修复家庭功能、搭建良好的朋辈支持网络、链接社会资源,必要时还应实施附条件不起诉帮教考察、维护与发展观护基地。对于具有特殊情况的违法犯罪未成年人,社会工作者更要及时采取心理咨询、心理矫治、行为矫正等方式,在帮助其转变错误思想观念、改变偏差行为方式和改善不良人际交往的前提下,逐步引导其树立正确的世界观、人生观、价值观,养成良好的行为习惯,协助其获取生活、学习、就业等方面的保障与支持,促进其融入社会。这种破立结合、先破后立的双重任务使包括帮教服务在内的未成年人司法保护社会工作更具复杂性、挑战性。

社会工作是一种具有目的意向性的服务活动,即社会工作主体和对象对于社会工作的目的与方向都有一个认识,且社会工作的效果取决于社会工作主体和对象双方的目的意向。在普通社会工作领域中,社会工作主体和对象的目的意向是一致的。换言之,双方的意向是基本统一在共同的社会福利目的上的。但在未成年人司法保护社会工作领域中,尤其是对于违法犯罪未成年人来说,社会工作者的意向代表着党和政府对教育、感化、挽救违法犯罪未成年人的期望以及人民群众对社会安全稳定的期盼,而违法犯罪未成年人的意向则代表着他们自己错误的价值认识。这两种意向常常是相背离或相抵触的。这就决定了未成年人司法保护社会工作任务要比普通社会工作任务更为复杂而艰巨。

三、活动的综合性

活动的综合性是指在开展未成年人司法保护社会工作的过程中,以基本原则为导向,系统、综合地运用多种内容、方法与资源,从而切实有效地发挥司法保护社会工作功能。

未成年人司法保护社会工作活动的综合性主要表现在四个方面:第一,多项原则相结合,即主张最有利于未成年人、特殊优先保护、分级分类、多方参与等诸多原则相结合;第二,多种内容相结合,即强调思想引导、心理辅导、行为规范、社会支持、亲职教育指导、法庭教育、帮教服务等诸多内容相结合;第三,多样方法相结合,即注重个案工作、小组工作、社区工作、社会工作行政、社会工作督导、社会工作研究、社会工作政策等诸多方法相结合;第四,多维资源相结合,即着重有关未成年人司法保护社会工作的人力资源、物力资源、财力资源、信息资源相结合。

未成年人司法保护社会工作活动具有综合性的特点,一方面要求工作主体全面而深刻地理解各项原则的内涵及其具体要求,并在实践活动中将其有机结合、综合应用;另一方面,要求工作主体根据国家在不同时期部署的未成年人司法保护任务以及不同未成年人的具体情况,及时调整工作方案,使未成年人司法保护社会工作契合未成年人司法工作的需求,遵守司法、教育、社区等服务场域的规范,实现社会工作与司法工作的协调统一、工作内容与工作方法的有机组合,从而实现各项资源利用的最优化和整体功能的最大化。

第三节　未成年人司法保护社会工作的基本原则

一、最有利于未成年人原则

（一）关于最有利于未成年人原则的理解与规定

最有利于未成年人原则又称“儿童最大利益原则”“儿童利益最大化原则”，是指在保护未成年人的人身权利、财产权利及其他合法权益的过程中，综合权衡各方面因素，选择最有利于未成年人的方案，采取最有利于未成年人的措施，实现未成年人利益的最大化[①]。这一原则高度凝练概括、内涵丰富深远，是统领未成年人司法保护社会工作的核心原则。

联合国大会在1959年11月20日通过的《儿童权利宣言》中首次提到“以儿童之最大利益为首要考虑”，并强调“负儿童教育与辅导责任者应以儿童之最大利益为其指导原则”[②]。1989年11月20日，第44届联合国大会第25号决议通过的《儿童权利公约》第3条第1项进一步明确规定：“关于儿童的一切行动，不论是由公私社会福利机构、法院、行政当局或立法机构执行，均应以儿童的最大利益为一种首要考虑。”[③]该公约中“儿童的最大利益”原则在我国《未成年人保护法》中以“最有利于未成年的原则”的表述形式被确定下来。《未成年人保护法》第四条明确将最有利于未成年人的原则作为未成年人保护的基本原则。我国其他有关法律法规以及司法解释性质的文件也从不同方面体现了这一原则。最高人民法院、最高人民检察院、公安部、民政部在2014年12月18日联合发布的《关于依法处理监护人侵害未成年人权益行为若干问题的意见》中开宗明义地指出，要“切实维护未成年人合法权益，加强未成年人行政保护和司法保护工作”，在处理监护侵害行为时“应当遵循未成年人最大利益原则”[④]。颁布于2020年5月28日的《民法典》第三十五条第一款、第一千零四十四条分别规定，“监护人应当按照最有利于被监护人的原则履行监护职责”，“收养应当遵循最有利于被收养人的原则，保障被收养人和收养人的合法权益”。司法部公共法律服务管理局、中华全国律师协会在2020年9月16日发布的《未成年人法律援助服务指引（试行）》规定：“未成年人法律援助工作应当坚持最有利于未成年人的原则。”《未成年人司法社会工作服务规范》把“最有利于未成年人原则”作为六项原则[⑤]中的首要原则。

（二）贯彻最有利于未成年人原则的要求

开展未成年人司法保护社会工作，要以未成年人为中心，从未成年人的身心发展特点和利益出发，提供相应的专业服务，最大限度地保障未成年人的合法权益，避免因司法保护社会工作者、志愿者及其他相关人员的行为和代表未成年人及其家庭开展的活动对未成年人

① 郭林茂. 中华人民共和国未成年人保护法实用问答[M]. 北京：中国民主法制出版社，2021：2.

② 联合国大会. 儿童权利宣言[EB/OL].（1959-11-20）[2023-06-01]. https://www.un.org/zh/node/181273.

③ 中国人权发展基金会. 中国签署批准的国际人权公约[M]. 北京：新世界出版社，2003：80.

④ 马雷军. 学前教育实用政策法律[M]. 北京/西安：世界图书出版公司，2021：510.

⑤ 《未成年人司法社会工作服务规范》的六项原则包括最有利于未成年人原则、契合性原则、系统性原则、多方参与原则、分级分类原则、未成年人参与原则。

造成伤害。贯彻最有利于未成年人原则，具体要做到以下三个方面。

1. 充分尊重未成年人的人格尊严

人格尊严作为人身权最基本、最重要的内容，受到法律的严格保护，任何组织或者个人不得侵害。我国《宪法》第三十八条规定："中华人民共和国公民的人格尊严不受侵犯。禁止用任何方法对公民进行侮辱、诽谤和诬告陷害。"因此，人格尊严是一项人人都享有的宪法权利，即每位公民都应受到他人和社会的最基本的尊重。然而，有些人特别是部分成年人对人格尊严的享有主体存在错误的观念，即认为只有成年人才有人格尊严，而未成年人年幼无知，则无所谓尊严。这种错误的观念必然导致现实生活中出现侵害未成年人人格尊严的现象，例如教师辱骂、体罚学生，父母用羞辱、示众等方式管教子女，不法分子虐待、暴力伤害、拐卖未成年人等。《未成年人保护法》明确规定，禁止监护人对未成年人实施家庭暴力；学校、幼儿园的教职员工应当尊重未成年人人格尊严，不得对未成年人实施体罚、变相体罚或者其他侮辱人格尊严的行为；禁止拐卖、绑架、虐待、非法收养未成年人，禁止对未成年人实施性侵害、性骚扰。因此，家庭、学校、社会均应尊重未成年人的人格尊严。司法保护社会工作者、志愿者及其他相关人员在开展服务活动时也要充分尊重和保护未成年人的人格尊严，以最有利于未成年人原则为依归，既确保未成年人不因民族、种族、性别、家庭出身、宗教信仰、教育程度、财产状况、居住期限、法律地位而受到任何歧视，又要采取正确对待未成年人的方式和方法，达到助人自助的目的；即便对于违法犯罪未成年人，也要尊重、维护他们的人格尊严，像老师对待学生、父母对待孩子、医生对待病人那样耐心地教育、感化、挽救他们，而不是嫌弃、歧视他们。

2. 切实保护未成年人的隐私权和个人信息

隐私是个人不愿意为外界所知晓的私密信息。隐私权作为公民人格权的重要组成部分，是保证私人生活不受外界打扰以及个人信息不被非法侵扰、知悉、搜集、利用和公开的重要权利。个人信息通常是"记载在纸或者电子系统中的能反映个人面部及身体生理特征、个人生物信息、住址、职业、财产状况、身份证、银行卡号码等内容的信息"[①]。《宪法》《刑法》《民法典》中均有涉及保护公民隐私权与个人信息的法律条文。例如，《宪法》第三十九条、第四十条分别规定，"中华人民共和国公民的住宅不受侵犯。禁止非法搜查或者非法侵入公民的住宅"，"中华人民共和国公民的通信自由和通信秘密受法律的保护。除因国家安全或者追查刑事犯罪的需要，由公安机关或者检察机关依照法律规定的程序对通信进行检查外，任何组织或者个人不得以任何理由侵犯公民的通信自由和通信秘密"。鉴于未成年人对自己的隐私和个人信息的保护能力较弱，《未成年人保护法》不仅规定了"新闻媒体采访报道涉及未成年人事件应当客观、审慎和适度，不得侵犯未成年人的名誉、隐私和其他合法权益"，而且要求除了"无民事行为能力未成年人的父母或者其他监护人代未成年人开拆、查阅"，"因国家安全或者追查刑事犯罪依法进行检查"，"紧急情况下为了保护未成年人本人的人身安全"等三种情形之外，"任何组织或者个人不得开拆、查阅未成年人的信件、日记、电子邮件或者其他网络通讯内容"，还强调"信息处理者通过网络处理未成年人个人信息的，应当遵循合法、正当和必要的原则"以及"公安机关、人民检察院、人民法院、司法行政部门以及其他组织和个人不得披露有关案件中未成年人的姓名、影像、住所、就读学校以及

① 张荣丽，刘永廷，等. 家庭与法律[M]. 武汉：武汉大学出版社，2021：132.

其他可能识别出其身份的信息，但查找失踪、被拐卖未成年人等情形除外”。因此，所有司法保护社会工作者、志愿者及其他相关人员在开展服务活动时都要切实保护未成年人的隐私权和个人信息，为未成年人健康成长营造平等、公平、安宁的法治环境。

3. 注重听取未成年人的意见

听取未成年人的意见是保障未成年人参与权的重要表现形式。根据联合国《儿童权利公约》的相关条文，未成年人参与权是未成年人参与家庭、文化和社会生活并就影响他们生活的事项发表看法、意见的权利①。我国《民法典》第三十五条第二款规定：“未成年人的监护人履行监护职责，在作出与被监护人利益有关的决定时，应当根据被监护人的年龄和智力状况，尊重被监护人的真实意愿。”《未成年人保护法》第三条明确提出，国家对未成年人参与权的保障，第十九条规定“未成年人的父母或者其他监护人应当根据未成年人的年龄和智力发展状况，在作出与未成年人权益有关的决定前，听取未成年人的意见，充分考虑其真实意愿”，第一百零二条明确要求“公安机关、人民检察院、人民法院和司法行政部门办理涉及未成年人案件，应当考虑未成年人身心特点和健康成长的需要，使用未成年人能够理解的语言和表达方式，听取未成年人的意见”。《未成年人司法社会工作服务规范》则进一步要求，“在为未成年人提供服务的过程中，社会工作者根据未成年人的理解能力、表达能力等，支持并给予其充分表达想法、意见的机会，促进未成年人权益保护”②。在未成年人司法保护社会工作中，注重听取未成年人的意见，充分尊重未成年人的意愿，作出的各项决定、采取的各种行动才能满足未成年人的合理需求。

二、特殊优先保护原则

（一）关于特殊优先保护原则的理解与规定

特殊优先保护原则是指在未成年人司法保护社会工作中应当结合未成年人的特殊性，把对未成年人的保护放在优先、首要的位置加以考虑。特殊优先保护原则是儿童利益最大化理念在未成年人司法保护体系中的重要体现。所谓“特殊保护”，即为未成年人提供不同于成年人的特殊保护措施和手段；所谓“优先保护”，即将未成年人权益置于其他群体权益之前加以考虑，优先满足未成年人的需求。

特殊优先保护原则主要是基于国际通行惯例及人道主义精神的要求确立的。《儿童权利宣言》指出，儿童不仅“应享受特别保护，并应以法律及其他方法予儿童以机会与便利，使其能在自由与尊严之情境中获得身体、心智、道德、精神、社会各方面之健全与正常发展”，而且“儿童在一切情形之下应在最先受保护与救济之列”③。我国《未成年人保护法》也作出了相关规定，例如在处理涉及未成年人事项时应当“给予未成年人特殊、优先保护”，在“公共场所发生突发事件时，应当优先救护未成年人”。《关于依法处理监护人侵害未成年人权益行为若干问题的意见》指出，在处理监护侵害行为时应“充分考虑未成年人身心特点和人

① 于建伟. 未成年人保护立法的新发展[J]. 中国律师，2007（7）：81.

② 国家市场监督管理总局，国家标准化管理委员会. 未成年人司法社会工作服务规范：GB/T 42380—2023[S]. 北京：中国标准出版社，2023：3.

③ 联合国大会. 儿童权利宣言[EB/OL].（1959-11-20）[2023-06-01]. https://www.un.org/zh/node/181273.

格尊严，给予未成年人特殊、优先保护”[①]。最高人民检察院发布的《关于全面加强未成年人国家司法救助工作的意见》强调，检察机关“在开展未成年人国家司法救助工作中，要增强对未成年人的特殊、优先保护意识”[②]。《未成年人法律援助服务指引（试行）》进一步规定，未成年人法律援助工作应当“给予未成年人特殊、优先保护，尊重未成年人人格尊严，保护未成年人隐私权和个人信息，适应未成年人身心发展的规律和特点”。

（二）贯彻特殊优先保护原则的要求

在未成年人司法保护社会工作的项目统筹规划、服务计划制定、社会资源配置和专业服务提供等方面，应优先考虑未成年人的特殊需要，维护其特殊利益。贯彻特殊优先保护原则，具体要做到以下两个方面。

1. 契合未成年人身心健康发展的规律和特点

从未成年人自身的特征来看，他们在生理、心智、体力方面较成年人处于弱势，自我保护能力较弱，合法权益极易受到外界侵害。对于未成年人而言，必须从法律上予以特殊对待、优先保护。在未成年人司法保护社会工作中，要契合未成年人身心健康发展的规律和特点，尊重未成年人的主体地位，把司法社会工作服务与未成年人身心健康、成长成才紧密结合起来设计实施服务项目，持续探索建立“自下而上、以需定供”的互动式、菜单式服务方式，推动司法社会工作服务供给与未成年人实际需求有效对接，并鼓励和支持未成年人参与同自身合法利益相关的服务活动，尊重其在权利和能力范围之内的自我需求、自我决定和有益行动。

2. 未成年人司法保护社会工作要便捷、及时

西方法谚有云：“迟到的正义非正义。”这句法谚意指司法效率的重要性。正义不仅体现在实体方面，更应该体现在程序方面。为了达成总目标，未成年人司法保护社会工作就必须注重司法效率，在提供专业服务的过程中要便捷、及时。所谓“便捷”，即方便未成年人，要求在制定相关章程、项目规划、服务计划时尽可能减少不必要的程序，避免未成年人因烦琐的程序而心灰意冷；所谓“及时”，即司法的时间效率，要求社会工作能够快速而有效地介入未成年人司法保护中，尤其是对被害未成年人的司法救助。所有暴力犯罪都会对被害人的身心造成伤害，特别是对于身体发育尚未成熟的未成年人来说，及时的司法救助能够有效地降低原生危害的影响、避免次生危害的发生，也可以更好地帮助他们恢复。在未成年人司法保护社会工作中，如果无法避免对其造成伤害，则应尽量选择对未成年人造成伤害最小的方案，或最容易使未成年人从伤害中恢复正常的方案。

三、分级分类原则

（一）关于分级分类原则的理解与规定

分级分类原则是指未成年人司法保护社会工作主体根据工作对象的不同情况和特点进行多层级、多类型划分，在此基础上开展有针对性的思想引导、心理辅导、行为规范、社会支

① 马雷军. 学前教育实用政策法律[M]. 北京：世界图书出版公司，2021：510.

② 人民法院出版社. 婚姻家庭继承办案实用手册[M]. 北京：人民法院出版社，2022：247.

持、社会调查、观护帮教、司法矫正等干预活动，从而实现梯度保护未成年人的目的。

《未成年人保护法》第九十一条指明："各级人民政府及其有关部门对困境未成年人实施分类保障。"《预防未成年人犯罪法》第二条规定"预防未成年人犯罪，立足于教育和保护未成年人相结合，坚持预防为主、提前干预，对未成年人的不良行为和严重不良行为及时进行分级预防、干预和矫治"，第四十七条进一步规定"专门学校应当对接受专门教育的未成年人分级分类进行教育和矫治"。《未成年人司法社会工作服务规范》提出未成年人司法社会工作服务应秉持"分级分类原则"，建议"社会工作者针对不同未成年人群体的特点和服务需求，提供不同程度、不同侧重的专业服务，搭建犯罪预防、权益保护等多类型、多层级的服务体系"[①]。

（二）贯彻分级分类原则的要求

未成年人司法保护社会工作既关涉不同年龄、性别、文化程度、司法需求的未成年人的权益保障，也关涉具有不良行为与严重不良行为、实施违法犯罪行为、失管失教的未成年人的分级干预与分类教育；既关注未成年人案件发生后的补救工作，也关注未成年人违法犯罪预防与矫治工作。贯彻分级分类原则，具体要做到以下两个方面。

1. 做好科学、系统的分级分类工作

确保未成年人司法保护社会工作质效的前提是做好科学、系统的分级分类工作。分级分类工作，突出一个"分"字，即"分类干预、分级处遇、分开矫治、分别规划"；强调一个"级"字，即参照行为性质、情节轻重、违法犯罪风险或受害程度进行分级；重在一个"类"字，即依据性别、年龄、心理特征、日常表现、受助需求等不同情况加以分类。未成年人司法保护社会工作的适用对象涉及较广，包括罪错未成年人、服刑未成年人、戒毒未成年人、被害未成年人、未成年证人、刑满释放的未成年人、司法程序中涉及的未成年人、服刑（戒毒）人员未成年子女及其他相关困境未成年人等。对于每一类未成年人，未成年人司法保护社会工作可进行分级或二次分类。例如，就罪错未成年人的分级而言，最高人民检察院在其发布的《2018—2022 年检察改革工作规划》中明确提出："探索建立罪错未成年人临界预防、家庭教育、分级处遇和保护处分制度。"这是我国官方文件中第一次提到"罪错未成年人"和"分级处遇"的概念。为了实施精准帮教，有的地方将未成年人罪错行为由轻到重分为不良行为、严重不良行为、治安处罚行为、不予刑事处罚行为及轻型犯罪行为等五级，并明确各单位、组织以及社会工作者针对罪错未成年人及其监护人，分别适用各项分级处遇的措施方法、工作职责[②]；有的地方根据未成年人不良行为次数和风险等级，由轻到重将其分为蓝、橙、黄、红四个等级，联合相关职能部门开展风险未成年人精准排查、建立"一人一档"摸底档案表、成立帮教小组，进行精准帮教、分级保护、动态调整[③]；还有许多地方根据罪错未成年人的行为性质、情节轻重、危害大小等进行分级，由轻到重将其罪错行为分为不良行为、严

① 国家市场监督管理总局，国家标准化管理委员会．未成年人司法社会工作服务规范：GB/T 42380—2023[S]．北京：中国标准出版社，2023：3.

② 江西检察．构建罪错未成年人分级处遇制度[EB/OL].（2023-04-12）[2023-06-01]. https://www.jxzfw.gov.cn/2023/0412/2023041247764.html.

③ 江西检察．构建罪错未成年人分级处遇制度[EB/OL].（2023-04-12）[2023-06-01]. https://www.jxzfw.gov.cn/2023/0412/2023041247764.html.

重不良行为、触犯刑法行为（犯罪行为）三个级别，并设置了相应的干预措施。又如，就困境未成年人的分类而言，中国共产党第十八届中央委员会第三次全体会议在2013年11月12日通过的《中共中央关于全面深化改革若干重大问题的决定》中提出健全“困境儿童分类保障制度”[①]；民政部在2014年4月18日颁布的《关于进一步开展适度普惠型儿童福利制度建设试点工作的通知》中对困境儿童、困境家庭儿童的范围进行了明确界定，即困境儿童“分残疾儿童、重病儿童和流浪儿童3类”，困境家庭儿童“分父母重度残疾或重病的儿童、父母长期服刑在押或强制戒毒的儿童、父母一方死亡另一方因其他情况无法履行抚养义务和监护职责的儿童、贫困家庭的儿童4类”[②]；最高人民检察院在2018年2月27日发布的《关于全面加强未成年人国家司法救助工作的意见》中把八类因本人或其抚养人遭受不法侵害等陷入困境的未成年人列为国家司法救助对象：第一类，受到犯罪侵害致使身体出现伤残或者心理遭受严重创伤，因不能及时获得有效赔偿，造成生活困难的；第二类，受到犯罪侵害急需救治，其家庭无力承担医疗救治费用的；第三类，抚养人受到犯罪侵害致死，因不能及时获得有效赔偿，造成生活困难的；第四类，家庭财产受到犯罪侵害遭受重大损失，因不能及时获得有效赔偿，且未获得合理补偿、救助，造成生活困难的；第五类，因举报、作证受到打击报复，致使身体受到伤害或者家庭财产遭受重大损失，因不能及时获得有效赔偿，造成生活困难的；第六类，追索抚育费，因被执行人没有履行能力，造成生活困难的；第七类，因道路交通事故等民事侵权行为造成人身伤害，无法通过诉讼获得有效赔偿，造成生活困难的；第八类，其他因案件造成生活困难，认为需要救助的[③]。此外，长江大学法学院、长江大学社会救助研究中心和湖北省荆州市未成年人社会保护中心提供了八类困境未成年人认定标准，其中包括被性侵害的未成年人，被出卖的未成年人，被遗弃的未成年人，被虐待的未成年人，被暴力伤害的未成年人，被教唆、利用实施违法犯罪行为的未成年人，被胁迫、诱骗、利用乞讨的未成年人，因不履行监护职责而身心受到严重危害的未成年人[④]。

2. 坚持司法保护与教育引导相结合

未成年人司法保护社会工作既不能重教育引导、轻司法保护，也不能只司法保护、不教育引导，两者对未成年人健康成长都很重要。坚持司法保护与教育引导相结合，不仅可以帮助一般未成年人树立法治意识，提升自我保护能力，而且可以促使有错误行为的未成年人纠正不良习惯和行为，防患于未然，还能引导那些有不良行为、严重不良行为，甚至已经违法犯罪的未成年人吸取教训、认错悔罪并尽快走上正途。

四、多方参与原则

（一）关于多方参与原则的理解与规定

多方参与原则是指在未成年人司法保护社会工作中加强公安机关、人民检察院、人民法

① 中华人民共和国中央人民政府. 中共中央关于全面深化改革若干重大问题的决定[EB/OL].（2013-11-15）[2023-06-01]. https://www.gov.cn/jrzg/2013-11/15/content_2528179.htm.

② 中华人民共和国民政部. 民政部关于进一步开展适度普惠型儿童福利制度建设试点工作的通知[EB/OL].（2014-04-18）[2023-06-01]. http://www.law-lib.com/law/law_view1.asp?id=450835.

③ 人民法院出版社. 婚姻家庭继承办案实用手册[M]. 北京：人民法院出版社，2022：246-247.

④ 王贤锋，朱帅. 未成年人社会保护试点工作研究[M]. 武汉：湖北人民出版社，2016：196-204.

院、司法行政部门、民政部门、教育行政部门、社区、家庭等多方参与，整合社会各方面的力量，共同保障未成年人的健康发展。

《未成年人保护法》第十条规定："共产主义青年团、妇女联合会、工会、残疾人联合会、关心下一代工作委员会、青年联合会、学生联合会、少年先锋队以及其他人民团体、有关社会组织，应当协助各级人民政府及其有关部门、人民检察院、人民法院做好未成年人保护工作，维护未成年人合法权益。"最高人民检察院发布的《关于全面加强未成年人国家司法救助工作的意见》要求，在开展未成年人国家司法救助工作中应"针对未成年人的具体情况，依托有关单位，借助专业力量，因人施策，精准帮扶，切实突出长远救助效果"①。《未成年人法律援助服务指引（试行）》规定，未成年人法律援助工作应当"加强跨部门多专业合作，积极寻求相关政府部门、专业机构的支持"。《未成年人司法社会工作服务规范》提出未成年人司法社会工作服务应秉持"多方参与原则"，即"未成年人司法社会工作服务有公安机关、人民检察院、人民法院、司法行政部门、民政部门、教育行政部门、社区、家庭、企业等多方资源的参与，社会工作者促进各方形成合力，共同保障未成年人的健康发展"②。

（二）贯彻多方参与原则的要求

未成年人司法保护社会工作者应重视和协调未成年人与其家庭、学校、社区、朋辈群体及服务机构等的互动关系，全面系统地了解、掌握未成年人的特点与需要，提供整合性司法社会工作服务。贯彻多方参与原则，具体要做到以下两个方面。

1. 加强未成年人司法保护社会工作主体之间的沟通合作

未成年人司法保护社会工作是一项涉及面广、综合性强的系统工程。未成年人司法保护社会工作主体包括公安机关、人民检察院、人民法院、司法行政部门、民政部门、教育行政部门、法律援助机构、人民团体、社会组织以及相关专门机构、专门人员。除了公安机关、人民检察院、人民法院、司法行政部门等司法机关要各司其职、协调配合之外，其他部门、组织、机构也要密切沟通、彼此支持，尤其是未成年人司法社会工作服务机构及社会工作者应促进各方形成合力，从而切实提高未成年人司法保护社会工作质量，更好地维护未成年人的合法权益。

2. 调动更多的社会力量参与未成年人司法保护社会工作

依据工作对象的特点与需要，引入和调动家庭、学校、社区、爱心企业、事业单位等更多的社会力量参与未成年人司法保护社会工作，是加强未成年人与社会的联系的一种有力途径，也是构建家庭保护、学校保护、社会保护、网络保护、政府保护、司法保护六位一体的保护网络的重要体现。特别是对于未成年犯罪嫌疑人、未成年被告人、未成年服刑人员、未成年戒毒人员来说，社会力量的关爱、帮助、教育和监督可以使他们逐渐改变错误认知、重建正确三观、纠正不良行为，有助于其回归社会，预防其再次违法犯罪。

---

① 人民法院出版社. 婚姻家庭继承办案实用手册[M]. 北京：人民法院出版社，2022：247.

② 国家市场监督管理总局，国家标准化管理委员会. 未成年人司法社会工作服务规范：GB/T 42380—2023[S]. 北京：2023：3.

第二章　罪错未成年人司法保护社会工作

研究表明，“一个人的犯罪生涯开始得越早，成为习惯性犯罪人的可能性也就越大”[①]。产生犯罪行为的未成年人往往经历了从一般不良行为向严重不良行为恶化、最后走上犯罪道路的过程。因此，对未成年人罪错行为尽早干预和妥当处置、最大限度地消除各种诱发未成年人犯罪的因素，是可以有效预防未成年人犯罪的。2017 年 4 月，中共中央、国务院印发的《中长期青年发展规划（2016—2025 年）》是新时代我国预防青少年犯罪工作的重要纲领性文件，明确将预防青少年违法犯罪工作作为十大重点工作之一，并强调要“完善未成年人司法保护制度”。2018 年 2 月，最高人民检察院与共青团中央共同签署《关于构建未成年人检察工作社会支持体系合作框架协议》，标志着未成年人司法社会工作服务制度正在逐步构建和完善。2019 年 3 月，中共中央办公厅、国务院办公厅出台的《关于加强专门学校建设和专门教育工作的意见》，为罪错未成年人专门教育工作指明方向并对相关工作提出要求。作为早期预防未成年人犯罪的重要措施，新时代罪错未成年人司法保护社会工作正处于黄金发展机遇期，但也正在经历“拔节成长”的阵痛期，完成助力未成年人成长、不让任何一个未成年人掉队和践行宽严相济刑事政策、建设法治中国与平安中国的重要使命，任重而道远。罪错未成年人司法保护社会工作的专业化、规范化、法治化是加强未成年人司法保护的重要保障，也是推进预防未成年人犯罪领域国家治理体系和治理能力建设的重要环节。

第一节　罪错未成年人司法保护社会工作对象与主体

一、罪错未成年人司法保护社会工作对象

（一）罪错未成年人的概念

罪错未成年人概念界定的关键是明确未成年人罪错行为的范畴。当前，在未成年人法学中与未成年人罪错行为相关的概念有未成年人的偏差行为、不良行为、犯罪行为，需要对其联系与区别进行认真辨析。

1. 相关概念辨析

（1）未成年人偏差行为。偏差行为又称“越轨行为”“偏离行为”，英文中通常将其表述为“deviant behavior”，人们通常认为它是社会学中的一个概念。其定义往往因社会制度、伦理道德观念和价值判断标准的不同而改变[②]。未成年人偏差行为是受不当的教育方式、功能失调的家庭以及不良的社会环境的影响而形成的。在社会学的研究中未成年人偏差行为有狭义和广义两种理解。前者指一般偏差行为，包括轻微偏离社会规范的不道德行为和轻微违法

---

① 王牧. 新犯罪学[M]. 北京：高等教育出版社，2005：403.

② 林山田. 刑罚学[M]. 台北：台湾商务印书馆，1975：20.

行为。后者既包括一般偏差行为，又包括严重偏差行为，即违反刑事法律规范的犯罪行为。

事实上，日常生活中未成年人偶发性轻微偏差行为较为普遍，其社会危害性很小，甚至没有，对行为者影响也不大，只要相应的外部诱发条件消失，这种行为往往能够自行消失或经教导迅速改正。然而，对于偶发性偏差行为，如果不能及时发现和干预纠偏，将会导致多发性偏差行为，行为者的不良习性一旦形成，将大大增加家庭和学校管教难度，甚至导致无法管教。因此，对偏差行为的处置，要坚持科学、适度和及时原则，尽量由家庭教育、普通学校教育予以引导纠偏，禁止不负责任地放弃管教、过早给未成年人贴上标签，妨害未成年人的健康成长。

（2）未成年人不良行为。西方两大法系中并无未成年人不良行为这一专门概念，通常使用的类似术语是“juvenile delinquency”，我国一些学者将其翻译成“少年非行”“少年罪错”或“少年犯罪与偏差”。《牛津高阶英汉双解词典》将其解释为“少年违法或实施的不严重的罪”，《布莱克法律词典》将其解释为“尚未超出特定年龄所限的未成年人违反了刑法或从事不法与不道德行为而需要对其进行治疗、矫正或者监管的行为”。有学者对“delinquency”进行了深入考究，发现在世界上最早的现代少年法——美国伊利诺伊州制定的《少年法庭法》中，最初其被用来指代未成年人刑事案件，但是后来其外延逐步扩大，涵盖若干由未成年人实施的离家出走、逃学等行为，并且今天美国许多州均将未成年人实施的非刑事性不法行为纳入“delinquency”。从目前这一术语的具体演变趋势来看，其与“crime”一词似有逐步分家之势，专指未成年人实施的不法行为和犯罪[①]。

我国没有西方国家少年法中的“身份犯罪”“虞犯”这类概念，而是将未成年人不良行为与犯罪行为进行了清晰区分，在专门法律中明确规定了未成年人不良行为的类别、外延及其预防和矫治机制。我国现行《预防未成年人犯罪法》规定，不良行为指未成年人实施的不利于其健康成长的一些行为，严重不良行为指未成年人实施的有《刑法》规定、因不满法定刑事责任年龄不予刑事处罚的行为，以及严重危害社会的一些行为。严重不良行为与不良行为在反社会规范这一点上没有区别，但存在程度上的差别，而程度上的差别又可能改变行为在法律上的性质，使对严重不良行为的处理由家庭或学校的干预扩大到国家机关的干预。前者是表现出较轻的不良人格倾向并正在恶化，需要监护人和学校严加管教的行为；后者是表现出较为严重的不良人格或犯罪人格倾向并有恶化危险，需要及时或尽快进行专门干预和矫治的行为。具体来看，未成年人不良行为包括：吸烟、饮酒；多次旷课、逃学；无故夜不归宿、离家出走；沉迷网络；与社会上具有不良习性的人交往，组织或者参加实施不良行为的团伙；进入法律法规规定未成年人不宜进入的场所；参与赌博、变相赌博，或者参加封建迷信、邪教等活动；阅览、观看或者收听宣扬淫秽、色情、暴力、恐怖、极端等内容的读物、音像制品或者网络信息等；其他不利于未成年人身心健康成长的不良行为。严重不良行为包括结伙斗殴，追逐、拦截他人，强拿硬要或者任意损毁、占用公私财物等寻衅滋事行为；非法携带枪支、弹药或者弩、匕首等国家规定的管制器具；殴打、辱骂、恐吓或者故意伤害他人身体；盗窃、哄抢、抢夺或者故意损毁公私财物；传播淫秽的读物、音像制品或者信息等；卖淫、嫖娼，或者进行淫秽表演；吸食、注射毒品，或者向他人提供毒品；参与赌博赌资较大；其他严重危害社会的行为。

① 张鸿巍. 少年司法通论[M]. 北京：人民出版社，2008：160.

从事物发展的一般规律来讲，不良行为与严重不良行为、犯罪行为有一个由量变到质变的过程。对全国未成年犯抽样调查发现，无论是不良行为还是严重不良行为，未成年犯都属于感染群，但是不良行为的感染程度高于严重不良行为[①]。事实证明，如果不能对未成年人已经形成的不良行为、严重不良行为尽早及时干预和适当处置，最大限度地消除各种诱发未成年人犯罪的因素，其不良行为可能逐渐恶化为严重不良行为，甚至犯罪行为。另一项国外的研究证明，不良行为开始得越早、持续时间越久的问题少年，构成了犯罪大军中较为稳定的习惯性（慢性）犯罪人，其首次犯罪后重新犯罪的比例超过四成[②]。

（3）未成年人犯罪行为。犯罪概念在不同的语境中定义不同。一般情况下，未成年人犯罪行为中的“犯罪”是指刑法学意义上的犯罪概念。事实上，仅刑法学中的犯罪概念就有形式定义、实质定义、形式定义与实质定义相统一的定义之分。其中，犯罪的形式定义仅仅从犯罪的法律特征下定义，而实质定义则从犯罪的本质特征下定义，并不涉及犯罪的法律特征。鉴于形式定义与实质定义各有利弊，不少国家的现行刑法对犯罪采用了形式定义与实质定义相统一的定义[③]。我国刑法学中的犯罪概念采用的是形式定义与实质定义相统一的定义，通常表述为“犯罪是具有严重社会危害性和刑事违法性并应受刑事处罚的行为”。社会危害性、刑事违法性和应受刑事处罚性共同构成犯罪的基本特征，缺一不可。

我国一贯对失足青少年采取教育、感化、挽救的方针政策，在办理未成年人刑事案件的过程中坚持教育为主、惩罚为辅的原则，最大限度地保护和帮助未成年人健康成长。如前所述，我国不存在未成年人的“身份犯罪”，未成年人犯罪与成年人犯罪具有刑事违法行为范围的同一性，均属现行《刑法》规定的违禁行为范围。我国《刑法》第十七条对未成年人刑事责任年龄的具体规定如下。已满 16 周岁的人犯罪，应当负刑事责任。已满 14 周岁不满 16 周岁的人，犯故意杀人、故意伤害致人重伤或者死亡、强奸、抢劫、贩卖毒品、放火、爆炸、投放危险物质罪的，应当负刑事责任。已满 12 周岁不满 14 周岁的人，犯故意杀人、故意伤害罪，致人死亡或者以特别残忍手段致人重伤造成严重残疾，情节恶劣，经最高人民检察院核准追诉的，应当负刑事责任。对依照前三款规定追究刑事责任的不满 18 周岁的人，应当从轻或者减轻处罚。因不满 16 周岁不予刑事处罚的，责令其父母或者其他监护人加以管教；在必要的时候，依法进行专门矫治教育。

2006 年 1 月 23 日起施行的《最高人民法院关于审理未成年人刑事案件具体应用法律若干问题的解释》规定，在下列情况下未成年人实施的行为不认为是犯罪。一是已满 14 周岁不满 16 周岁的人偶尔与幼女发生性行为，情节轻微、未造成严重后果的，不认为是犯罪。二是已满 14 周岁不满 16 周岁的人使用轻微暴力或者威胁，强行索要其他未成年人随身携带的生活、学习用品或者钱财数量不大，且未造成被害人轻微伤以上或者不敢正常到校学习、生活等危害后果的，不认为是犯罪；已满 16 周岁不满 18 周岁的人具有前款规定情形的，一般也不认为是犯罪。三是已满 16 周岁不满 18 周岁的人实施盗窃行为未超过 3 次，盗窃数额虽已达到“数额较大”标准，但案发后能如实供述全部盗窃事实并积极退赃，且具有下列情形之一的，可以认定为“情节显著轻微危害不大”，不认为是犯罪：系又聋又哑的人或者

① 关颖，鞠青. 全国未成年犯抽样调查分析报告[M]. 北京：群众出版社，2005：95.

② 张鸿巍. 少年司法通论[M]. 北京：人民出版社，2008：167.

③ 马克昌. 刑法学[M]. 北京：高等教育出版社，2003：82-83.

盲人;在共同盗窃中起次要或者辅助作用,或者被胁迫;具有其他轻微情节的。已满16周岁不满18周岁的人盗窃未遂或者中止的,可不认为是犯罪。四是已满16周岁不满18周岁的人盗窃自己家庭或者近亲属财物,或者盗窃其他亲属财物但其他亲属要求不予追究的,可不按犯罪处理。

2. 未成年人罪错行为与罪错未成年人的概念界定

为了与传统上具有责难和惩罚色彩的刑事司法概念相区分,许多国家在少年法系统中采用新的概念术语,未成年人罪错行为即是其中之一,但是其内容与我国传统意义上的未成年人违法犯罪所指的行政违法和刑事犯罪行为并不相同。未成年人罪错行为在各国或地区的具体表述形式和包含内容亦不完全相同。日本《少年法》将适用对象称为"非行少年",其包括犯罪少年、触法少年和虞犯少年。据此分析,日本的少年非行包括少年实施的需要承担刑事责任的犯罪行为、不承担刑事责任的触犯刑事法令的行为、将来可能犯罪或触犯刑事法令的反社会行为。美国的少年法中,少年罪错适用于未成年人,而犯罪适用于成年人,少年罪错行为包括犯罪行为、违法行为、违反社会规范行为。

在我国少年司法理论体系中,未成年人罪错行为一般包括未成年人的不良行为、严重不良行为和治安违法行为、违反刑事法律但依法不予或免于刑事处罚的行为。相应地,所采用的罪错未成年人概念则指实施这些行为的未成年人。

3. 罪错未成年人司法保护社会工作对象范围的界定

长期以来,我国未成年人权益保障一直存在保障主体分散、保障责任不清、保障措施不力等问题,为改变该状况,检察机关借助自身具有的法律监督职能,在推动我国少年司法与国际接轨方面做了大量工作,一时间"公检法机关的工作不能仅局限于办案,而是要充分发挥主观能动性,整合多方社会力量以加大对未成年人进行教育、感化和挽救的力度"[①] 成了各方共识。

伴随着未成年人司法保护和预防未成年人犯罪工作的深入推进,新时代检察机关成立未成年人检察机构,整合有关未成年人的检察职能,推动实现对未成年人的全面综合司法保护。2018年1月起,最高人民检察院在北京等13个省、区、市部署开展为期一年的未成年人刑事执行检察、民事行政检察业务统一集中办理试点工作。试点工作结束后,相关工作全面推行,上海、四川等地已经形成未成年人犯罪临界预防的司法化教育训诫和保护处分的初步机制。2018年10月,最高人民检察院向教育部发出"一号检察建议"(《中华人民共和国最高人民检察院检察建议书》),这标志着检察机关对未成年人全面综合司法保护工作机制的重大发展,也意味着未成年人检察工作业务范围的大大拓展。与此同时,多地公安机关、少年审判机构积极依法推进未成年人涉法涉罪案件处置轻缓化、非罪化机制的创新发展,对专业化的罪错未成年人社会服务工作的需求范围不断拓展、数量不断增加。

然而,在我国未成年人司法保护社会工作实践中,基于未成年人司法体制改革进程的差异化需求,各地服务对象的拓展范围也存在差异。上海作为我国未成年人司法制度的改革先锋和示范地区,在其《未成年人司法社会工作服务规范》的地方标准中,将未成年人司法保护社会工作的服务对象界定为有不良行为的未成年人、有严重不良行为的未成年人、涉罪未成年人、未成年社区矫正对象、未成年在押服刑人员、刑罚执行完毕的未成年人、未成年被害人、未成年证人、司法程序中涉及的其他未成年人。

① 宋志军. 未成年人刑事司法的社会参与问题研究[J]. 北方法学,2016,10(2):98.

综合以上分析并结合本书编写结构需求，本章将罪错未成年人司法保护社会工作的服务对象的范围界定为：实施了不良行为、严重不良行为（包括治安违法行为）、违反刑事法律但依法不予追究刑事责任或免于刑事处罚行为，正受到有关司法机关的保护、教育、管束且需要提供专业性社会服务助其健康成长的未成年人。

（二）罪错未成年人的特点与需要

青少年期是一个充满变化的时期，青少年社会工作必须充分尊重青少年成长的特点。其中，罪错未成年人的成长不仅由其个人因素决定，而且深受朋辈、学校、家庭、社会环境的影响，所以从社会互构论出发，从人与环境互动的视角，多层面地了解罪错未成年人的特点、引导和满足其合理需要，是开展罪错未成年人司法保护社会工作的基本前提，也是取得积极成效的关键。

1. 罪错未成年人的特点

罪错未成年人的年龄主要集中在12~17周岁。近些年来，罪错未成年人的构成呈现出低龄化趋势。其所处的年龄段，正是个体生理快速发育、心智走向成熟的青少年期，也是其世界观、人生观、价值观形成和完成社会化的关键时期，其具有主体与客体的互动、动荡与稳定的结合、突变与渐变的统一等青少年青春期的一般特点。

当然，罪错未成年人实施罪错行为并且受到有关司法机关的保护、教育和管束，其在心理上和行为上就会具有不同于一般青少年的显著特征。第一，其对父母、老师等呈现出明显的逆反心理，但是对朋辈的情感外倾和依赖度明显较高，特别是在生活和学业不顺利的境遇下，此种心理和行为表现更为突出。第二，从其被边缘化、出现不良行为、滑向罪错深渊的个体内因分析可知，其价值认知偏差、心理敏感多疑与自主意志薄弱、有效自控力缺乏的心理特征并存。第三，从其面对生存发展困境、物质诱惑、他人蛊惑实施罪错行为的社会外因分析，其精神生活空虚、缺乏理想目标，生活状态闲散、缺乏有效的社会支持机制，社会化过程出现偏差和异化。

2. 罪错未成年人的需要

相较于正常的守法未成年人，罪错未成年人在身心健康成长、维护合法权益、继续融入社会、重启正常生活工作学习等方面遭遇诸多困境，属于特殊的社会弱势群体。特别是在我国社会转型期，许多罪错未成年人在缺乏父母监护和关爱的环境下生活，其身心的健康成长受到严重影响，他们中不乏留守与流动儿童、孤儿、服刑人员未成年子女、辍学闲散未成年人，并且往往不是相对独立的群体，而是相互交叉的群体，在现实社会里既是罪错行为的实施者，又是父母亲权和国家亲权协力不够的受害者，需要多元主体给予多层次、全方位的社会支持。

（1）个人层面的需要。按照马斯洛需要层次理论，罪错未成年人的需要主要包括五个。第一，生存需要。罪错未成年人的自身情况差别较大，司法保护社会工作实践中面对的孤儿或事实孤儿、流浪或只身离家未成年人往往存在无家可归、无亲可投、无业可就等生存困境，需要司法保护社会工作者链接社会资源予以及时援助。第二，安全需要。未成年人因实施罪错行为而面临公安司法机关的问讯、责罚和教育、管束，特别是在初次面对这一情势时，会恐惧不安，希望得到可以信赖的安全保护，维护自身的权益。第三，情感和归属的需要。罪错未成年人因面临公安司法机关的责罚而备感焦躁、孤独和无助，与父母师长的关系多不正常，与往日的不良朋辈也已经隔离，迫切需要情感的慰藉和温暖的归属，需要社会工作者和社会工作服务机构提供心理咨询、情绪疏导等服务。第四，尊重和信任的需要。罪错未成年人的自尊心受到严重挫伤，同时，身处将被责罚的境地，其渴求他人的尊重、希望他人信任，即便是狡辩，也期冀维护自身利益、避免或减轻自身责任的努力得以实现。第五，自我实现的需要。罪错未成年人由于担忧正在面对的公安司法机关的责罚对未来的学习、生活、工作等自我发展前景的影响，而不肯面对和承认自己的罪错行为、害怕或者不愿接受和承担相应的责罚后果，需要公安司法人员和司法保护社会工作者予以引导帮助，助其下定"浪子回头金不换"的决心、树立"我的未来不是梦"的信心、明确未来发展的目标路径、掌握走向成功的本领。

（2）家庭层面的需要。有关调查数据显示，大部分罪错未成年人的家庭存在亲子关系不佳、家庭教育能力有限、家庭规则模糊不清等问题。从家庭层面来看，罪错未成年人的需要主要表现在两个方面。第一，家庭的救助和帮扶。部分罪错未成年人家庭存在经济困难，需要救助的情况。社会工作者和社会工作服务机构以整个家庭作为帮助对象，可以通过链接资源保障整个家庭的基本生活。第二，改善家庭亲子关系。大部分罪错未成年人面临着从小父母不在身边而缺乏管教或者父母在身边但管教方式存在问题、家长教育水平有限、教育资源缺乏等情况，这些均导致其与父母的关系不佳，社会工作者可以父母和子女关系的改善为服务焦点，并且以促进亲子之间的沟通交流和恢复家庭社会功能为目标来开展亲子社会工作服务，通过家庭行为学习、家庭教养指导和家庭心理健康教育等方法来改善亲子关系①。

二、罪错未成年人司法保护社会工作主体

罪错未成年人司法保护社会工作是社会综合治理的重要内容。2020 年修订的《预防未成年人犯罪法》，对新时代罪错未成年人司法保护社会工作的多元主体及其职责要求予以明确。

（一）工作主体多元化

各级人民政府领导组织预防未成年人犯罪工作，实行综合治理。国家机关、人民团体、社会组织、企业事业单位、居民委员会、村民委员会、学校、家庭等各负其责、相互配合，共同做好罪错未成年人教育、矫治、帮扶等保护工作，及时消除滋生未成年人违法犯罪行为的各种消极因素，为其身心健康发展创造良好的社会环境。

（二）主要工作主体的基本职责

1. 各级人民政府在预防未成年人犯罪工作方面的职责

（1）制定预防未成年人犯罪工作规划。

（2）组织公安、教育、民政、文化和旅游、市场监督管理、网信、卫生健康、新闻出版、电影、广播电视、司法行政等有关部门开展预防未成年人犯罪工作。

（3）为预防未成年人犯罪工作提供政策支持和经费保障。

（4）对《预防未成年人犯罪法》的实施情况和工作规划的执行情况进行检查。

（5）组织开展预防未成年人犯罪宣传教育。

① 肖锋. 社会工作介入涉罪未成年人社区帮教研究：基于深圳市 F 区的实践[D]. 长沙：湖南师范大学，2019：19.

(6)其他预防未成年人犯罪工作职责。

2. 涉法未成年人司法保护社会工作的主体及其职责

(1)未成年人的父母或者其他监护人。当发现未成年人有不良行为时,未成年人的父母或者其他监护人应当及时制止并加强管教。

(2)社区或居民委员会、村民委员会。当发现本辖区内未成年人有不良行为时,社区或居民委员会、村民委员会应当及时制止,并督促其父母或者其他监护人依法履行监护职责。

(3)学校。对有不良行为的未成年学生,学校应当加强管理教育,不得歧视;对有法定不良行为或偷窃少量财物,殴打、辱骂、恐吓、强行索要财物等校园欺凌行为拒不改正或者情节严重的,学校可以根据情况予以处分或者采取以下管理教育措施:予以训导;要求遵守特定的行为规范;要求参加特定的专题教育;要求参加校内服务活动;要求接受社会工作者或者其他专业人员的心理辅导和行为干预;其他适当的管理教育措施。同时,学校和家庭应当加强沟通,建立家校合作机制。学校决定对未成年学生采取管理教育措施的,应当及时告知其父母或者其他监护人;未成年学生的父母或者其他监护人应当支持、配合学校进行管理教育。未成年学生旷课、逃学的,学校应当及时联系其父母或者其他监护人,了解有关情况;无正当理由的,学校和未成年学生的父母或者其他监护人应当督促其返校学习。未成年人无故夜不归宿、离家出走的,父母或者其他监护人、所在的寄宿制学校应当及时查找,必要时向公安机关报告。同时,收留夜不归宿、离家出走未成年人的,应当及时联系其父母或者其他监护人、所在学校;无法取得联系的,应当及时向公安机关报告。

(4)公安机关及其他公共场所管理机构。对夜不归宿、离家出走或者流落街头的未成年人,公安机关、公共场所管理机构等发现或者接到报告后,应当及时采取有效保护措施,并通知其父母或者其他监护人、所在的寄宿制学校,必要时应当护送其返回住所、学校;无法与其父母或者其他监护人、学校取得联系的,应当护送未成年人到救助保护机构接受救助。未成年人的父母或者其他监护人、学校发现未成年人组织或者参加实施不良行为的团伙,应当及时制止;发现该团伙有违法犯罪嫌疑的,应当立即向公安机关报告。

3. 涉罪未成年人司法保护社会工作的主体及其职责

(1)专门教育指导委员会。2019 年 3 月,中共中央办公厅、国务院办公厅印发《关于加强专门学校建设和专门教育工作的意见》,对专门教育工作作出部署。2020 年修订的《预防未成年人犯罪法》规定,专门教育是国民教育体系的组成部分,是对有严重不良行为的未成年人进行教育和矫治的重要保护处分措施。国家加强专门学校建设,对有严重不良行为的未成年人进行专门教育。省级人民政府应当将专门教育发展和专门学校建设纳入经济社会发展规划。县级以上地方人民政府成立专门教育指导委员会,根据需要合理设置专门学校。专门教育指导委员会由教育、民政、财政、人力资源社会保障、公安、司法行政、人民检察院、人民法院、共产主义青年团、妇女联合会、关心下一代工作委员会(简称"关工委")、专门学校等单位,以及律师、社会工作者等人员组成,负责研究确定专门教育工作和专门学校教学、管理以及未成年人入学、转出离校的评估决定等相关工作。专门教育指导委员会办公室设在同级教育行政部门。具体来看,相关单位或组织的主要职责分工如下。

教育行政部门负责专门教育组织管理工作,制定专门教育教学规划和措施,促进专门教育的改革和发展;规范专门学校办学行为,在招生管理、入学程序与课程设置及学生日常管理等方面给予具体指导;协调做好接受专门教育的未成年人入学、转出离校等工作。

公安机关负责加强专门学校校园周边治安环境及交通秩序治理工作,在校外设置警务室;协助学校开展法治教育、教官管理等工作,派专人与检察机关、司法行政部门相关人员同时或轮流兼任学校专职法治副校长,具体指导学校建立健全治安保卫工作责任制及人防、物防、技防建设;协助教育部门做好经专门教育指导委员会审批就读专门学校,但拒不报到或报到后又中途擅自逃离的学生入学的有关工作。

人民检察院负责推动将检察办案中确有必要予以专门教育的未达刑事责任年龄、不起诉、附条件不起诉以及有严重不良行为的未成年人送入专门学校接受矫治;对有效矫治的学生,推动将其转回原学校或其他普通学校继续学习;强化对专门学校学生的法治宣传教育。

人民法院负责定期到专门学校开展法治宣传教育和依法治校等工作,指导学校开展模拟法庭等活动,协调人民检察院建立健全刑事诉讼与专门教育融合工作机制。

司法行政部门负责指导专门学校做好未成年人的矫治教育工作,协助学校做好法治宣传教育,切实维护未成年人的合法权益,为未成年人提供必要的法律维权服务。

民政部门负责对符合救助保障条件的未成年人给予救助或基本生活保障,对个别特别困难未成年人的需求实行精准施策,按时足额发放各类救助金。

财政部门负责建立健全专门教育经费保障机制,落实专门学校所需各项经费,在安排经费时,财政保障水平应高于普通中小学校,保障学校办学正常运转和持续健康发展。

人力资源社会保障部门负责协同教育行政部门开展教职员工的招聘、培训及职称评审工作;建立健全专门学校教师激励机制,在课题立项、评优评先、职称评聘、绩效考核等方面给予政策倾斜,依法落实专门学校教师各类合法待遇等。

共青团组织负责指导专门学校建立团队组织,深入开展志愿者帮扶、法治宣传及心理辅导等服务活动;针对学生身心特点,做好帮教转化工作,提高学生综合素养。

妇联负责协助做好未成年人合法权益的维护工作;积极参与专门学校组织的学生个人社会调查,组织专业人员开展学生心理辅导和家庭教育指导;协助学校开展家庭教育宣传,指导志愿服务。

关工委负责协同社会各方面力量关心爱护有严重不良行为的未成年人,充分发挥老干部、老战士、老专家、老教师、老模范"五老"队伍在专门学校的宣传、帮教作用;切实保障专门学校学生在教育、升学、就业等方面的合法权益,并采取多种形式予以支持和帮扶。

律师协会选派律师参加专门教育指导委员会工作,负责保障未成年人合法权益、提升专门学校依法治校水平、协助专门学校开展法治宣传教育活动,配合学校抓好平安校园建设。

有关社工组织积极派员参加专门教育指导委员会工作,充分发挥专业优势,协助专门学校做好学生心理筛查、建立心理健康档案、开展心理健康教育与心理咨询疏导工作,同时积极协同专门学校开展精神文明建设工作,组织志愿者到学校开展相关志愿服务,为有特殊困难和需要帮助的学生提供各种专业化的教育矫治和帮困扶助。

(2)专门学校。根据《预防未成年人犯罪法》规定,专门学校负责对经专门教育指导委员会评估同意后,由教育行政部门决定送入专门学校接受专门教育的未成年人,分级分类进行教育和矫治,有针对性地开展道德教育、法治教育、心理健康教育,并根据实际情况进行职业教育;对没有完成义务教育的未成年人,应当保证其继续接受义务教育。专门学校招生对象具体包括：实施违反《刑法》规定的行为、因不满法定刑事责任年龄不予刑事处罚的；实施严重危害社会的行为且情节恶劣或者造成严重后果，多次实施严重危害社会的行为拒不接受或者配合《预防未成年人犯罪法》第四十一条规定的矫治教育措施[①]的，以及法律法规规定的其他情形。其中对实施违反《刑法》规定的行为、因不满法定刑事责任年龄不予刑事处罚的未成年人，省级人民政府应当结合本地的实际情况，至少确定一所专门学校按照分校区、分班级等方式设置专门场所，实行闭环管理，由公安机关、司法行政部门负责未成年人的矫治工作，教育行政部门承担未成年人的教育工作。

专门学校应当在每个学期适时提请专门教育指导委员会对接受专门教育的未成年学生的情况进行评估。对经评估适合转回普通学校就读的，专门教育指导委员会应当向原决定机关提出书面建议，由原决定机关决定是否将未成年学生转回普通学校就读。原决定机关决定将未成年学生转回普通学校的，其原所在学校不得拒绝接收；因特殊情况，不适宜转回原所在学校的，由教育行政部门安排转学。专门学校的未成年学生的学籍保留在原学校，符合毕业条件的，原学校应当颁发毕业证书。

专门学校应当对接受专门教育的未成年人分级分类进行教育和矫治，有针对性地开展道德教育、法治教育、心理健康教育，并根据实际情况进行职业教育；对没有完成义务教育的未成年人，应当保证其继续接受义务教育。

专门学校应当与接受专门教育的未成年人的父母或者其他监护人加强联系，定期向其反馈未成年人的矫治和教育情况，为父母或者其他监护人、亲属等看望未成年人提供便利。

第二节　罪错未成年人司法保护社会工作主要内容

一、涉法未成年人司法保护社会工作内容

（一）概述

基于促进未成年人身心健康成长、预防和减少未成年人犯罪的目标，社会工作机构在接受公安司法机关转介的有不良行为和严重不良行为的未成年人后，派出社会工作者以适当方式深入学校（含专门学校）、社区、家庭等场域，有针对性地开展引导未成年提高思想道德水平、助力其提升自我发展能力、着力改善其与家庭朋辈及学校的互动关系、积极促进其社会参与等专业社会服务。

（二）主要工作内容

（1）思想引导。主要开展理想信念教育，开展世界观、人生观、价值观（特别是社会主义核心价值观）教育，助力未成年人树立正确的三观，提升其社会认知、现象辨识、价值判断等

① 《预防未成年人犯罪法》第四十一条规定，对有严重不良行为的未成年人，公安机关可以根据具体情况，采取以下矫治教育措施：（一）予以训诫；（二）责令赔礼道歉、赔偿损失；（三）责令具结悔过；（四）责令定期报告活动情况；（五）责令遵守特定的行为规范，不得实施特定行为、接触特定人员或者进入特定场所；（六）责令接受心理辅导、行为矫治；（七）责令参加社会服务活动；（八）责令接受社会观护，由社会组织、有关机构在适当场所对未成年人进行教育、监督和管束；（九）其他适当的矫治教育措施。

方面的思想道德水平。

（2）法治教育。主要通过开展形式多样、积极有效的法治宣传教育（特别是《未成年人保护法》和《预防未成年人犯罪法》的宣传教育）、公民的权利和义务教育、毒品危害和预防教育、防艾教育等服务，助力未成年人强化守法意识，矫正未成年人的不良行为。

（3）心理健康教育。主要开展心理健康知识教育、心理咨询服务、心理行为问题矫正服务，协助未成年人形成健康的心理意识和行为。

（4）行为规范。主要开展正向信念引领、品行修养教育、习惯养成训练、亲社会行为训练等服务，协助未成年人形成对自身行为负责的意识、态度和行为。

（5）自我防护和自我管理。主要开展生命教育、青春期自护、安全防范等系列服务，协助未成年人提高自我防护意识和能力；开展情绪管理、时间管理、沟通管理等服务，协助未成年人形成良好的自我管理意识和能力。

（6）生涯规划。主要开展自尊、自信、自立、自强教育，积极引导未成年人树立就业创业意识，链接社会资源协助其掌握职业技能，提升其职业生涯规划力等。

（7）人际交往与社会关系调适。主要开展表达理解、人际融合、挫折与冲突解决等能力训练，协助未成年人进行积极的人际交往；开展改善朋辈关系、师生关系、家庭关系等的社会服务，协助未成年人建立良好的社会关系。

（8）家庭教育指导服务。社会工作者对有不良行为和严重不良行为的未成年人的父母或者其他监护人，开展家庭教育指导，协助其树立正向教育观念，助其获得教育子女的知识和提升教养能力。

（9）主动社会参与促进和社会支持网络建设。通过举办社会活动类、志愿服务类、运动类、职业技能类等有针对性的社会服务活动，充实未成年人的闲暇时间，协助未成年人增强社会参与的意愿、改变态度，以及获得社会参与的技能和机会；通过资源链接整合、环境改善、政策引导等服务，为未成年人建立有利于其健康成长的社会支持网络。

（10）保护处分参与。社会工作者接受委托，对实施了严重不良行为、公安和检察机关依法不予治安行政处罚或刑事立案追究但依法给予保护、教育、管束的未成年人，开展（或参与开展）训诫、心理辅导、行为矫正、感化教育等专业服务，预防其再犯罪。

二、涉罪未成年人司法保护社会工作内容

（一）概述

基于维护未成年人合法的诉讼权益和促进未成年人刑事案件的顺利进行，社会工作机构在接受公安司法机关的委托或转介后，派出社会工作者为案件处于侦查、起诉、审判阶段的涉罪未成年人，提供担任其合适成年人、开展社会调查、参与观护帮教和刑事和解、担任其保证人等专业社会工作服务。

（二）主要工作内容

（1）担任合适成年人。对于涉罪未成年人在被讯问、询问或者审判时，因无法通知其法定代理人或者其法定代理人不能、不宜到场抑或其法定代理人是共犯或侵害人的情况，社会

工作者作为合适成年人到场，履行监督、沟通、抚慰、教育等职责，维护未成年人的合法权益。

（2）开展社会调查。社会工作者对案件处于侦查、起诉、审判阶段的涉罪未成年人，至其所在的家庭、学校、居（村）委会、工作场所等单位，对未成年人的性格特点、家庭情况、社会交往、成长经历以及是否具备有效监护条件或者社会帮教条件等情况进行调查，并制作社会调查报告，为司法处理提供参考依据。

（3）参与观护帮教。社会工作者对处于取保候审、观护帮教、不捕不诉跟踪帮教期间的涉罪未成年人，定期开展思想辅导、日常监督、生活观察、行为矫正、安全保护、公益劳动指导等服务，以改善其行为、预防其再犯行为的产生，并做好服务记录，为司法处理提供依据。

（4）参与附条件不起诉考察教育。社会工作者对处于六个月以上、一年以下附条件不起诉考验期间的涉罪未成年人，定期开展日常监督、活动报告、生活观察、行为矫正、思想教育、心理辅导、法治教育、公益劳动指导等服务，以改善其行为、预防其再犯行为的产生，并做好服务记录，为司法处理提供依据。

（5）开展家庭教育指导服务。社会工作者对未成年人的父母或者其他监护人，开展家庭教育指导，协助其树立正向教育观念并获得教育子女的知识和技能。

（6）提供羁押期帮教服务。社会工作者对被羁押在拘留所或看守所的未成年人，根据其年龄、性别和思想行为特征，开展心理疏导、行为矫正、法治教育、思想教育、文化教育、出所衔接等服务。

（7）参与刑事和解。社会工作者在案件的侦查、起诉及审判阶段，对涉罪未成年人、非重大人身合法权益受到侵害的被害人和受罪错行为影响的任何其他未成年人，充当调解人的角色，组织和解会议，对涉罪未成年人进行批评教育，鼓励涉罪未成年人主动作出获得对方谅解的行为，解决由涉罪未成年人的罪错行为造成的问题，协助涉罪未成年人弥补对他人造成的伤害，修复涉罪未成年人与被害人之间的关系。

（8）担任合适保证人。社会工作者对符合取保候审条件，但无法交纳保证金、提出保证人的未成年人，可作为其合适保证人，在取保候审期间监督其言行，发现被保证人发生违反法律规定的行为，及时向执行机关报告。

第三节　罪错未成年人司法保护社会工作方法

一、把握工作方法的整合性、系统化的总体要求

罪错未成年人个性需求的多元性、司法保护社会工作的复杂性、社会资源链接运用的综合性决定了工作方法的整合性、系统化特征。

罪错未成年人的成长性需求包括生理、心理、认知、行为、交往、社会适应等各个层面的。因此，为回应其需求而开展的社会工作服务也应整合多种方法。社会工作者所要开展的服务是多层面的，既可以开展以未成年人为对象的个案辅导，协助其改变行为方式；也可以针对其家庭进行关系调整；还可以通过转介，让其参与小组活动，增加其人际交往机会。与此同时，社会工作者不仅要明确社会环境对罪错未成年人发展的要求，也要根据司法保护工作的需要，了解其生长环境中的资源及其运用和支持情况。这些资源是任何可以用于实现目

标、解决问题、消除困扰、完成人生任务或实现价值的东西。社会工作者要高度重视罪错未成年人所处环境中可得到的资源和阻碍资源运用的因素，根据需要积极地整合各类资源，促进罪错未成年人社会功能的改善与提高、促进涉法涉罪案件的妥当处理、维护好其合法权益、助力其身心健康成长。

二、主要方法

（一）个案工作方法

以整合的方式为未成年人建构一套完整的服务输送网络，并以需求导向的方式提供专业社会工作服务，使相同或不同部门的各个工作人员能彼此沟通协调，以专业的团队合作方式提供未成年人所需的服务，并扩大服务的效果。

（1）探访和建立联系。社会工作者应到公安司法机关、罪错未成年人所在的家庭及邻里探访相关人员，运用访谈、问卷、观察等方法收集有关罪错未成年人的资料，包括其身心状况、涉法涉罪情况、人际交往情况、社会支持网络、环境适应情况等。

（2）评估需求和建立个案档案。在整理探访情况的基础上，对罪错未成年人的真实需求进行评估，并为其建立档案，档案内容包括个人状况、涉法涉罪状况、社交经济状况、家庭状况、社会环境和支持体系等，并定期跟进，完善个案档案。

（3）根据个案服务计划开展工作。社会工作者应针对罪错未成年人的个性化需求，运用专业知识、方法和技巧，为其个人及其家庭设计系统化服务方案和个案服务计划，提供一对一专业个案服务。个案服务活在动包括电话联系、家访、面谈等多种形式。结案时，社会工作者应做好评估工作。

（二）小组工作方法

（1）社会工作者应了解罪错未成年人的问题所在及其真实需求，确定小组目标和小组规模，根据小组目标招募合适的组员，并在此基础上撰写完整的小组计划书。

（2）开展小组活动。重点帮助组员建立信任关系、处理小组冲突和协助组员解决问题。在小组活动结束时，社会工作者应照顾到组员的离别情绪与感受，协助组员总结小组经验，同时完成小组活动评估，并对小组活动进行记录。每个小组应有完整的小组过程报告和小组总结报告。

（三）社区工作方法

社会工作者应整合链接社区资源，建立社会支持网络，改善罪错未成年人的生活环境。具体来看，除了需要充分调动其个人及其家庭的资源外，还要在社区层面开展各类资源动员活动，如走访就读学校、社区就业援助部门、青少年活动中心等，链接整合这些正式或非正式的资源系统。这些均对社会工作专业方法的综合运用提出了更高的要求。

（四）其他服务方法

（1）危机介入和向导服务。通过多专业合作方式协调资源，对可能危及未成年人自身和他人生命安全的问题实施紧急干预策略，以中途之家、类家庭、收寄养等方式为不适合在原家庭居住的罪错未成年人进行综合授助。与此同时，在这些特殊场域，由受过训练的成年志愿者或同龄志愿者，在社会工作者的督导下，向罪错未成年人提供适当的“一对一”陪伴引导，通过关爱帮助且富于支持力的积极人际关系来促进罪错未成年人的健康成长与发展，引导其树立正向的价值观并养成健康积极的行为习惯。

（2）家庭治疗干预。面对家庭支持缺位或无力、亲子关系高度紧张的情势，应当积极稳妥地介入罪错未成年人的家庭，探索其家庭结构和互动关系，积极开展家庭教养教育和亲职教育，协助其改善并重建良好家庭关系和支持机制。

（3）朋辈辅导帮助。链接社区青年志愿者，发挥其与罪错未成年人年龄相近，文化、生活环境或经历相似的优势，或组织具有共同语言的未成年人参与服务、交流互动、分享经验，以引起共鸣，协助罪错未成年人改善朋辈关系、获得朋辈支持、实现互助成长。

（4）历奇辅导。通过体验性活动，有目的地把罪错未成年人带离家庭舒适区，使其进入低冒险区，体验新奇感受，协助其进行自我探索、自我觉察、自我成长。

（5）亲社会行为训练。通过改善家庭、学校和社会环境，塑造良好的人际互动关系，积极干预罪错未成年人的不当行为，促进罪错未成年人与环境、习俗、文化规范之间的良好互动，协助其建立成熟的自我意识、积极的人际关系、健康的群体适应能力，发展亲社会行为。

第四节　罪错未成年人司法保护社会工作流程

一、委托与服务流程概述

公安司法机关通过委托、合约管理、过程监察、反馈、评估等流程与社会工作服务机构开展转介、协调、合作等工作。社会工作者宜按照接案、预估、服务设计（服务计划制定）、服务实施（介入）、服务成效评估、回访跟进等社会工作服务流程开展专业服务。参照上海市《未成年人司法社会工作服务规范》规定，委托与服务的基本流程如图 2-1 所示。

二、接案

接案是罪错未成年人司法保护社会工作的第一步，也是整个助人过程的基础和起点。因此，成功接案是社会工作的前提。接案阶段的主要工作和步骤包括：了解委托机关的需求，初步接触和评估罪错未成年人的问题并了解其需求，决定是否接案，订立初步协议[①]。接案期的工作非常重要，它的目标是要与服务对象建立一个良好的专业关系，为后续的预估和介入工作打下良好的基础，以便社会工作者能以此为起点开展工作，实现预期目标。

① 全国社会工作者职业水平考试教材编写组. 社会工作实务（初级）[M].2 版. 北京：中国社会出版社，2009：2.

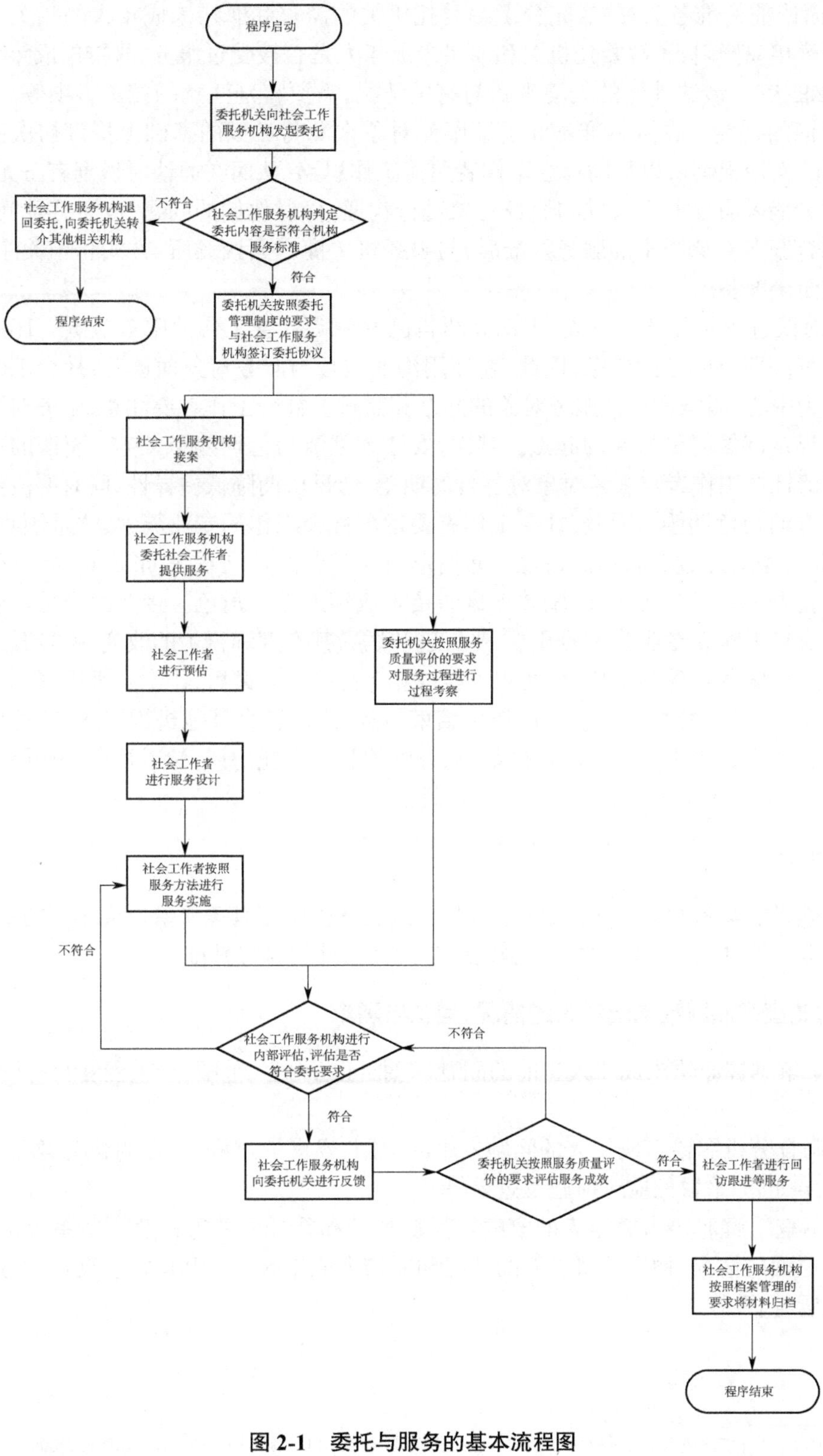

图 2-1　委托与服务的基本流程图

（1）面谈前的准备。首先，充分了解委托机关的需求和罪错未成年人的相关资料。通过事先研读相关资料，了解委托机关和罪错未成年人是否接受过服务，罪错未成年人的身体与精神健康状况、涉法涉罪的处境现状与有关情况，需要特别注意的相关事项等。其次，拟订初次面谈的提纲。在资料准备和了解服务对象来源与类型的基础上拟订初次面谈的提纲。详细的面谈提纲可以帮助社会工作者厘清工作思路，从而在面谈时做到有备无患，且使社会工作者能够有序并有效地与服务对象进行沟通，探讨他们的问题，澄清有疑问的地方，以提供切合服务对象需求的服务。最后，与委托机关商定面谈场所、方式和相关注意事项，做好其他面谈准备。

（2）面谈过程及任务。首先，主动介绍自己并明确社会工作的服务范围。任何人都不可能是能解决所有问题的专家，因此，在使用沟通技巧与服务对象面谈时，社会工作者要以服务对象为中心，界定和评估服务对象的问题和需求。社会工作者要注意，服务对象对问题的看法是界定问题时最重要的起点。其次，要注意澄清角色期望和义务。面谈的一项重要任务是澄清社会工作者与服务对象对各自的期望，通过协商降低差异性，同时要澄清并讨论双方对对方的角色期望。因此，社会工作者要运用社会工作的专业能力，注重倾听、善于沟通，与服务对象要经过一系列的讨论和磋商形成对问题的共同看法，形成具体目标，为后续工作打下良好的基础。再次，激励并促进罪错未成年人进入角色。接案面谈是社会工作者与罪错未成年人建立专业关系的开始，要促进和诱导其态度和行为的改变，引导其逐渐接受作为社会工作服务对象的角色，以便双方能够相互配合[①]。最后，作出是否接案的决定。经过面谈的初步了解，社会工作者可以作出结束服务、建议转介其他机构服务、同意接案和推进下一步工作进程等决定。如同意接案，双方则须签订委托协议，然后社会工作服务机构与委托机关、罪错未成年人商定下一步工作进程。

三、预估

预估就是收集资料和认定问题的过程，是汇总分析所有有关罪错未成年人的资料、开展评估的专业实践活动[②]，其目的是为制定科学的介入计划打好基础。

（一）调查掌握罪错未成年人的情况、问题与需求

（1）了解掌握罪错未成年人当前的问题（包括问题内容、范围、严重程度及持续的时间）与需求。

（2）调查分析罪错未成年人的问题发生的原因、发展的过程、现在的状况、发展的趋势、关键的症结、已经采取的应对措施及效果等。

（3）调查了解罪错未成年人的家庭、学校、社区和委托机关等社会支持系统情况，包括精神情感层面的情况、物质帮扶层面的情况和罪错未成年人主动利用社会支持的程度、期望解决的难题等。

---

① 全国社会工作者职业水平考试教材编写组. 社会工作实务（初级）[M].2 版. 北京：中国社会出版社，2009：4.

② 焦金波. 社会工作理论和方法[M]. 徐州：中国矿业大学出版社，2008：15.

（二）分析罪错未成年人的资料并作出预估摘要

收集服务对象的资料后，最主要的工作是要对资料进行分析，以便对症下药地制定介入计划[①]。分析资料和做摘要的步骤包括对服务对象的问题与需求作出解释、列出解决问题的目标及其先后次序、确定介入的策略和撰写预估摘要。

预估摘要主要有以下三个方面内容：第一，对服务对象自身系统的预估，包括其优势、导致其遇到困难的原因、解决问题的动机、身体健康状况、情感情绪及其处理能力、认知思考等智力状况等。第二，对服务对象家庭系统的预估，包括家庭系统中的优势、发展的不足与问题等。第三，对服务对象所处社会系统（包括同学、亲友、社区及其他资源体系）的预估，包括社会系统中的优势和系统中可能存在的劣势[②]。

四、制定服务计划

（一）制定服务计划的原则

服务计划的制定是一个科学的实践活动，以达成服务目标为导向，也需要遵循社会工作的理念、价值基础和原则。

（1）要有罪错未成年人的参与。在制定服务计划时，社会工作者要注意以罪错未成年人为中心，让其参与计划的制定。

（2）要尊重罪错未成年人的意愿。在确定目的和目标时，社会工作者要考虑罪错未成年人的愿望，要与其分享关于目的和目标的期望。

（3）计划要具有针对性。要坚持问题导向和目标导向相结合，根据罪错未成年人的实际情况，制定具体、可操作的实施计划。

（4）计划要与工作的总目标、宗旨相符合。计划要围绕工作总目标，促使罪错未成年人和社会工作者朝着共同的方向行动，以使罪错未成年人作出改变和有所成长[③]。

（二）制定服务计划的步骤

（1）设定目的和目标。罪错未成年人司法保护社会工作服务目的和目标应当由社会工作者与委托机关、罪错未成年人及其法定代理人共同参与设定，在符合相关法律规定的前提下，将维护罪错未成年人合法权益与完成公安司法机关的保护教育管束要求相结合，以促进罪错未成年人身心健康成长和顺利融入社会生活为根本目标，但是，社会工作服务的具体目标应当是详细、具体、可行的，应当分阶段循序渐进设定。

（2）制定行动计划。制定行动计划的过程实际上就是选择介入系统和介入方法的过程，是发展有效行动方案、明确任务和责任的过程，也是决策行动的过程，大致包括以下两个步骤。①选择介入系统，其根据是对罪错未成年人需求与问题预估的结果，包括根据对其正式和非正式社会网络与支持系统的分析来选择和决定正式和非正式社会网络与支持系统的介入策略。一般来说，社会工作的介入系统可以分为个人、家庭、小组、社区以及宏观社会系

① 全国社会工作者职业水平考试教材编写组. 社会工作实务（初级）[M]. 北京：中国社会出版社，2012：16.

② 全国社会工作者职业水平考试教材编写组. 社会工作实务（初级）[M]. 北京：中国社会出版社，2012：16-17.

③ 全国社会工作者职业水平考试教材编写组. 社会工作实务（初级）[M]. 北京：中国社会出版社，2012：21.

统。社会工作者要根据服务对象的需求选择介入的系统。②选择介入的具体方法包括危机干预、资源整合、经济援助、安置服务等[①]。

五、介入

介入是社会工作者运用专业的知识、方法与技巧协助服务对象系统达到服务目标的过程。因此,社会工作的介入可以界定为社会工作者为恢复和加强服务对象整体社会功能而进行的有计划、有目的的行动[②]。

(一)介入的方式

罪错未成年人司法保护社会工作的介入方式包括直接介入、间接介入和综合介入三种方式。社会工作者根据罪错未成年人的问题和需求、社会网络和支持系统的情况,最终确定不同阶段的介入方式。

(1)直接介入。直接介入是指以罪错未成年人及其家庭为主要关注对象,适时采取的直接介入行动,其重点在于优化罪错未成年人生存发展环境、改变亲子关系和提高其家庭教养对保护教育管束工作的支持度。

(2)间接介入。间接介入是指以个人、家庭之外的涉法涉罪相关主体、学校、社区以及链接整合的其他社会组织资源为关注对象,由社会工作者代表罪错未成年人采取的适当行动,这种方式通过介入其他系统间接帮助罪错未成年人,以实现维护其权益的目的。

(3)综合介入。社会工作者根据实际情况,在不同阶段、针对不同关注对象,可以采取直接或者间接介入方式,当然也可以采取综合介入方式。综合介入方式体现的是对罪错未成年人社会网络和支持系统的一种整合性、系统化的综合治理理念。

(二)介入行动的注意事项

(1)以人为本、尊重服务对象意愿。介入行动既要体现以人为本的原则,从罪错未成年人的需求和利益出发,又要尊重委托机关的意见和要求。只有这样,介入行动才能顺利进行、实现预期目标。

(2)注重个别化。根据罪错未成年人的特殊性,采取介入行动更有助于解决问题。例如,根据家庭亲子关系和教养支持差别,选择介入方式和时机。

(3)与委托机关密切配合。社会工作者不能单枪匹马地采取介入行动,而要与委托机关紧密配合,双方共同采取介入行动,这样才能最大限度地激发服务对象系统的积极性与能动性。

(4)瞄准服务目标,提高效率效益。例如,针对有网瘾问题的罪错未成年人的介入行动,首先要集中在发现网瘾问题产生的原因上,应当从罪错未成年人的家庭、成长环境和人际互动方面入手,而不是从罪错未成年人本身入手。简言之,就是社会工作的介入行动要量力而行,优先考虑投入时间和精力最少的行动,从而以最小的成本投入获得最有效的改变

---

① 全国社会工作者职业水平考试教材编写组. 社会工作实务(初级)[M]. 北京:中国社会出版社,2012:24-25.

② 全国社会工作者职业水平考试教材编写组. 社会工作实务(初级)[M]. 北京:中国社会出版社,2012:29.

结果[①]。

第五节　罪错未成年人司法保护社会工作评估

一、工作评估

（一）评估的目的与类型

（1）评估的目的。评估的目的包括：考察罪错未成年人司法保护社会工作的介入效果、罪错未成年人的进步情况及介入目标的实现程度；总结工作经验，改善工作的方法和技巧，提升服务水平；验证司法保护社会工作方法的有效性；进行相关研究等。

（2）评估的类型。因评估目的不同，评估也有不同类型，比较常用的有过程评估和结果评估两种[②]。①过程评估。过程评估是对整个司法保护社会工作的介入过程进行监测评估。在介入初期和中期，过程评估的重点是对罪错未成年人的行动表现和司法保护社会工作者的技巧能力进行评估，以适时修正介入方案，改善工作方法。②结果评估。结果评估在社会工作的最后阶段进行，检视服务计划设定的目标的实现程度及缘由。

事实上，无论是过程评估还是结果评估，其不仅是检验工作成效的过程，更是社会工作研究过程。

（二）评估的方法

（1）收集评估资料。收集途径主要有收集社会工作档案、收集罪错未成年人的意见看法、使用社会调查方法收集社会工作数据和事实资料三种。

（2）对罪错未成年人的积极影响的评估。①委托机关和罪错未成年人及其法定代理人满意度测评。通常做法是采取结构化访谈、调查问卷和座谈会形式，其优点是经济快捷，缺点是测评结果主观性强，如果当事人不配合可能会导致出现偏差。②差别影响评分。通常由罪错未成年人自我陈述自身由于介入而发生的变化和体会。其优缺点与满意度测评相似。

（3）任务完成情况的测量评估。根据确定的服务目的和目标，对阶段性和整体性介入行动、对罪错未成年人的积极影响程度、促进保护教育管束的效果等方面进行评估。一般来说，可以将没有进展、极少实现、部分实现、大体上实现、全部实现五等级标准作为评估结论。具体来看，一般采用目标核对表，通过对不同阶段介入行动前后，罪错未成年人的积极改变情况的对比来作出判断。

（三）评估应注意的事项

（1）注重社会工作者的自我评估与反思。效果评估的目的在于总结经验、改进工作、提升服务水平。所以，效果评估过程中，社会工作者要注重对整个工作过程中自身的工作理

① 全国社会工作者职业水平考试教材编写组. 社会工作实务（初级）[M]. 北京：中国社会出版社，2012：30-31.

② 全国社会工作者职业水平考试教材编写组. 社会工作实务（初级）[M]. 2 版. 北京：中国社会出版社，2009：28.

念、工作方法、能力与技巧等进行反思，以促进自身专业素质和能力的提升、实现自我成长和发展。

（2）注重调动委托机关和罪错未成年人参与评估的积极性。毋庸置疑，委托机关、特别是罪错未成年人在效果评估中应当是最有发言权的人。其意见对司法保护社会工作改进意义重大。

（3）切合实际需要进行评估并注意保密。评估要遵循社会工作的客观规律，结合实际情况展开，其根本目标是改进工作而不是对社会工作者进行评价和奖罚。同时，评估过程要严格遵循保密的纪律要求。

二、结案

当既定的社会工作服务目的和目标已经达成、委托机关或罪错未成年人要求终止工作关系、社会工作服务机构或社会工作者因故不能继续服务时，社会工作将进入结案阶段。

（一）结案阶段的主要任务

（1）总结工作。一方面，社会工作者进行自我总结、评估和反思，并向所在社会工作服务机构报告。另一方面，委托机关和社会工作者所在机构进行效果评估。

（2）巩固已有工作成果。引导罪错未成年人回顾和总结接受社会工作服务过程中自身积极改变的表现，进一步强化其自我认知，鼓励其增强自我改变的信心，巩固其身心发展和社会融入的良好状态。

（3）解除专业工作关系。结案意味着专业社会工作服务关系的终止，但是并不意味着社会工作者与罪错未成年人不再接触。相反，结案时，社会工作者可能根据罪错未成年人的需求而转介其他机构为其提供服务，这时社会工作者需要与其他机构建立联系、妥善交接；而且，结案后的一定时间内，社会工作者还应当适当进行回访。

（4）撰写结案记录和归档管理。结案时要撰写书面结案记录。结案记录的内容包括：接案过程、服务流程和内容、罪错未成年人保护教育管束状况及其积极改变情况、结案缘由、工作效果评估和建议等。结案记录完成后，应及时进行相关档案的归集整理。

（二）结案的方法与技巧

由于结案时具体情形存在差别，社会工作者要注意在结案期罪错未成年人的反应，在结案阶段审慎处理相关情况。

（1）在结案前与罪错未成年人回顾一下介入工作的过程，以确定结案的时机是否已经成熟。

（2）提前让委托机关和罪错未成年人知道结案时间，早些做好心理准备。特别是社会工作者要鼓励罪错未成年人与自己公开讨论结案问题，并以同感的态度向其传达理解他们的心情、愿意提供力所能及的帮助等信息，以减少罪错未成年人的负面情绪。

（3）在结案阶段社会工作者要逐渐减少与罪错未成年人的接触，提醒其要学会自立，并给其以心理支持，告诉他们有需要时社会工作者将继续提供帮助。

（4）安排正式的结案活动，让罪错未成年人畅谈自己的改变和收获、面对未来的信心和计划。

（三）结案后的跟进服务

所谓跟进服务，就是结案一段时期后定期对罪错未成年人进行回访和跟踪，了解其现实情况和服务需求并作出相应处置。跟进服务是结案阶段的有机组成部分。跟进服务的实施方法包括电话跟进、个别会面、跟进罪错未成年人的社会支持网络等，以及时了解其情况，提供相应的服务和必要的支持。

第三章　服刑未成年人司法保护社会工作

服刑未成年人司法保护社会工作属于犯罪矫正社会工作范畴。犯罪矫正涵盖了对除被判处死刑之外的一切刑罚执行的矫正制度——监狱监禁刑和社区矫正非监禁刑，也涵盖了特定机构对罪犯进行的旨在改变其不良心理、行为和习惯并促进其回归社会的各类矫正措施——教育矫正、心理矫治、行为矫正等活动。罪犯回归社会是制度设计的根本目标和效能评估的重要标准。如何通过司法社会工作做好罪犯回归权利保护，就成为犯罪矫正社会工作建设的关键。又鉴于未成年罪犯的特殊性、未成年人犯罪的特殊性以及未成年罪犯矫正的特殊性，专业的社会工作介入教育改造和帮扶矫正，更具有实践意义。

第一节　服刑未成年人司法保护社会工作对象与主体

一、服刑未成年人司法保护社会工作对象

（一）服刑未成年人的概念

服刑未成年人又称“未成年犯”，是指因触犯国家刑律而被依法判处刑罚的、已满 12 周岁不满 18 周岁的罪犯。在我国，服刑未成年人主要包括两大类：一是未成年在押服刑人员，指由人民法院依法判处有期徒刑、无期徒刑，执行刑罚、接受教育改造的未成年罪犯；二是未成年社区矫正对象，指被判处管制、宣告缓刑、假释或者暂予监外执行，实施社区矫正时未满 18 周岁的未成年人。

服刑未成年人正处于长身体、长知识、学做人的人生关键时期，他们的思想尚未定型，可塑性强，具有特殊性。国家根据服刑未成年人的身心特点，制定了专门的教育改造政策。例如，对于未成年在押服刑人员，《监狱法》设专章“对未成年犯的教育改造”加以规定，其中第七十四条规定“对未成年犯应当在未成年犯管教所执行刑罚”，第七十五条要求“对未成年犯执行刑罚应当以教育改造为主。未成年犯的劳动，应当符合未成年人的特点，以学习文化和生产技能为主”。依据《未成年犯管教所管理规定》的相关要求，未成年犯管教所对未成年犯执行刑罚应当以教育改造为主，并根据未成年犯的生理、心理、行为特点，坚持因人施教、以理服人、形式多样的教育改造方式，同时应当配合国家、社会、学校等教育机构，为未成年犯接受义务教育提供必要的条件。对于未成年社区矫正对象，《中华人民共和国社区矫正法》（以下简称《社区矫正法》）设专章对未成年人社区矫正加以特别规定，其中第五十二条规定：“社区矫正机构应当根据未成年社区矫正对象的年龄、心理特点、发育需要、成长经历、犯罪原因、家庭监护教育条件等情况，采取针对性的矫正措施。社区矫正机构为未成年社区矫正对象确定矫正小组，应当吸收熟悉未成年人身心特点的人员参加。对未成年人的社区矫正，应当与成年人分别进行。”第五十六条规定：“共产主义青年团、妇女联合会、未成

年人保护组织应当依法协助社区矫正机构做好未成年人社区矫正工作。国家鼓励其他未成年人相关社会组织参与未成年人社区矫正工作,依法给予政策支持。"这些规定为未成年人司法保护社会工作介入未成年犯改造提供了良好的政策保障与法治环境。

(二)服刑未成年人的特点

1. 独立意识强,但认知能力较差

未成年人独立意识强、处处渴望独立,但是受主客观条件所限,他们的认知能力跟不上独立意识的发展。这一特点在服刑未成年人中更为突出[①]。服刑未成年人往往对学习没有兴趣,存在学业不佳、基础知识贫乏等问题,甚至有很大一部分中途辍学,连义务教育阶段的学业都未完成。文化水平没有得到应有的提高,限制了他们认知能力和道德水平的发展,所以他们对是非、善恶、美丑常作出错误或者歪曲的判断[②],甚至产生反社会倾向,将自己犯罪的原因错误地归为社会的不公正、学校的不负责、家长的不关心。

2. 自尊意识较强,但自控能力较弱

服刑未成年人自尊意识较强,在司法矫正机构工作者的管理、教育和引导下往往会对自己过去的犯罪行为产生悔恨心理,不断自责[③]。然而,服刑未成年人由于自身生理和心理发育尚未成熟,自我控制能力较弱,容易冲动,做事不计后果,头脑简单,遇事盲从。当遇到应激事件时,他们容易因为一点小事而兴奋激动或怒不可遏,在冲动情绪支配下易盲目采取行动,从而产生对人、对己都不利的后果。

3. 可塑性、可改造性强,但行为易反复

服刑未成年人正处在从儿童阶段向成人阶段过渡的人生时期。一方面,他们在这样的过渡期,渴望摆脱对父母和其他关系密切的成人的依赖;另一方面,他们还没有进入成年期,因此他们在各方面还都不成熟,其社会心理品质正处在形成过程之中。同时,由于缺乏一定的社会经验和相关知识,他们作出决定的时候往往要参照别人的情况[④]。这些都决定了服刑未成年人具有较强的可塑性、可改造性。但由于服刑未成年人的世界观、人生观、价值观还不稳定,人格尚未形成,所以在改造过程中表现出行为易反复的特点[⑤],难以忍受行为上的管束,经常出现违反规章制度的情况。

二、服刑未成年人司法保护社会工作主体

服刑未成年人司法保护社会工作体制机制的运行,离不开多元化的工作主体。服刑未成年人司法保护社会工作的顺利进行,需要积极调动多方力量,构建外部合作机制。司法行政部门要坚持党委、政法委统一领导,加强与法院、检察院、公安等部门的对接,争取教育、民政、财政、人力资源和社会保障、卫生健康委等部门的支持,对接共青团、妇联、关工委、工会等群团组织,利用好学校、社区、家庭等相关组织的支持,充分调动各类社会组织尤其是未成年人保护组织、公益慈善组织、社会工作专业服务机构、志愿者队伍等社会力量,构建党委领

① 夏宗素. 矫正教育学[M]. 北京:法律出版社,2014:361.

② 焦迎娜,苏春景. 未成年犯罪人的心理特点分析[J]. 预防青少年犯罪研究,2018(4):22.

③ 吴宗宪. 未成年犯矫正研究[M]. 北京:北京师范大学出版社,2012:87.

④ 王雪峰. 矫正教育学[M]. 北京:法律出版社,2022:209.

⑤ 夏宗素. 矫正教育学[M]. 北京:法律出版社,2014:362.

导、政府支持、各有关方面积极参与的服刑未成年人司法保护支持体系[①]。

（一）监狱及监狱人民警察

1. 基本内涵

监狱及监狱人民警察是我国最重要的刑罚执行活动的司法主体。就未成年犯的教育矫正和司法监督保护机构而言，1982年公安部的相关通知指出，被判处徒刑和死刑缓期二年执行的年满14周岁不满18周岁的少年犯和刑法规定由政府收容教养的犯罪少年由少年犯管教所收押收容。较早时期隶属于公安部的少年犯管教所，后考虑到权益保护问题改称“少年管教所”。1996年，司法部通知将由政府收容教养的犯罪少年移至劳动教养场所教养。1999年，根据司法部的相关规定，各地少年（犯）管教所陆续改称“未成年犯管教所”，简称“未管所”。2013年劳动教养制度废止之后，各地未管所的收押对象主要是被依法判处刑罚的年满12周岁不满18周岁的未成年犯，也有一些未管所承担个别政府收容教养的犯罪未成年人的矫治任务。当前在一些服刑未成年人少的地方也出现将相关场所作为一个监狱的独立监区建制的现象，在一些地方也有将女性服刑未成年人放在女子监狱中开展教育矫治的。

监狱人民警察成为未成年犯教育管理、法治帮扶的核心主体，为响应国家把监狱建成特殊学校的目标宗旨，未管所或未成年犯监区的监狱人民警察积极承担了服刑未成年人的各项教育改造工作。从扫盲的义务教育、到培养生存技能的职业教育，再到各种初中级技能资格认证教育以及心理健康和法律纪律道德教育等，都成为监狱人民警察的职业内容。有的监狱要求监狱人民警察考取教师职业资格证书，有的监狱联系外部的教育机构合作开展中小学和中等技校的学历教育，有的干脆和当地教育部门合作在监狱内设立学校开展同质社会教育。

2. 组织地位

从开展服刑未成年人司法保护社会工作的组织的地位看，监狱及监狱人民警察承担着关键的引领地位。羁押未成年犯的监所组织发展到今天已经形成了一些共识，比如以教育改造为中心、以教代罚、倡导教育刑等。刑罚执行机构不断开放化和教育矫正逐步社会化，使得服刑未成年人司法保护的社会工作介入成为发展趋势。在监狱机构及其监狱人民警察职权的“放管服”改革中，各种社会资源和社会力量纷纷协同承担教育矫正任务。但从知识教育、技能教育、心理健康教育、法治教育和社会适应教育等各个方面来看，结合监狱及监狱人民警察的职能调适，在服刑未成年人司法保护社会工作中，监狱及监狱人民警察的组织地位日益突出，角色功能不断丰富。

3. 角色功能

未成年犯在监狱服刑期间接受教育与改造时，监狱及监狱人民警察承担着司法保护和开展社会工作的双重角色功能。一方面，监狱及监狱人民警察依法开展未成年犯刑罚执行和教育转化工作，保护其特殊公民的基本合法权利。另一方面，监狱及监狱人民警察积极利用各类社会有益资源和专业力量开展教育矫正帮扶工作，不断开展科学矫治，提升专业帮教

① 尹伊君，马滔，赵景川.《最高人民检察院关于全面加强未成年人国家司法救助工作的意见》理解与适用[J]. 人民检察，2018（8）：26.

效果。

监狱及监狱人民警察承担着提出服刑未成年人司法保护和改造教育的社会工作的具体内容、目标和效果等的任务，并从服刑未成年人司法保护的需求出发进行各类专项或者综合的政府公共服务购买，签订监狱与社会专业组织之间的合作协议等，开展各项服刑未成年人教育矫正业务。监狱的角色功能体现了在国家刑罚执行和罪犯教育改造工作中的政府主导地位，在法治框架下，监狱围绕改造合格公民的任务，指导、监督其他机关或者社会组织并与其合作开展处于监禁中的服刑未成年人的司法保护社会工作。

（二）社区矫正机构及其工作人员

1. 基本内涵

社区矫正是与监狱矫正相对的行刑方式，是指将符合社区矫正的罪犯置于社区内，由专门的国家机关在相关社会团体和民间组织以及社会志愿者的协助下，在判决、裁定或决定确定的期限内，矫正其犯罪心理和行为恶习，并促使其顺利回归社会的非监禁刑罚执行活动。社区矫正实施的初衷是缓解监狱因罪犯过多而产生的压力。其目的是通过政府、社会以及爱心人士的帮助，使矫正对象改正恶习，并帮助他们回归社会。社区矫正的非监禁刑罚或刑事执行考验（宣告缓刑）的性质可以使矫正对象在不脱离社会、不脱离生活的情况下，借助政府、社区、社会爱心人士以及亲人的帮助，更好地适应社会并且回归社会，实现再社会化[①]。

社区矫正在性质上有别于使用警力的监狱监禁式刑罚执行，更加突出的是通过社区和专业力量开展恢复性司法活动的特殊群体社会管理创新。社区矫正机构是开展社区矫正工作的指导、监督和管理机关，从2020年实施的《中华人民共和国社区矫正法》（以下简称《社区矫正法》）来看，社区矫正机构及其工作人员开展的各项活动主要表现为依法执行社区矫正对象的社会处遇，并通过一定的强制监督手段和教育矫正措施来预防社区矫正对象重新犯罪[②]。从这个意义上看，未成年人被定罪之后或者接受一定监禁管制之后，多数可能更加适宜采取社区矫正，这种方式有着开放的社会环境、自然的社区生活、非警务化的社会管控以及专业的矫正技术。与此同时，社区矫正工作更加依赖通过专业规范的社会工作介入来实现高效权威的司法保护，这更有利于实现未成年社区矫正对象顺利回归社会的目标。

2. 组织地位

社区矫正是我国司法体制改革中一项重要的配套机制工程，目的在于通过对社区矫正对象依法开展社会处遇实现刑罚公正和人权司法保护的目标。社区矫正也是一种特殊群体社会管理体制的创新，目的在于对特殊群体重新犯罪进行防控，以实现社会平安治理。由此出发，在组织架构上，社区矫正机构是在人民法院、人民检察院和公安部门与司法行政部门之间的分工协作中具体承担社区矫正工作的执行主体，它负责执行各类社区矫正决定，反馈各类社区矫正对象的管理情况和效能，并及时采取相应手段实现社区矫正的目标任务。

社区矫正机构作为对社区矫正对象进行教育、管理、监督和保护的直接责任机构，在参与社区矫正工作的各个主体中处于枢纽地位，需要围绕社区矫正对象的特点进行分类科学矫治，需要指导并推进社会专业组织、学校、社区和家庭等力量资源共同合作，在司法机关的

---

① 吴宗宪，张威. 我国农村社区矫正队伍建设问题研究[J]. 刑法论丛，2020，62（2）：467.

② 魏宝珍. 社区矫正对象重新犯罪的法律思考[D]. 重庆：西南政法大学，2010：23.

指导下对社区矫正对象进行科学矫治，做好社会工作。在此环节中，社区矫正机关工作人员离不开社会组织的专业服务，前者具有服刑未成年人司法保护社会工作开展的主导地位，后者具有重要的主体地位；前者更多的是设计和评估社会工作项目的需求及其效果，后者则从专业知识和技能方面提供优质业务资源。

3. 角色功能

社区矫正机构及其工作人员是未成年社区矫正对象监管教育的执行管理主体，承担着对未成年社区矫正对象进行有效的司法、行政和纪律管理的任务，尤其是在提请减刑、假释或收监等的司法性质权力，警告、外出审批管理和社会调查评估的行政性质权力[①]，以及思想教育、公益劳动、知识学习、技能培训的社会处遇性质的监督保障等方面，开展综合性特殊群体管理创新活动。因此，社区矫正机构及其工作人员兼具特殊“司法官”、执法者、管理者、监督者和教育者的综合角色，其功能有未成年社区矫正对象国家刑罚执行监督、特殊群体平安治理、困难或弱势群体帮扶和教育等，最主要的功能就是依法开展社区矫正监督矫治和依法保障社区矫正对象教育权、就业权和不受歧视权等，通过依法充实未成年社区矫正对象的公民权利，帮助其回归社会。这些功能的实现既需要被动地执法和监督，也需要积极主动地开展专业社会帮扶矫治，提升社区矫正机构及其工作人员的社会处遇水平，重点在于通过“以人为本”的专业化、规范化和科学化的社会工作来实现未成年社区矫正对象司法保护的法治目标。

（三）其他政府部门

1. 民政部门

民政部门对未成年人司法保护社会工作的支持意义很大，因为社区建设和社会工作者的培育往往依靠该部门的规范、管理和指导，服刑未成年人能否矫正成功往往受所在社会环境优良与否的影响[②]。就民政部门和服刑未成年人司法保护社会工作的关联来看，民政部门应当将其纳入社区服务、社区建设和社区管理，主动指导村（居）民委员会等自治组织参与，尤其是对于未成年社区矫正对象，应积极承认他们的公民身份、承认他们和社区发展利益的不可分割性，协调司法行政部门对符合条件的服刑未成年人落实好低保救助工作，针对特困的服刑未成年人有效提供临时的社会帮扶救助。

2. 人力资源和社会保障部门

人力资源和社会保障部门应当聚集公共职业介绍、就业技能培训，为有劳动能力和就业愿望的服刑未成年人提供职业培训、就业指导、创业帮扶和就业机会。劳动和就业既是公民的权利，也是公民的责任和义务；劳动更是服刑未成年人转变思想、改正恶习、重塑社会成员资格和掌握一技之长以回归社会的重要方式；同时参加社会劳动并获得报酬也可以弥补违法犯罪行为给被害人和社区所造成的伤害。服刑未成年人若没有劳动和就业的努力，没有自己的劳动生活保障，基本上很难改变其不良恶习，而且很难获得被害人和社区的谅解，没有人际交流和互动的服刑未成年人容易脱离社会，使再社会化过程变得更加困难，结果就是回归社会的目标无从实现。

① 贡太雷. 惩戒·法治·人权：关于社区矫正制度的法理研究[D]. 重庆：西南政法大学，2014：77.

② 贡太雷. 惩戒·法治·人权：关于社区矫正制度的法理研究[D]. 重庆：西南政法大学，2014：86.

保障公平实现的困难在于服刑未成年人和其他社会弱势群体的劳动就业帮扶的平等性。首先,针对服刑未成年人的劳动就业帮扶涉及矫正期的适应性社会帮扶和解教之后的安置帮教,主要在于暂时的、缓解性的和配合矫正的劳务安排,受到法律上的地域限制,甚至法律上的行业限制;而针对其他社会弱势群体的劳动就业帮扶主要在于社会保障性救助。其次,服刑未成年人的劳动就业帮扶和其他社会弱势群体的劳动就业帮扶的目标也有不同,前者的前提除了有利于教育矫正,还在于弥补对被害人和社区的损害、与社会和解,也包含改善个体和家庭经济条件;后者则主要在于个体和家庭物质基础的改善以及个体和家庭事业的发展。最后,从法治精神来看,两者的就业帮扶的法律价值是一致的,都在于保障公民的法律权利,政府相关机构应该积极为任何想劳动就业的公民提供不受社会歧视的法律援助和保护,这是福利政府建设的内在要求,是服刑未成年人矫正教育和监管改造的正义所在。

3. 教育机构和其他社会团体

服刑未成年人的特殊性在于对他们的监督管理和矫正教育更需要受到严格的法律保护。服刑未成年人基本上都比较关注隐私权,对不受社会歧视都很重视,如档案封存。教育机构和妇联、共青团等社会团体应该积极利用社区教育资源,配合社区矫正执法管理机关做好青少年的法制教育、心理教育,帮助符合试学条件的服刑未成年人解决试读困难问题,充分参与服刑未成年人教育工作。监管和教育的目标重在帮助服刑未成年人回归社会和避免其重新犯罪。对服刑未成年人而言,教育是最关键的因素,除了相应的情感疏导、感化教育外,文化素质教育和法制教育一样不可替代,只有良好的、健康的教育才是今后避免其再次从事危害社会的活动的、最优的、根本的解决方式[①]。

刑罚执行坚持"以人为本",需要以服刑未成年人更好地回归社会为工作出发点和行动指南,强化通过各种内容和方式的教育改善服刑未成年人的素质结构。打击犯罪的最好手段是有效预防犯罪。教育是促进个体社会性发展的最具有权威性和公正性的方式、方法,毫无疑问,对服刑未成年人的教育权应该给予法律范围内最充分的权利保护,形成公民的健全的社会人格的最好环境就是社会环境。为此,政府、教育机构和社会团体需要主动参与改善服刑未成年人教育条件的行动,坚持以法治思维和法治方式实现服刑未成年人隐私的社会保护和受教育权的保护。

(四)家庭

家和家人在中国人的情感中具有最受关注的根本地位,血缘是家庭身份认同的基础。在罪犯改造的中国实践中,家和家人的亲情感化起着重要作用。在服刑未成年人的教育矫治和监管改造中,服刑未成年人和家人不应被隔离开来,需要的是修复和改善。家庭的积极参与和监督对其更加具有针对性,更加符合情、理、法的统一,也更加有利于对其的教育矫正[②]。

家庭参与社区矫正可以最大限度地使服刑未成年人获得归属感、感受到自身价值。充

① 章群. 在校生社区矫正对象的矫正方式探讨[J]. 宜宾学院学报,2020,20(9):13.

② 郭伟,李广平. 全球视野下的中国矫正教育的特色和发展趋势:访中央司法警官学院院长章恩友[J]. 世界教育信息,2016,29(16):11.

分发挥亲情教育感化机制的作用，可以让服刑未成年人在相当大的生活空间中和家人保持密切联系，可以继续得到家长的陪伴，可以在父母基本不变的情感关心下继续读书、上学。让服刑未成年人家庭及其成员为服刑未成年人创造自我革新的机会，可以极大地使服刑未成年人获得其他家庭成员的理解和认可，对其重新融入家庭和社区具有直接的建设作用。家庭美德的内在情感要求和公民社会的美德建设是内在相通的，与家庭成员的正常交流能够促进个体德行的重建，进而对公民身份资格恢复和公民社会建设产生积极意义，同时也更有利于保证服刑未成年人的再社会化和社会犯罪预防。

家庭参与教育矫正工作必然伴随着相应的法律和行政责任，这种责任既是家庭作为法律主体应当承担的公共义务，也是服刑未成年人和其家庭其他成员之间关系逐渐恢复的约束性保证；这种责任往往也是符合家庭成员利益需求的。家庭其他成员为了促进成员的情感完满和作为事业的家庭的发展，必然承担起对个体回归社会的保证和监督责任，正是这种责任弥补了国家法治力量中的暴力工具的不足①。

（五）社区

我国的社区建设具有政府主导的特点，政府是社区建设的主要规划者和推动者，社会和居民自发性参与和投入相对较少。就社区发展趋势来看，社区建设正推动着基层社会组织、管理和服务体制的创新和变革：基层社会的组织形态正从群众性组织向社区性组织转变；社会服务功能得到不断增强，组织性质开始从生产共同体向生活共同体转向；基层社会民主自治从封闭走向开放，内涵上实现了从村（居）民自治到社区自治的转变；自治民主的参与主体和覆盖面不断扩大，村（居）民自治从自我管理和自我服务向公共服务转变；城乡通过协作共同从事社会管理和提供公共服务，基层社会的组织与管理体制开始从城乡分离走向城乡一体。社区日益成为刑罚执行改革必须认真考虑和利用的执法资源。

我国社区建设注重社会服务和社会管理的统一。社区的社会服务和社会管理首先就是保证安全和福利的公共供给，这种公共供给反过来也要求社区成员具备相应资格，社区这一共同体旨在提供公共供给，而这种供给的本质又在于服务社区这一共同体，共同的生活经验既是安全和福利供给的前提又是结果。社区矫正的监督和管理坚持户籍地或居住地的管辖原则，这也就要求社区应当参与刑罚执行，尤其是对未成年社区矫正对象的监督管理和矫正教育。同时，社区作为关键的服刑环境的建设者和监督者，也更需要国家的有力法律支持②。

（六）学校

学校填补了个体从幼年向成年过渡的中间时期，同时也填补了家庭和社会之间的中间地带。教育的重要性在于教育的过程，社会正义不仅与教育效果有关，也和教育经验有关。教育的目标在于培养健全的公民，回答学生的问题，帮助其在今后的经济和社会生活中发展，而不在乎学生们的社会出身，教育资源应该被平等分配给社会成员。对于服刑未成年人，国家和社会应当保证其拥有平等的教育权，从长远来看，这是预防犯罪、改造服刑未成年人、促进社会进步的有力途径之一。

① 贡太雷. 惩戒·法治·人权：关于社区矫正制度的法理研究[D]. 重庆：西南政法大学，2014：92.

② 贡太雷. 惩戒·法治·人权：关于社区矫正制度的法理研究[D]. 重庆：西南政法大学，2014：93-94.

学校，作为一种最为集中的社会素质教育载体，对服刑未成年人自我社会资本的增长具有重要意义。学校在接收服刑未成年人时，不得存在社会歧视，而且要注意保护好其个体隐私，应该有特定部门或特定教师来对就读的服刑未成年人予以监督和相应法律保护[①]。需要给予这些特殊学生归属感，并加强对其的法制教育；涉及这些特殊学生的升学、就业等，应该及时和相关司法行政部门做好协同管理，同时不得非法剥夺他们受教育的权利。没有尊重就没有真正的教育。针对这些特殊学生，尊重和宽容是最重要的，集体认同与个体归属感可以激发他们重新健全自我认知、克服困难、处理问题的勇气和力量，学校氛围形成的力量能使个人行为思想和公民社会共同价值规范和要求保持基本一致，这也是服刑未成年人教育矫正的重要内容。

（七）非政府组织、社会工作者及志愿者

服刑未成年人司法保护社会工作需要有社会资源的有效动员和广泛支持，没有社会组织的成熟经验和社会工作者的有效介入，服刑未成年人司法保护社会工作就没有了法治意义和社会意义。随着刑罚执行的社会化，非政府组织、社会工作者及志愿者将承担大量的专业性矫治工作。怎样有效赋予社会工作者、志愿者和非政府组织法律地位、法律权利，甚至是一定的行政或纪律裁量权是需要我们进一步思考的法律问题。

非政府组织、社会工作者及志愿者在目前的社区矫正中的主要贡献还停留在服刑未成年人的帮困扶助环节，进一步参与服刑未成年人监管监督和教育矫正的行政或司法执法环节还存在明显不足。司法行政的执法环节在实践中还没有理顺，除前面阐述的司法自身能力有限之外，司法体制改革和刑罚一体化制度设计都还没有一条制度化的路径。在过去，服刑未成年人司法保护社会工作更像是执法“救火”而非工作执法。这些问题都会影响社会力量的深度参与。强调人权司法保护，在某种意义上就是不走中西方过去社会管理中强化单一政府执法管理的旧路、简单运用政府力量包揽处理一切社会问题的老路，这是中国法治精神的进步，由此，未来矫正工作的关键还是如何实现社会力量参与司法治理过程的问题[②]。

社会工作介入司法保护矫正的实践证明，相比过去司法行政部门单一的教育矫正和安置帮教，其更加有效。虽然目前一些地区的社会工作者的专业水平、能力素养不高，缺乏相应工作经验，工作针对性不足，有时一些高校师生、志愿者虽具有很好的法治素养但又因服务对象的不衔接而造成工作流于形式的问题。今后如何真正实现专业社会工作者介入社区矫正工作的规范化和法治化才是最根本的解决之道，如规范专业社会服务的购买、监督，规范专业服务和刑罚执行的制度衔接等。在服刑未成年人司法保护体制机制中，刑罚执行的教育矫正工作的社会化或者社会组织、专业社会工作者与志愿者的介入，需要社会力量的不断壮大及其法律地位的确定，需要政府在服刑未成年人司法保护社会工作机制方面的制度化、法治化建设。

---

① 贡太雷. 惩戒·法治·人权：关于社区矫正制度的法理研究[D]. 重庆：西南政法大学，2014：95-96.

② 贡太雷. 惩戒·法治·人权：关于社区矫正制度的法理研究[D]. 重庆：西南政法大学，2014：98.

第二节 服刑未成年人司法保护社会工作内容

服刑未成年人司法保护社会工作的内容主要包括参与未成年人司法保护中的监狱矫正、社区矫正和安置帮教三部分。

一、参与未成年人司法保护中的监狱矫正

监狱是对罪犯司法审判后的执行场所，是司法矫治体系的重要组成部分，监狱及监狱人民警察作为未成年人监狱矫正工作中最直接的主体，扮演着最为关键的角色。《监狱法》第七十五条规定："对未成年犯执行刑罚应当以教育改造为主。未成年犯的劳动，应当符合未成年人的特点，以学习文化和生产技能为主。"这些法律规定为监狱及监狱人民警察矫正未成年犯提出了基本要求，即坚持教育为主、惩罚为辅[①]。监狱及监狱人民警察应针对不同的案件和不同的未成年人犯罪行为采取区别对待的方法，将教育、挽救和惩罚相结合，争取教育、挽救多数，严厉打击少数情节特别严重的犯罪行为。监狱应当组织有能力的监狱人民警察对未成年犯根据其文化程度，分别进行扫盲教育、小学教育、初中教育等的文化教育；采取分年级编班施教方式，按规定的课程开课，使用经国务院教育行政部门审定的教材，有条件的监狱可组织未成年犯接受高中教育；鼓励完成义务教育的未成年犯自学，组织他们参加各类自学考试，对参加文化学习的未成年犯，经考试合格的，当地的教育行政部门要做好本职工作，发给他们相应的毕业或结业证书。同时，监狱应当根据未成年犯的刑期、文化程度和刑满释放后的就业需要对其进行技术教育，重点进行职业技术教育和技能培训，其课程设置和教学要求可参照社会同类学校。对参加技术学习的未成年犯，经考试合格的，当地的劳动行政部门应积极履行职责，颁发相应的结业证书和技术证书。监狱还应当加强未成年犯生理、心理健康教育，建立心理矫治机构，进行心理测试、心理咨询、心理矫治，兼顾少数未成年犯的生活常识教育，培养其生活自理能力[②]。

我国允许以"所内教育与所外教育相结合的方法"对羁押场所中的罪犯开展教育活动，这为社会工作者进入监所开展社会工作服务活动提供了依据。目前，社会工作者进入监所为未成年犯提供心理辅导、情绪疏导、行为规范等矫正服务的方式主要分为两种：一是在监所内设社工点，提供驻所社会工作者服务；二是通过项目合作、购买服务的方式，成立专门的社会工作者队伍，进入监所内提供服务[③]。社会工作者进入监所常态化地为未成年犯提供服务，不仅有利于未成年犯出所后的提前介入，而且柔化了监禁管理的刚性，有利于未成年犯在监所内行为的规范与矫正。社会工作者为未成年犯提供的服务，主要是围绕未成年犯早日回归社会而配合监狱机关进行的各种教育挽救工作，主要内容包括心理帮助和物质帮助与救济，物质帮助与救济途径较为单一直接，心理帮助主要通过建立关系、面谈、记录整理资料、引进心理咨询技术等，加强对矫正对象的针对性帮助[④]。

---

① 金占余. 对于未成年犯教育改造的对策[J]. 教育前沿（综合版），2007（2）：58.

② 冯卫国，李健. 未成年罪犯的监禁处遇：制度现状与完善路径[J]. 青少年犯罪问题，2012（3）：87.

③ 洪佩，张晓灿. 从碎片化到一体化：社会工作参与青少年犯罪问题治理的体系建设[J]. 青少年犯罪问题，2016（6）：71.

④ 马建国，蔡冲. 浅析社会工作在未成年人罪犯社区矫正中的意义及其运用[J]. 山东省青年管理干部学院学报，2007（4）：31.

首先,与未成年犯建立关系是顺利开展工作的基础。未成年犯司法保护社会工作主体要坚持接纳、关怀、信任、关注等社会工作理念,与未成年犯建立一种平等、相互信任、坦诚真实、开放自助的工作关系。关系建立是开展工作的第一步,良好的工作关系可以使未成年犯敞开心扉、主动配合、积极改造,达到事半功倍的效果。不好的工作关系会导致未成年犯消极应付,逆反抵抗,难以收到预期的效果。

其次,面谈是常用的工作方法。从未成年犯的接收到资料收集、方案制定,再到进行评估,矫正工作自始至终都会运用面谈的工作方法。面谈过程中有许多细微而又重要的技术环节,社会工作者除了在时间安排、服饰着装等方面要严肃认真对待外,还要注意态度、表达、言行方面的方法与技术。第一,态度真诚平和,有耐心,不要急于求成;第二,不能带着情绪与未成年犯沟通,不能说不负责任的话,如果自己情绪不好,要向对方解释清楚;第三,保持一定的幽默感,营造轻松、愉快的谈话气氛;第四,善于表达自己的内心感受,以自己的真实情感调动对方的积极性;第五,多做澄清,少做猜忌;第六,多问开放性问题,少问封闭性问题;第七,留意对方的非言语行为。

再次,记录与资料整理是不可或缺的工作环节。根据监狱工作的司法程序,记录是一个必不可少的环节,要真正落实个案矫正,一人一案,独立建档,资料完整,有据可查,必须注重记录的方法技术。第一,保证基本资料的完整、准确;第二,记录的具体形式可以有叙述记录、问题记录和摘要记录;第三,以面谈后记录为主,避免边谈边记影响面谈的质量;第四,严格遵守保密原则,切忌将记录随便乱放,任人随意翻阅;第五,定期整理,分类归档,及时补缺。

最后,引进心理咨询技术,加强对未成年犯个案矫正的针对性。心理咨询与心理治疗的理论模式、操作方法可以丰富矫正的工作手段。精神心理分析理论有助于社会工作者了解未成年矫正对象的成长经历、人格结构和犯罪原因,把握他们心理活动的内在关系,深入分析,全面了解,从而有针对性地实施矫正。合理情绪疗法能够帮助社会工作者了解个体认识规律和常见的认知误区,熟悉不合理认知的模式,解剖未成年矫正对象的认知错误,动之以情,晓之以理,使矫正对象的思维习惯、思维方式得到调整。人本主义治疗模式为社会工作者提供了关注情感、关怀心灵的理论方法,对于遭受过感情伤害的未成年矫正对象,准确到位的人文关怀有助于他们宣泄情绪,恢复情感交流,激活正面因素,提高矫正工作的实效。行为治疗主要针对那些存在不良习惯或行为障碍的未成年矫正对象,可以提供适合有效的矫正方法和矫正技术,帮助未成年矫正对象改变行为,从而带动其全面进步。此外,家庭治疗模式、危机干预模式、短期治疗方法以及个案管理技术,都为社会工作者开展工作提供了丰富的理论依据和方法支持。

志愿组织也是监狱矫正中不可忽视的重要力量,各地青年志愿者协会可以在当地监狱设立志愿服务点,主要进行两部分的矫正帮教:一是通过帮扶那些家庭确实困难的服刑未成年人家属,以免除服刑未成年人的后顾之忧,使其在监狱安心接受矫正;二是与服刑未成年人结对子,不定期看望他们,聆听他们的心声,给他们一些力所能及的帮助。

坚持政府购买和社会协同的统一。发挥政府主导作用,充分考虑经济发展水平、认同程度、参与积极性等因素,以政府购买服务为主,解决社会参与未成年人司法的区域不平衡问题。同时,继续加强同学校、基层组织、企事业单位等的协作配合,有序引导社会力量参与服务供给，搭建全方位、多层次、立体化的社会化监狱矫正平台，推动设立不同类型的观护帮教和警示教育基地，拓展继续教育、技能培训、就业推荐等的资源，为服刑未成年人更好地回归社会提供更多机会。

家庭关系是以血缘和共同生活为基础，以抚养和教养为基本内容的自然关系和社会关系的统一，教育和帮助子女是每个父母的权利和义务。处于青春期的未成年犯是未成年人中的一个特殊群体，正处于自我意识迅速发展的关键时期，在面对许多复杂的矛盾和困惑时，他们希望得到成人精神上的理解、保护和支持。在实际的监狱矫正工作中，相比人民警察的十句话，家人的一滴眼泪可能更能起到感化服刑未成年人的作用。在服刑过程中，当其改造遇到波折，不顺心、不如意，或者取得成绩时，最想有亲人与其分担或分享，与亲人倾诉、家人的帮助和鼓励能使其心理压力得到缓解，使其接受监狱矫正的信心更加坚定。服刑未成年人与正常的未成年人相比，更需要父母的物质和精神方面的支持和鼓励，父母应不抛弃、不放弃，为他们提供必要的物质支持，满足他们在监禁条件下的日常生活需要，让他们感受到来自家庭的温暖，但给予物质支持应当适度，不能太高，以免助长他们攀比的不良心理。除了物质支持之外，父母更要成为服刑未成年人的精神支柱，配合监禁工作，强化感恩意识，给予他们希望，让他们重拾生活信心，不至于感到孤单无助，对自己的人生悲观失望。同时，每一位父母都应对服刑未成年人的生活和权益高度关注，家庭也是服刑未成年人合法权益的坚定维护者。随着社会民主进程的加快，服刑未成年人家属拥有多种参与监督的渠道和平台，这些渠道和平台能将服刑未成年人的假释、减刑、保外就医等各项制度的过程与结果公开，以便接受法律监督和社会监督，其中的社会监督就包含服刑未成年人家属的监督，这是服刑未成年人家属享有的权利，家属应当借助法定渠道和平台，充分行使自身权利，切实维护服刑未成年人的合法权益，同时对服刑未成年人监管工作提出意见和建议，推动监管工作的社会化进程①。

二、参与未成年人司法保护中的社区矫正

社会处遇也称"社区处遇"或"设施外处遇"，是指以社区为基础的针对罪犯的矫正措施，包括假释、缓刑及各种重返社会的制度②。

一支优秀的社区矫正志愿者队伍，配合社区矫正专业队伍开展社区矫正工作，二者相得益彰，能提升社区矫正的社会效果。不过，社区矫正志愿者协会应当有当地司法行政机关的社区矫正主管部门的指导、监督、支持，许多资源的投入需要政府的支持与帮助③，当然这些专业志愿者只有定期接受系统培训才能发挥其专业水准。广州市就通过政府采购服务的形式，结合志愿者工作，完善社区矫正工作的组织模式，市、区两级财政 4 年累计投入达人民币 1 000 万元，创建了广州市尚善社会服务中心、明镜社工服务中心等组织机构，调动参与者的积极性，并成立未成年犯罪社区矫正工作小组，实施一对一的辅助，达到社区矫正的效果。

学校、研究所、医院、企业等对服刑未成年人的社区矫正也承担着重要的责任，因为在矫正的过程中，服刑未成年人需要继续接受教育，提高职业技能，其心理状态也需要得到及时

① 郑春琼. 家庭参与未成年犯矫正问题研究：以监禁矫正为视角[D]. 南京：东南大学，2018：6.

② 王芳. 浅析青少年犯罪问题的社会工作介入[J]. 法制与社会，2009(4)：217.

③ 严笑. 我国未成年人犯罪的社区矫正制度研究[D]. 武汉：华中科技大学，2016：34.

关注,这些专业性强且需要大量人力、财力投入的领域只能借助社会资源,这些资源是对社区矫正专业人员与社区矫正志愿者的重要补充,像日本就有专门的企业联合会帮助未成年社区矫正者实习、工作,一方面企业自身社会责任认知程度高,另一方面政府在税收政策、补贴等方面也进行了有力引导,所以企业、学校也要提高社会责任意识,积极参与服刑未成年人社区矫正工作。

社会工作者在社会处遇中主要提供以下服务。一方面是对假释、缓刑未成年犯的看护,假释指的是依照法律法规的条件,把未满刑期的犯人暂时释放,是设施内处遇向设施外处遇的转变。缓刑是指对犯人所判处的刑罚在一定条件下暂缓执行或不执行的一种社会处遇措施。这两种处遇都附有留待观察保护的规定,要求假释、缓刑未成年犯在看护期内遵守规定不得违反。司法部门一般聘用专职社会工作者或志愿者执行对假释、缓刑未成年犯的看护。看护人员要督促被看护者在看护期间做到:保持品行良好,不得与品行不端者来往;服从检察官及看护人员的命令;接受看护人员的辅导;及时向看护人员的汇报工作、生活和居住情况,不经过批准不得离开居住地;等等。未成年人的自控能力差,在得不到有效看护的情况下很容易被诱惑而重新犯罪。另一方面是社会服务计划的执行。社会服务也称"社区服务"或"社区劳役",是近年来西方国家较为盛行的一种替代短期自由刑的非监禁化的社会处遇措施,是通过判定罪犯在社会福利机构从事规定时间的无偿劳动或服务,以此赎罪悔过的刑罚形式[①]。对未成年犯实施社会服务计划,其好处是通过公益劳动和服务培养未成年犯的劳动习惯和社会责任感;在服务过程中使得未成年犯学会生产、生活技能以提高其就业能力;在社会交往中使得未成年犯学会处理人际关系的本领以提高其社会适应能力。这种处遇方式最大限度地避免了监禁刑罚造成的隔绝和恶习交叉传染。社会工作者的工作就是为未成年犯联系服务地点和项目,得到司法部门允许后监督其从事社会服务,并对其服务作出客观记录、评价,以此作为司法部门的处理凭据。社会工作者在社区服务计划执行的过程中,主要起到督促的作用,而这是影响社区矫正服务的重要因素。

在这里,必须强调的是社区矫正毕竟是一项刑罚执行活动,具有不容忽视、不可低估的法律强制性。未成年人是祖国的未来和希望,利用社区矫正来帮助未成年犯改正恶习,使他们回归社会意义重大。这就要求司法保护社会工作主体在社区矫正的社会实践中,既要维护法律的权威,又要体现以人为本,将法律制裁"刚"的一面,与社会工作"柔"的一面有机结合,刚柔并济,相得益彰,使未成年社区矫正工作沿着健康的轨道向前发展。

三、参与未成年人司法保护中的安置帮教

新时期的未成年人安置帮教工作必须依靠社会力量,形成以政府司法局(所)安置帮教办公室为主导,社区、企业、学校、社会团体和非营利性组织广泛参与、齐抓共管的良好回归氛围[②]。例如,学校应当承担起服刑未成年人的复学教育,相关企业应当为刑释人员提供合适的工作岗位。相关部门应完善就业保障机制,促进未成年刑释人员就业。第一,相关部门应尽早出台未成年刑释人员安置帮教相关法律,保障未成年刑释人员的就业权利。第二,对未成年刑释人员,不论地域、户籍性质,提供必要的免费技术培训和职业教育,以提高

① 胡善平,王鹏. 青少年犯罪矫治的社会工作介入机制研究[J]. 长春工程学院学报(社会科学版),2012,13(1):52.

② 王鹏. 新时期我国安置帮教工作的法治化研究[J]. 遵义师范学院学报,2011,13(2):21.

其就业竞争力。第三，开辟就业绿色通道，依托有条件的企业，建立一个规范化安置帮教示范基地，重点解决无家可归、无亲可投的未成年刑释人员就业和生活安置问题，对于接收刑释人员就业的企业，在税收方面给予一定减免或其他补助。第四，探索建立“企业预留岗位制度”，号召企业为监管对象预留一定数量的低技术含量工作岗位，保障文化层次低、工作技能弱的对象有业可就①。此外，媒体要多宣传刑释人员自力更生的正面形象，以各种方式宣传党和国家有关安置帮教工作的方针、政策，大力宣传做好安置帮教工作的重要性，改善社会标签的负面性，助力刑释人员回归社会。

家庭成员既是未成年刑释人员安置帮教的支持者，也是责任者。第一，家庭成员应改变认知态度，给予理念支撑。家庭的接纳、支持能帮助未成年刑释人员顺利回归社会。第二，提升关系亲密度，给予心理支撑。良好、亲密的家庭关系能够帮助未成年刑释人员积极面对社会歧视，缓解其心理压力。第三，保障基本生活，提供物质支撑。未成年刑释人员缺乏独立生存的能力，需要家庭提供必要的基本物质保障。第四，阻断负能量朋友圈，增强正向拉力。

社会工作者面向刑释人员提供的服务称为“更生保护”。这是一项起源于美国费城、面向刑释人员的社会福利措施，其服务内容主要有：提供住宿场所及物质援助；提供就业、学习辅导；提供医疗保险服务和生活辅导。社会工作者对未成年刑释人员要给予特别的关注，尤其是刚从监狱获释后，他们往往面临着社会歧视、家庭拒绝、同伴疏远、就业困难、学习中断等多重压力和困扰。这就要求社会工作者以专业化、个性化的帮助、服务和指导，在生活上帮困、学习上帮助、就业上扶持、行为上纠偏、心理上关爱，帮助未成年刑释人员摆脱经济困境、消除心理困惑，解决日常遇到的心理、法律、生活、就业等方面面临的实际困难或问题，以促进其顺利融入社会，防止其重新犯罪②。这部分人能否顺利度过获释后的最初阶段，对于其今后能否正常生活及社会是否安定关系重大。未成年人的适应能力较差，而且未成年人的逆反心理一般比较强，如果其不能很好地适应社会，他们极有可能再犯罪。但是有一点对安置帮教工作很有利，那就是未成年人的可塑性很强。

社会工作者参与未成年刑释人员再犯罪预防，主要包括以下四个方面的内容。

第一，前期介入。未成年犯获释后，往往不同程度地存在对社会的不适应感。因此，社会工作者的早期介入显得尤为必要。首先，建立未成年刑释人员帮教档案，录入相关信息；其次，指定社会工作者负责跟进，在全面评估、熟悉个案特征的基础上拟订帮教方案，通过个性化帮教，消除未成年刑释人员的排斥情绪和对社会生活的不适应感；最后，针对就业无门、生活无着的人员根据实际情况协助申请低保，或提供前期回归社会后的就业指导等司法社会服务工作，为其制定全面合适的过渡计划和目标。

第二，心理干预或辅导。受服刑影响，未成年刑释人员往往会受到他人和社会的歧视，加上可能遇到的生活困难等，会给他们的心理造成很大打击。社会工作者可根据每一名未成年刑释人员的个性特征和心理状况采取不同的针对性措施，运用平等、尊重、接纳、注重教化等社会工作的理念和方法，帮助他们克服不良心理，培育健康人格，树立起重新融入社会的信心，从源头上消除他们重新犯罪的可能。

① 刘娟. 未成年服刑人员回归社会的现实性困境及解决对策研究[J]. 法制与经济，2017(9)：168.

② 刘阳. 司法社工参与未成年刑释人员再犯罪预防的新探索[J]. 预防青少年犯罪研究，2012(8)：52.

第三，就业指导。实践证明，未成年刑释人员重新犯罪与其获释后就业无门、缺少生活来源和精神寄托紧密相关。随着社会的发展，社会对劳动者的技术能力、文化水平的要求越来越高。这对于大部分无工作经历、无就业技能、无学历文凭、无技术职称且有前科污点的未成年刑释人员而言，无疑是雪上加霜。因此，社会工作者针对文化水平较低的未成年刑释人员，要主动帮助其联系培训机构，接受职业培训，或助其寻找招聘信息，为他们创造更多的就业机会；对身体有残疾、孤独无靠的未成年刑释人员，可向政府安置帮教部门申请安置，帮助他们走出困境。

第四，帮教质量评估。社会工作者应对帮教的每一名未成年刑释人员在帮教的各个环节的情况进行评估，主要包括对遵守法律、掌握劳动技能、社会交往、心理健康状态、就业情况等问题及行为危险性等进行评估，并进行纵向的阶段性比较，分析其进步情况与不足之处，根据评估结果，及时调整帮教措施，提出下一步帮教建议①。

各职能部门和组织应同抓共管、相互协调配合。相关政府职能部门应集中相关资源，把社会调查、社会帮教以及社会安置工作作为程序性、规范性、日常性的工作予以固定并安排专人负责，避免出现脱管、漏管、虚管的情况②。当前，服刑未成年人回归社会的安置帮教工作还主要以政府为主导，依靠党的政策来推行，缺少社会力量的参与，存在困境。相关政府职能部门应尽快出台未成年刑释人员安置帮教的硬性法律法规，构建良好的社会支撑及家庭支持体系，充分调动社会各方力量解决未成年刑释人员基本生活、复学、就业等生存及发展问题，帮助他们自立自强，尽快实现回归社会的身份融入、家庭融入、职业融入、社会交往融入，从而预防未成年刑释人员再犯罪，为维护社会稳定提供有力的保障。

第三节 服刑未成年人司法保护社会工作方法

一、一般工作方法

（一）个案工作

个案工作是指以有需要的个人或家庭为服务对象，运用个别化的工作方式，提高其解决困难和适应社会的能力，促进其与环境和谐发展的一种专业社会工作方法。面谈技巧与访视技巧，是个案工作运用的主要技巧，其中面谈技巧分为支持性技巧、引领性技巧和影响性技巧。

支持性技巧包括积极聆听、专注、鼓励、同感。积极聆听是用心聆听服务对象传达的信息，细致观察服务对象的表情动作，及时思考，整合信息，理解服务对象的感受并作出积极的回应。专注是借助友好的视线接触，以开放的姿态以及专心的态度关注服务对象的表达。鼓励是通过口头语言和身体语言肯定服务对象的积极表现，使服务对象继续表达自身的感受和看法，保持已有的良好行为。同感是设身处地体验服务对象的内心感受并准确理解，再将其传达给服务对象，引导服务对象对自己的感受、想法做进一步思考。

① 刘阳. 司法社工参与未成年刑释人员再犯罪预防的新探索[J]. 预防青少年犯罪研究，2012(8)：52-53.

② 刘娟. 未成年服刑人员回归社会的现实性困境及解决对策研究[J]. 法制与经济，2017(9)：168.

引领性技巧包括提问、澄清、对焦、摘要。提问是运用封闭式或开放式问题,引导服务对象作答,以收集信息、探索问题。澄清是指引导服务对象对模糊不清的陈述和信息做更详细、更清楚、更准确的表达和解说。对焦是将话题、讨论范围、内容或者问题集中,指出重心和目标所在,再继续讨论。摘要是对服务对象的长段谈话内容或不同部分的话题进行整理、概括和归纳,并做简要摘述。

影响性技巧包括信息提供、自我披露、建议、忠告、对质。信息提供是向服务对象提供相关的新知识、新观念等,或纠正服务对象已知的错误信息。自我披露是有选择地向服务对象披露自己的亲身经验、处事方法和态度等,为服务对象提供参考。建议是指对服务对象的情况、需求或问题进行了解和评估后,提出建设性意见。忠告是向服务对象指出其行为的危害性或必须采取的行动。对质是当发现服务对象出现言行不一致的情况时,直接发问或提出质疑。

访视技巧的运用要注意以下五个要点。第一点,在访视前应熟记被探访者的相关资料,事先约定探访的时间、时长及会面地点。第二点,应采用具体的约定方式,包括电话预约、信件预约、委托受访者较信任的亲友代约定或由被探访者确定访视时间。第三点,访视时应着装整洁、得体,主动进行自我介绍,告知姓名、工作单位以及此行的目的。第四点,在访视中应多观察、多倾听,拍照、录音、录像要征得被探访者同意。第五点,在访视结束前应总结访视的内容,向被探访者反馈其在访视中的良好表现,并倾听被探访者对这次访视的感受、意见及对下次访视的期待。在社会工作中,个案工作不仅面向特定的人或者家庭根据其需求进行针对性的服务,而且需要运用技巧,以达到服务对象所需要的最好结果。

个案工作的工作方式可涵盖四个方面的内容。第一,一次互动式的交流谈心,通过对话,一方面以真情感动服刑未成年人,避免其产生自暴自弃的心理,树立其改过自新的信心;另一方面,协同家长给不谙世事的未成年人一定的心理疏导及价值引导,增强他们的心理承受能力。第二,一份摸底式的社会调查表,要先对每一个服刑未成年人做一次社会调查,一人一表,填表备案。走访服刑未成年人所在的学校、家庭、社区、村镇等,了解其家庭环境、成长经历、身体状况、性格特征,从根本上找出其犯罪原因,同时对症下药制定帮教措施。第三,一张跟踪帮教联系卡,在审查批捕、起诉结案以前,承办人员为每名未成年嫌疑人建立一张专人专号的跟踪帮教联系卡。第四,一份未成年嫌疑人的认真深刻的检讨书,起诉结案以前,承办人员便要求未成年嫌疑人从犯罪的危害、自己对犯罪的认识以及悔改程度等方面写一份深刻的检讨书,使未成年嫌疑人从主观上真正意识到自己的行为对社会造成的危害、给自己的父母造成的伤害,达到使其决心悔改的目的。

从个案工作效能看,一方面,个案工作的优点在于对特定服刑未成年人的帮扶教育从交流谈心中了解其真实的内心需求;通过填写社会调查表了解其过去的生活环境、性格特征、身体状况,了解导致其犯罪的外界因素;根据跟踪帮扶联系卡,全程对服刑未成年人进行跟踪帮扶教育,达到最佳的帮扶效果;希望服刑未成年人通过内心的自我反省,改过自新。个案工作具有针对性、规范性、有效性,对服务对象的帮扶教育更精准,能使服刑未成年人更快地回归社会。另一方面,个案工作也存在不足。个案工作的周期较长,需要消耗大量的人力、财力资源,具体操作实施过程需要当事人家庭以及相关社会组织的积极配合和有序衔接,跟踪帮扶难以做到全程服务。

（二）小组工作

小组工作是指以具有共同需求或相近问题的群体为服务对象，通过小组活动过程及组员之间的互动和经验分享，帮助小组组员改善其社会功能的一种专业社会工作方法。小组工作运用的技巧主要表现为开启、设调、示范、澄清、聚焦、总结、催化、联结和设限等技巧。具而言之，开启是通过口头语言及肢体语言等，帮助组员进入交流的情境中。设调即设定小组的基调，为小组设定一种情绪氛围。示范是演示某些行为供组员模仿。澄清是引导小组组员对模糊不清的陈述和信息做更详细、更清楚、更准确的表达和解说。聚焦是协助组员将话题、讨论范围、内容或者问题集中，指出重心和目标所在，再继续讨论。总结是提纲挈领、简明扼要地整理、归纳、概括和阐明组员或小组讨论的要点。催化是推动组员之间进行明确而直接的互动，促使组员为小组发展承担更多的责任。联结是协助组员将个人经验与小组共同经验联结起来，或把组员未觉察到的一些有关联的片段资料串联起来，整合经验，促进小组组员的成长。设限是对小组讨论的时间、范围、形式等设定界限。

从小组工作技巧的适用范围与条件来看，开启主要适用于小组工作开始或小组动力不足的情况。设调主要适用于小组工作前期。运用示范的技巧应注意观念、行为对组员的影响。澄清主要适用于组员陈述内容不清楚或忽略某些议题的情况。聚焦主要适用于话题偏离主题、多元和分散的情况。总结适用于段落结束，主题变换，组员发言过长、复杂和宽泛等情况。催化主要适用于小组动力不足的情况。运用联结的技巧应注意组员内在的相似性。设限则要求当组员出现垄断小组讨论、偏离主题、作出不当发言等行为时应及时予以干预和阻止。

从小组工作效能看，其优势在于小组工作的服务对象是按照群体分类的，这种社会工作方式具有高效性，小组成员之间互相监督，在组内的活动中改变自我。其缺点则在于小组工作刚开始的时候可能动力不足，组员的观念和行为可能出现不适应的情况，对一些不感兴趣的问题可能难以集中注意力，对小组内问题认识比较浅。安排小组时，应该注意组内成员性格特征的相似性。

（三）社区工作

社区工作是指社区服务中心指派具有心理学、教育学知识，了解未成年人身心特点，掌握与未成年人沟通技能的司法保护社会工作者常驻工作站，通过教育考察、心理矫正、行为矫正、组织团体活动与公益劳动、开展知识学习与技能培训等方式，努力帮助被帮教人融入社会、回归社会，实现专业化办案和社会化帮教的深度融合的一种专业社会工作方法。这种工作方法能够协调社会资源，开展对涉案未成年人的个性帮扶，为服刑未成年人提供临时救助服务，为被害未成年人提供司法救助和心理疏导，涵盖检察机关办案全程的帮扶，为实现“少捕、慎诉、少监禁”的少年司法理念夯实基础。

从实例中看，不同地区社区工作的工作方式也不同。如安徽省合肥市包河区司法局对未成年社区矫正对象开展的“三分教育”，充分融合司法工作与社会工作，探索建立“三分教育”社区矫正新模式。具体来说，“三分教育”分为分段教育、分级教育、分类教育。其中，分段教育把矫正过程分为三个阶段，即入矫的第一个月为初期，侧重于普及法律常识、矫正规定，树立未成年犯的身份意识和服刑意识。自入矫一个月后到解矫前一个月的期间为核心矫治期，主要通过监督管理和教育帮扶，帮助未成年犯养成健康行为、形成遵规守纪习惯，并开展文化、技能、法治、心理等教育，使其成为合格有用的守法公民。解矫的前一个月为后期，主要提醒未成年犯珍惜生活、感恩生活，增强他们重新融入社会的信心。近年来，结合辖区实际，该局积极探索通过政府购买服务方式，引入社会组织参与社区矫正工作，推动社区服刑人员从“要我学要我改”变为“我要学我要改”，不断提高社区矫正工作的实效。又如山东省东营市突出社区（村）在未成年人检察工作社会支持体系建设中的基础性、源头性地位，依托基层学校、社区综合服务平台、综治中心、“萤火虫学堂”、青年之家等，争创国家级“双零”社区（村）。

从社区工作的长处和不足看，首先，其优势明显。在社区工作中，各地创新适合当地发展的社区矫正模式，对教育进行分段、分级、分类，引入社会组织进行帮扶教育，针对服务对象的特点进行分层次矫正。针对需要帮扶的未成年犯，社区工作组织和司法机关签订帮扶购买协议，对服务对象进行专业化和社会化的帮扶，提供心理和物质的救助，这也符合当下的少年司法理念。社区工作从源头抓起，依靠现有社会资源构建社会支持体系，从外界环境着手保护服务对象，优化服务质量，保障未成年人健康成长。其次，社区工作也存在不足。社区工作分级、分类特点突出，但是具体实施过程与工作效果存在不足，社区工作主要实施地区在社区，这就需要社区工作者对服务对象进行全面调查，对其进行全面了解，以免给社会带来危害，影响社区居民的生活状态。

二、特殊工作方法

（一）个案管理

个案管理方法是指通过整合协调的方式为服刑未成年人提供帮教服务的方法，以服刑未成年人的个性化需求为导向，沟通协调来自不同相关机构中的工作人员，强调以团队合作的方式为服刑未成年人提供多种服务，提高工作质效。

个案管理方法在服刑未成年人教育改造工作中扮演着重要角色。其通过一种系统化的服务管理过程，旨在为服刑未成年人提供专业化支持和个性化干预保护，帮助其更好地回归社会。服刑未成年人个案管理方法的具体工作思路如下。第一，全面评估服刑未成年人的家庭、学习和生活背景，教育文化水平，心理状态和作出犯罪行为的原因；把握服刑未成年人的特定需求和挑战。第二，根据评估结果制定详细的干预计划，这个计划可能包括心理咨询、职业培训、教育课程以及其他能帮助服刑未成年人发展必要生活技能的活动等内容，以降低其再犯风险，促进其正向转变。第三，带动多元资源介入，促使各服刑未成年人帮教主体协同共进，如推动社会服务机构、教育部门、民政部门和党团群组织机构协同发力。第四，根据服刑未成年人的发展需要调整干预计划。个案管理不仅在未成年人服刑期间实施干预，也强调在刑满释放后持续推进预防未成年人再犯罪。总之，个案管理方法重在提供有针对性的、可持续的、多元化的协同帮教回归服务支持。

服刑未成年人复杂多样，处于一个特殊阶段，成长需求不同，家庭教育、家庭关系修复以及学校教育和成长的需求也不同，良好行为养成、自我认同感与正确价值观培育的要求和需求亦各不相同。面对服刑未成年人的诸多需求,各帮扶主体都可以为服刑未成年人提供帮助,虽各有所长但力量分散,而个案管理的优势就在于其能利用协同方法来整合资源、优化资源配置,使服刑未成年人在司法帮教中全方位受益。但个案管理方法在司法保护介入服刑未成年人社会帮扶中仍存在不足:社会工作机构在与其他机构合作时经验不足,难以做好专业的司法帮教联动;专门机关和社会组织开展帮教服务的合作意识不强;社会组织在经济欠发达地区的数量少,质量也不高,且比较松散,影响个案管理效能发挥。若服刑未成年人司法保护社会工作能凝聚起更多主体的力量,就能为服刑未成年人提供更高效优质的服务。值得注意的是,当前司法保护社会工作整体上缺乏对服刑未成年人的司法改造和社会帮教工作个性化规律的把握,相关工作多参照成年人的相应工作规律进行,这就总体上给面向服刑未成年人开展高质量的、精准的、强调协同发力的个案管理式的司法保护社会工作带来制约。

(二)危机介入

危机介入方法就是针对服刑未成年人可能面临的危机而开展调适和治疗的工作方法。

在服刑未成年人帮扶教育过程中开展危机介入帮教活动能收到较好效果。针对服刑未成年人的危机介入方法的具体要求如下。第一,及时处理。当危机出现时,获得及时有效的干预对服刑未成年人影响很大,因此社会工作者要及时接案、及时处理,尽可能保护服刑未成年人的合法权益,在确定危机事件没有进一步产生不良影响的情况下,抓住介入的有利时机,减少对服刑未成年人及其周围他人的伤害。第二,限定目标。危机介入的首要目标是协助服刑未成年人认清面临的危机,协助其梳理分析利弊与优劣势,借助有利资源,跟进服刑未成年人违法犯罪行为个案情形,确定具体或者分步目标,引导其自觉自主解决问题。第三,输入希望。危机发生之后,服刑未成年人可能会处于迷茫、无助、绝望的状态之中,实施危机介入的可持续且有效的方法,就是给服刑未成年人输入新的希望,激发其改变现状的意愿,增强其正向发展的动力。当涉法涉罪的未成年人在被定罪量刑后,司法机关的威严角色以及严肃的刑罚环境,常常会使服刑未成年人出现较大的情绪问题,其甚至会认为自己的人生留下了污点,担心因为自己作出违法犯罪行为而受到家人责罚、得不到家人的原谅以及受到邻居及熟人的歧视。社会工作者除了及时干预,还要有效输入希望,激励其重新树立自信。第四,提供支持。服刑未成年人在面对和处理危机时,往往因为个人情绪控制能力或者理解能力不足,无法独自面对危机,社会工作者要扮演好资源链接者和情绪支持者的角色,协助服刑未成年人挖掘自身所拥有的社会关系网络资源和自身的差异优势,在危机介入过程中逐步引导其培养自主能力。第五,恢复自尊。服刑未成年人面对危机带来的负面影响,一般都会出现各种自尊感下降的表现,此时社会工作者要洞悉其真实想法,帮助其回归社会。第六,培养自主能力。服刑未成年人能否化解危机,取决于其在应对危机的过程中,个人能力能否得到发挥。面对危机,服刑未成年人可能会不知所措,但这并不代表其缺乏能力,社会工作者应从服刑未成年人的特殊视角,推动其获得各方面支持,协助其顺利化解危机。

服刑未成年人回归社会后,常会面临成长危机,危机介入方法的优势在于:在专业的社会工作者开展危机干预后,服刑未成年人得到了有效的关注,焦虑情绪得到缓解,自主能力得到提升，自尊自信得以养成，其常态化回归社会的成长状态得到恢复。当然，开展服刑未成年人的危机介入也存在难点：在实践中，司法保护社会工作队伍建设和服务保障体系构建的专业化程度高且需要较长时间，这给危机介入服刑未成年人帮扶实践带来挑战。

（三）家庭治疗

家庭治疗方法是指通过考察服刑未成年人家庭，探索服刑未成年人背后的家庭结构与家庭互动关系，协助服刑未成年人改善或重建与家庭成员的关系，协助其实现与家庭成员的良性互动的方法。

家庭治疗方法应用于服刑未成年人帮扶教育工作的具体流程如下。第一，了解家庭情况并发现问题。通过引导服刑未成年人自述，社会工作者了解其家庭情况，发现服刑未成年人与家庭成员间存在的问题等，对在帮扶过程中可能遇到的困难及问题进行预估，尝试与其家庭成员进行沟通，深入分析问题，包括服刑未成年人面临的主要问题及其产生的主要原因。针对服刑未成年人，社会工作者应从家庭教育、学校监管和社会影响等几个维度，分析问题并寻找策略。第二，实施家庭治疗方案。运用同理心技巧，与服刑未成年人进行有效沟通，表达对其的理解与关怀，赢得初步好感；承认服刑未成年人的价值和潜力，对其抱有尊重与鼓励的态度，获得其信任；鼓励服刑未成年人自述在服刑前的生活经历与感受，适时导入家庭矛盾冲突或者家庭教育问题，进一步询问服刑未成年人对改善家庭关系做过什么努力或尝试；凭借积极鼓励、反应感受、表达同感、正面回馈等方法，对服刑未成年人进行合理的情绪疏导；针对服刑未成年人家庭及其家庭教育存在的问题等，运用观念澄清社会工作技巧，协助其反省，运用青少年社会工作中的优势视角理论，引导其正确认识自己并且发现自己的长处，客观认识自我并树立自信。第三，重塑良好和谐家庭环境。在适当的时候联系服刑未成年人父母或其他监护人，建议或帮助服刑未成年人的监护人寻找更有效的沟通教育方式，从关爱出发，正视家庭的冲突与矛盾，做好服刑未成年人的帮扶教育工作。在关系改善的前提下，引导并鼓励相关监护人主动关心服刑未成年人，鼓励其配合管教，运用社会支持网络力量，举办亲职教育感化活动，缓解家庭矛盾，增进家庭成员感情，争取使服刑未成年人尽早回归学校和家庭。

家庭治疗方法的优势如下。首先，能促进服刑未成年人修复家庭关系。社会工作者可以将存在问题的家庭的成员组建成小组，通过小组互动、小组游戏、小组分享的方式，改善家庭成员关系。在小组活动互动过程中，有类似或相同困惑的组员可以分享自己的想法，以解决家庭问题。此外，社会工作者还可以通过建立亲情交流小组的方式，消除服刑未成年人家庭存在的隔阂，增进家庭成员间的了解，加强情感交流，恢复服刑未成年人与父母的关系，增强家庭对其的约束力和吸引力，避免其再次犯罪。其次，可以提供平台，为服刑未成年人父母提升文化水平和人文素养提供支撑。社会工作者可以在社区开办针对服刑未成年人父母的“社区课堂”、讲解青少年时期的特殊性的“知识讲座”以及增进亲子关系的“趣味亲子运动会”等项目，充分利用社区资源与环境，营造良好的学习氛围，提升服刑未成年人父母的知识水平和人文素养，以助其对服刑未成年人展开正面积极的引导，形成正面导向作用。但家庭治疗方法也不是万能的。首先是服刑未成年人的家长配合问题。一些家长在实践中往往会由于情面问题，不愿意配合家庭治疗；有的家长虽遵循机构要求参与帮教，但由于对帮扶工作的不了解及不信任,实际参与中会隐瞒一些家庭问题及家庭矛盾,这间接导致社会工作者获取的信息具有片面性。其次是复杂的家庭问题。在对服刑未成年人开展家庭治疗时,社会工作者会根据设定目标采用一定的治疗技巧与方法,其中的一些方法虽然能解决家庭中存在的大多数问题,但是服刑未成年人家庭面临的问题往往更为复杂,因此治疗效果具有一定的局限性。

(四)体验教育

体验教育方法是指通过体验活动,有目的性地把服刑未成年人带离舒适区,体验新奇感受,协助服刑未成年人进行自我探索、自我觉察、自我成长的方法。对于服刑未成年人而言,体验教育可以帮助他们更好地了解自己,认识到自己的潜能和改进的方向,从而在心理上和行为上实现积极的转变。

当前,体验教育方法应用于服刑未成年人的教育改造时最为常见的是正念训练。在针对服刑未成年人开展正念训练时要注意以下几点。

第一,布置专门场所开展正念训练。虽然正念训练在操作上不复杂,但是对训练环境有一定要求,过于开放或嘈杂的环境会影响训练时服刑未成年人的投入程度。为增强训练的仪式感,保证训练效果,训练场所需要保持安静并有适宜的温度,以保证服刑未成年人在训练时不受外界干扰,建议设立专门的训练室。

第二,借用隐喻故事。服刑未成年人的情况比较复杂,整体文化水平不高,理解力和接受力具有差异性,因此社会工作者在讲解正念的相关概念和术语时应当采取通俗易懂的语言,多借用隐喻、故事和例子,最好与监区改造生活和服刑未成年人的心理问题联系起来,强化服刑未成年人对正念的认知,增强其对正念训练的认同感。

第三,进行引导语设计。由于开展正念训练的具体环境和社会环境的差异较大,常规的训练内容和引导语不一定适合服刑未成年人的心理状态,如果刻意追求训练内容与正念训练的核心内容完全一致,可能难以引起服刑未成年人的心理共鸣。因此,训练除了采用正念训练的核心内容,也可以根据实际环境以及服刑未成年人的心理特征,调整和简化训练形式及引导语。

第四,参与训练的服刑未成年人对以实物和自然意象作为媒介的正念训练接纳程度更高,因此,社会工作者可以更多地使用意象技术,强化训练效果。在训练中,服刑未成年人往往能从自然意象中汲取心理能量,结合自身经历获得更多的感悟体验。

最后,正念团体带领老师应由经过正念理论培训,多年持续接受正念训练的心理咨询师担任。正念训练应采取团体集中授课练习、分组讨论、课后练习及课后自我训练等方式进行;设置 2 名经过正念训练培训的心理咨询师为观察员,由其对团体氛围、运行情况及组员反应等进行观察和反馈;设置 1 名接受过正念训练培训的管区心理警察为助教,组织相关实验组在集中授课后跟随指导老师音频进行自我练习。相关干预训练所涉及的核心内容包括:身体扫描、正念饮食、正念觉察想法、正念观呼吸、正念伸展运动等。课后作业主要有“愉悦和不愉悦”日记书写、三步呼吸练习等。

服刑未成年人年龄较小,世界观、人生观、价值观尚在形成中,更愿意接受指导,教育可塑性更强,愿意和他人结成关系较为亲密的团体,能积极将同伴作为自身支持资源。因此,相较于成年犯，未成年犯在正念体验中的代入感更强，观察更为细致，分享时更加开放，表达内容也更为丰富，整体感受效果更佳。值得提醒的是，正念训练需要参与者以极为专注的态度投入，跟随引导语对身心做客观全面的体察。而未成年犯对新鲜事物感到好奇并抱有期待，这恰恰成为他们在正念训练中的优势，但为了避免未成年犯在接受有意象技术支持的正念训练时因暗示性过强而使进程受阻，引导者需要注意适当调整引导语的内容和语调，帮助参与者保持一定的专注力和警觉性。

（五）亲社会行为训练

亲社会行为训练方法通过优化家庭、学校和社会环境，塑造良好人际关系，来积极干预服刑未成年人的不良行为，促进服刑未成年人与环境形成良好互动，协助服刑未成年人形成正确的自我意识、积极的人际关系、健康的群体适应能力，发展亲社会行为。目前，心理学家普遍认为，个体的亲社会行为可以让他人以及社会均获得好处。

服刑未成年人的亲社会行为训练可以通过小组活动来实现。小组活动一般分为四个环节。

第一个环节，建立初步的沟通意识，进行同理心和倾听练习，让服刑未成年人学会有效沟通，通过学习，了解到有效沟通需要倾听、同理心、非语言沟通和团队合作。有效的沟通始于积极的倾听。一个人如果只专注于表达自己，很可能无法倾听或回应其他人提出的意见。一个好的沟通者会使用各种倾听技巧，他们密切关注他人所说的内容，并让他人感到被倾听和被关注。同理心能够帮助沟通者理解周围人的感受，是一个好的沟通者不可或缺的。除了语言交流之外，有效的沟通还依赖于非语言沟通，提高对肢体语言和语气的认识水平能提高信息传递效率和沟通水平。团队合作是积极参与团队建设并与他人协作的能力，也是有效沟通的技巧的重要组成部分。

第二个环节，开展团队协作。通过让服刑未成年人参与团队游戏，强化他们对团队合作重要性的理解。如训练每个人的团队合作能力的盲人足球游戏。该游戏的规则是：每个玩家在自己的小组中找到一个搭档，两人中只有一个戴眼罩，而只有戴眼罩的人才能踢足球，而不戴眼罩的人负责告诉自己的搭档去哪里、做什么。在规定的时间内，进球最多的小组将获胜。类似的团体游戏能使服刑未成年人认识到团队合作的重要性并形成团队协作意识。

第三个环节，发现自身和他人优点。可以开展优点轰炸游戏。六个人为一个小组，组长指定一个人，然后其他人轮流说出他的优点。这个心理游戏能促使服刑未成年人看到他人的优点并发现自身的闪光点。这类游戏能营造团结的氛围，增强服刑未成年人的自尊，使其重拾自信，培养其观察能力，提高其沟通能力。

第四个环节，致谢与感恩训练。在这个环节中，社会工作者应引导组员回顾整个小组活动历程，让服刑未成年人向组织活动者以及本次活动中小组的其他成员致谢。此外，在活动结束后，社会工作者还应开展服刑未成年人亲社会力总结评估，综合运用“贝克焦虑量表”“社会支持量表”“亲社会行为量表”，在小组活动之前和之后对服刑未成年人进行跟踪调查和比较研究，形成服刑未成年人小组活动常态化反馈。

通过小组活动进行的亲社会行为训练，可以使服刑未成年人在小组活动中获得其他小组成员的支持。这种训练往往能使服刑未成年人在面对生活困难时更有信心，提升其修复家庭关系的能力，使其了解到自己不是孤单的一个人，并通过辨别和克服非理性信念提升自信心，促进其在团体活动中学会分享和互助，提升亲社会行为水平。当然，通过小组活动开展的亲社会行为训练，也面临一些困难，如：在小组活动中，服刑未成年人的沉默会导致团队气氛无法迅速激活；如果小组讨论忽视了社会工作者，活动现场将无法得到很好的控制；另外，在小组活动开展过程中，由于服刑未成年人的学习和理解能力不同，社会工作者要花更多的时间用通俗易懂的语言向其解释专业词汇，活动的效果和时间会受到影响。

（六）朋辈帮扶

朋辈帮扶方法依托与服刑未成年人同龄的未成年人开展帮扶活动，促使服刑未成年人更好地接受正确认知、形成良好习惯，进行良性互动，从而实现有效心理认知转化和健康习惯形成，成功回归社会。朋辈形成了伴随未成年人成长、社会化的重要社会关系网。健康的朋辈关系能够为未成年人提供与人合作和互动、化解冲突等的经验，对未成年人正确价值观和良好行为习惯的形成具有积极影响；相反，不良朋辈关系则往往导致未成年人沾染恶习，甚至步入犯罪的深渊。

面向服刑未成年人开展朋辈帮扶的具体工作方法如下。

第一，塑造正确友谊观。社会有很大的同化性，一个人接触什么类型的人，往往就会成为什么类型的人。未成年阶段正是个体性格养成的关键时期，良好的人际关系对未成年人发展有很大的影响。未成年人朋辈群体交友，是一种通过建立自己的社会支持网络系统，增强个人及朋辈群体解决问题、实现目标的能力的活动。服刑未成年人做事易冲动、易情绪化，往往爱讲“兄弟义气”，爱组建小团体，解决问题的方式不够成熟，对法律规范的了解严重不足。为了让服刑未成年人形成积极的友谊观，社会工作者可以通过开展友谊观主题访谈、讨论为什么要交朋友以及说出自己理想中朋友的形象等，帮助服刑未成年人厘清择友原则，使其从友谊中获得力量、得到精神支持及其他支持。

第二，扩展积极交友圈。服刑未成年人的朋辈关系多是在社会活动中形成的，为了增强其责任感、成就感和价值认同感，社会工作者可以让服刑未成年人以志愿者身份参与各种社会志愿活动，让其在活动中感受自身价值，并为其创造朋辈支持潜在环境。服刑未成年人和志愿活动中一些青年学生年纪相仿，志愿活动可以作为服刑未成年人和良好朋辈认识的平台，促使其扩展自己的交友圈，从原有的不良朋辈交际圈中跳出来，认识新的朋友。

第三，适当鼓励服刑未成年人参与相关社会组织开展的长期的、常态化的朋辈交往活动，不断增强和巩固其形成健康朋友圈的内在动力和能力。如中央司法警官学院司法人权研究中心和警察管理系与海南省琼山监狱开展的“一对一书信”朋辈帮扶活动，该活动组织在校大学生面向服刑未成年人开展书信帮扶活动。在前期阶段，建立友好、真诚、互相信任的信友关系。通过 1~3 次的双向书信交流，在校大学生以真诚的态度与服刑未成年人进行交流，了解其案件情况、家庭状况和个人情况，同时以平等、轻松、欢快、无压力和无歧视的书信表达方式交流，消除交流的障碍和隔阂，使服刑未成年人逐渐由被动帮扶转变为主动寻求沟通交流，进而双方建立起互相信任、坦诚交流的帮扶关系。在中期阶段，深入交流，有针对性地进行有效的矫正教育帮扶。在校大学生与服刑未成年人进行 4~6 次的深入书信交流，将解决服刑未成年人学习、生活问题和帮助其树立正确的矫正教育价值观贯穿于矫正教育全过程，并且在与其的深入书信交流中对其困惑、疑虑以及不成熟的想法进行必要的引导，使其逐步形成教育改造的积极心态并对未来回归社会有一定的规划与希望。在后期阶段，以真诚朋友关系与服刑未成年人共同面对美好未来。在此阶段，通过 7~9 次的深入书信交流，在校大学生与服刑未成年人由前期的笔友关系上升到真诚的朋友关系，解决服刑未成年人在教育改造中遇到的一系列问题、困惑，强化其积极接受改造的意识，并与其一同规划未来回归社会的生活，最终使其健康、积极、从容地回归和融入社会，开始新的美好生活。

朋辈帮扶方法有两个优势。第一，朋辈支持中的帮扶主体与接受帮助者年龄相仿，他们所处成长阶段相似，生理、心理发展特点相似，价值文化背景相似，更具亲近感和信任基础，帮扶效果更好。未成年人具有特殊的心理和生理特点，其处于生活观、价值观的塑造关键期，对于新鲜事物的接受和质疑能力都非常强。朋辈具有年龄、知识、沟通能力、教育方式等方面的优势，能使服刑未成年人在轻松、自然的氛围中接受帮扶，感受社会力量对其的关怀与关心，实现心灵沟通的教育效果。第二，帮扶主体与接受帮助者之间建立的是同辈朋友式的信任和情感关系，这使得帮扶主体能够更加深入地探究服刑未成年人的真实内心世界，用同辈朋友的阅历帮助服刑未成年人解惑并给予其具有针对性与可操作性的建议。然而，值得注意的是，这种朋辈帮扶方法需要专业教师或者社会工作者进行全过程督导，需要更加专业权威的第三方人员进行适时观察、把握动向，以保证帮教方向，避免可能出现的帮教偏差或者不良影响。

第四节 服刑未成年人司法保护社会工作流程

服刑未成年人司法保护社会工作，即运用社会工作思维和社会工作方式来解决服刑未成年人监督矫正、教育帮扶、重新犯罪预防问题，在司法保护中推进社会工作来促进服刑未成年人个体和群体重新回归社会，同时也解决该领域中的制度变革和治理完善问题。从操作流程和问题解决策略看，服刑未成年人司法保护社会工作主要可归纳为五个阶段：认识问题和确立变革的目标，围绕案主（服刑未成年人）搜集信息，信息分析与评价并制定干预计划，干预与变革的努力，以及评估变革的努力和新起点。

一、认识问题和确立变革的目标

认识问题和确立变革的目标，是司法保护社会工作的第一步。问题的解决和变革的努力开始于变革推动者对需要变革的相关条件的认知，变革推动者可以是案主、其父母以及求助于保护性服务机构的个人，最终要实现的是精确的、可测量的、能够接受的、现实的、结果导向的和时间明确的目的与目标。

精确的，是指目的和目标以及用于描述目的和目标的词语、思想和概念都应当是精确的，而且这个精确的目的和目标来自案主和行动系统的开发和理解。可测量的，是指目的和目标需要某些具有操作性的、可测量的标准，可以展现成就。一个个案计划的目的和目标应该是能够被被测量和被评估的，至于测量的方法则可以是定性的，也可以是定量的，还可以是两者结合的，这是没有限制的。能够接受的，是指目的和目标都是案主系统、行动系统和其他问题解决策略的资源提供者同意的。如果是不被接受的，则所有参与者就是被强迫的。

能够接受的就是说案主对于具体计划或项目以及干预是认可的，就是将案主接受的潜在目的和目标，以及社会工作机构的使命、胜任标准和资助来源规则化。现实的，是指目的和目标在个案的复杂性、时间框架、资源和易于进行的干预方法内，在案主和行动者的最佳判断面前，在成本与资源、靶标变革的容易性方面和行动系统的知识与技术范围内，是符合实际情况的。结果导向的，是指最后的目的和目标要被案主和社会参与行动者或者靶标的变革作为结果、事件和成就，如果一项干预或者服务提供技能训练，结果不应当是技能训练或者案主参加训练课程的规定，而应当是案主通过训练可以得到的技能增长。时间明确的，是指完成目的和目标的时间安排与框架应该被明确地突出出来，时间的限定应该是确定的，并建立在干预力量、资源获得、对变革起促进作用的条件和阻碍变革与目标完成的障碍物基础之上的。如果没有时间限定，无效的干预就会出现，效果就会不尽如人意，案主就会受到伤害。

基于上面的思考和判断，服刑未成年人司法保护社会工作流程的第一步，就是明确案主存在的现实问题与客观条件，以及确立其需要变革的目的和目标。首先，对于服刑未成年人实施犯罪的动因、条件和个性特质，必须有明确的认知。其次，基于这一认知和司法保护社会工作的特点与优势，找准服刑未成年人变革的需要和可能变革的目的与目标。只有如此，才能确保服刑未成年人司法保护社会工作开展的顺利性和针对性。所以说，认识问题和确立变革的目标是流程启动的关键的第一步，也恰恰是精准地进行司法保护社会工作的前提和基础。

二、围绕案主搜集信息

服刑未成年人司法保护社会工作实践的第二个环节就是围绕案主搜集信息。这些信息涉及案主走向犯罪的各种主客观原因和社会环境条件等，对案主进行各项干预可以运用的资源，以及能够实现第一阶段所确定的目的目标所需要的设计。通过这些有关问题动因、干预资源和实现目标的信息搜集，可以制定出有效的干预计划。

事实上，信息搜集受到司法保护社会工作理论、能够变革和利用的潜在干预措施等诸种因素的引导和限制。信息搜集在社会工作中主要聚焦以社区为基础的实践模式和以心理学为中心的问题解决策略，前者在实践条件和潜在资源的运用过程中更加关注社会生态环境和社会制度，后者则更加关注个体的特殊条件和潜在资源开发。

从服刑未成年人司法保护社会工作的具体实践出发，监所内的服刑未成年人司法保护社会工作，往往更加重视个体的教育培养、心理疏导以及个性化的技能训练。随着刑罚执行社会化机制的不断发展，监所的文化建设和社会化环境模拟日益被重视，个体的矫正教育和监管改造的社会资源受到充分重视。监所内服刑未成年人司法保护社会工作一方面从文化引导出发促进个体教育转化氛围的形成，促进个体反思自我和环境的冲突，从而引发其内心的改变和成长；另一方面从个体教育心理辅导等出发促进个体形成对违法犯罪行为的悔改认知和重新树立自信心。而未成年人社区矫正对象司法保护社会工作的特点在于个体处于正常的社会环境和社区生态之中，可以避免监所内服刑未成年人之间的相互干预，但也存在着其自身过去的不良交友和生活条件可能重新引发其采取更加严重或频繁的不良社会行为可能。那么，如何进行司法保护背景下的社区环境打造以及针对个体的社会制度运用，在教育矫正和监督管理中充分挖掘司法警示教育制度、社会保障制度、技能训练与文化教育制度、家庭支持机制、社区与学校支持机制等社会工作资源和条件将是信息搜集所要解决的问题。

三、信息分析与评价并制定干预计划

进行信息分析与评价，制定干预计划，从而完成目标转化，是服刑未成年人司法保护社会工作的第三个阶段。这一阶段的核心是变革努力的形成。变革努力则涉及扩展、超越个体的范围，涉及生态环境和背景。信息分析与评价应从个案出发，基于变革的视角，分析在个案中收集到的信息、期望结果的描述、干预的策略、变革条件和产生期望结果的方法以及有关因何干预和如何干预的解释；从数据出发，根据变革的行动者、社会工作者和选择的社会与行为理论策略来进行评估和组织，借鉴运用系统论、交换理论、能动理论、学习理论和心理动力学理论等，在此基础上，形成社会工作者对问题的建构和计划进行变革努力的模式。任何个案的信息分析与评价既是唯一的也是复杂的，计划的选择和判断应当避免对因果关系的过分简化倾向，任何问题出现的原因都蕴含在多种现象之中，解决的方法同样需要复杂的，涉及策略、协调和管理的资源。

在信息评价方面，我们也要注意区分，往往信息评价会被理解为一般意义上的诊断。诊断，是从医学实践中发展而来的术语，观察的对象及其行为往往被视为某种基本过程和典型的病态性质符号。不同于诊断，评价所观察到的行为并不作为更重要的行为表现的符号，而作为相关行为的重要例证，行为是一种可鉴别的、对环境或个人事件的反应，评价包括了当前的思想、感情以及对那些与行为例证相联系的环境和条件的解释，强调社会和环境的因素。从社会工作实现的条件和目标来看，信息分析之后的评价强调社会工作者、案主以及其他旨在实现变革而采取行动的各类参与主体之间形成有效的、可行的问题解决策略，而其中的合作机制更加重要。

服刑未成年人司法保护社会工作的特殊性主要在于服刑未成年人的违法犯罪动因的特殊性、接受教育改造重塑新生的特殊性、社会对其监管、监督、矫正和发展关注的特殊性，这些特殊性决定了对服刑未成年人开展社会工作需要认真分析个体或群体从越轨行为到违法犯罪过程中的社会和环境因素，需要认真分析社会工作者采取可行措施的努力和矫正管理、社会回归的目的目标之间互动关系，需要考察社会工作行动和有效干预的吻合程度，需要考察社会工作行动和社会环境或个人发展的关系。服刑未成年人司法保护社会工作既要考虑对服刑未成年人个体的自身行为、条件进行变革努力，又要考虑对如何变革个体所处的社会环境的努力，只有这样才能既做好服刑未成年人的社会处遇，又防控犯罪和预防重新犯罪。

四、干预与变革的努力

干预是建立在个案理论基础上的变革的努力，以获得期望的结果。任何一个干预计划，都包括各种各样的技能、技术和谋略的运用，以及一系列人、制度或资源的运用。特定的干预方法论和技术的选择是由适合特定个案的社会工作理论指引的。

在干预与变革的努力中，需要注意几个观测点：案主观测，案主即需要并期望从变革中获得服务利益的人，以及那些和变革行动者签订了工作协议或者合同的人与组织；支持者观测，支持者即有兴趣并且支持干预与变革的努力和可能从中获得益处的人与组织；控制者观测,控制者要协调好那些具有权威性并且能批准和命令实施有计划的干预与变革的努力的组织;行动者观测,行动者即直接或间接为干预与变革而努力的人,包括专业的社会工作者、社会行动组织或群体、案主以及属于相关政府机关和社会组织的人和具有相关利益的工作组织等,行动者的范围相对宽泛,考察行动者旨在更好实现变革行动中的合作;目标观测,那些需要变革并最终让案主获得益处的人需要共同努力行动来实现社会工作目标,这个目标系统包括案主及与案主直接一起行动的人或组织。

在服刑未成年人司法保护社会工作的干预与变革的努力之中,各个主体要密切合作互动才能向目标靠近。在亲情干预中,如果家人不断付出努力,服刑未成年人自身不断在亲情感召下主动革新自我,监所或社区矫正机构就可以对其实施更好的司法监督并改善其社会处遇条件,社会工作者也可以充分介入矫正帮扶中。服刑未成年人、监所警察和社区矫正工作者、家庭、学校、各种司法保护社会工作组织、青年权益保护组织等都成了变革目标系统行动者,如果服刑未成年人接受了矫正帮扶,这些行动者就成为服刑未成年人回归社会的干预与变革的支持系统。

五、评估变革的努力和新起点

评估阶段,是通过司法保护社会工作解决问题的最后一个阶段,旨在获取干预策略的目的和目标并对干预策略的效果进行评估。通过评估变革的成果的层次水平与质量以及变革的稳定性,个案社会工作或被终结,或被重复,而评估的目的是强化社会工作效果或者取得更好的额外的创新,或者获取更多的社会服务资源。评估变革的努力的过程,也是对特定个体问题解决过程进行持续性跟踪监测的过程,涉及案主观测系统、支持者观测系统、控制者观测系统、行动者观测系统、目标观测系统等。在项目进行过程中,可持续评估变革的努力和阶段性成果,不断校正以推进项目科学正确规范开展。在项目工作总结上,评估社会工作的成绩和效能,分析案主变革努力的目标实现情况,分析整个社会工作过程各个参与主体的行动努力和目的目标实现情况,将为做好下一步的社会工作指明方向并成为其着力点。

服刑未成年人司法保护社会工作的评估阶段,是对特定服刑未成年人矫正监督和教育帮扶的结果的质量和效能检测,也是对这一特定个体回归社会的问题解决过程进行持续性跟踪的过程监测部分。在服刑未成年人司法保护社会工作的过程评估中,要始终监测服刑未成年人在心理、日常行为、人际交往、知识技能以及个人生活习惯等领域的全方位变革和努力的情况,实时进行定期和不定期的效果评估讨论;同时保持个体或者群体社会工作开展的各个参与合作方的信息沟通,积极开展综合分析评价,不断在项目实施过程中开展有效调适和互动,始终围绕目的和目标开展持续的优化和完善。在服刑未成年人司法保护社会工作的结果评估中,做好各方变革努力的具体总结:服刑未成年人个体或者群体的自我变革结果,服刑未成年人社会工作中家庭、学校、社区参与促进服刑未成年人顺利回归社会的努力及其结果判断,服刑未成年人司法保护中各司法、行政机构对社会工作介入的努力及其结果评估,服刑未成年人司法保护中各群团组织对社会工作介入的努力及其结果评估,服刑未成年人司法保护中各社会专业组织对社会工作介入的努力及其结果评估等。有计划地、系统地、持续地坚持问题导向,开展服刑未成年人司法保护社会工作过程和结果评估,最终受益的不仅仅是特定的接受监督矫正的个体或者群体,这一特定社会工作监测评估所带来的实践技能的提升、资源利用开发的变革与创新对服刑未成年人司法保护社会工作各参与主体的工作业务改进、制度完善以及环境改善都是非常重要的。

第五节 服刑未成年人司法保护社会工作评估

社会工作评估，是指针对社会工作或社会服务而进行的评估，是用科学的研究方法对社会服务项目的设计、策划、实施和效果等方面进行测度、诊断和评价的过程。社会工作评估的步骤有：清楚了解项目预期目标，科学测量项目的结果，比较项目实际结果与效果基线，进而确定工作是否达到了预期目标。社会工作评估是社会服务工作的重要组成部分。社会工作评估一方面可以让社会服务的购买者、参与者看到社会服务产生的效果；另一方面可以帮助社会工作者进行反思，从而了解工作中的优势与不足，促进后期其他工作的完成与改善。社会工作评估在社会工作中占据日益重要的地位，其功能日益引起人们的重视，评估既能促进社会服务的发展，又有利于推动服务提供者自我发展。

服刑未成年人司法保护社会工作评估，是指运用科学的研究方法对服刑未成年人司法保护过程中开展的社会工作或社会服务项目的设计、策划、实施和效果等方面进行测度、诊断和评价的过程。目前，我国已有的司法保护社会工作服务涉及预防类、维权类、矫正类三大类八小项服务内容。随着实践的发展，新的服务需求也会呈现[①]。服务评估是三大类服务内容的重要组成部分。一般而言，社会工作评估方式包括综合性评估、熟悉性评估、问题导向评估、子系统评估、定性评估、定量评估等，其中前四种评估方式可分别运用于服刑未成年人司法保护社会工作服务效果评估的不同阶段。简言之，综合性评估、熟悉性评估、问题导向评估、子系统评估共同构成了服刑未成年人效果评估的有机整体。

一、综合性评估

综合性评估，即通过各种方法了解整个地域，归纳出特定区域的资料和数据，从当地的人际关系、社会参与、帮扶能力等对针对案主或项目开展的社会工作进行综合性分析。在综合性评估中，专业的社会工作者以社会学、心理学、人类学等学科的知识为理论基础，对服刑未成年人违法犯罪的个体因素、群体因素、社会因素进行科学分析和评估，以准确客观地界定服刑未成年人的问题与需求，并以此为基础展开科学的介入与引导，帮助服刑未成年人健康成长。社会工作评估中的综合性评估能使服刑未成年人司法保护社会工作更加理性、科学和规范。

常用的综合性评估方式包括观察法、测试法、个案研究法、专家评估法、档案资料法等。如果从社会工作服务者的视角看，综合性评估需要评估提供政府购买服务方的资质、司法保护社会工作者情况（包括人员的数量、学历、沟通能力与专项技能）、政府需求涉及地域范围、当地社会捐赠和志愿者参与情况、政府所能提供的支持等，判断自身是否有争取签订合同、履行相关义务的能力。

需要提出的是，服刑未成年人司法保护社会工作者的工作能力可能直接导致否定性综

① 席小华．“两法”修改背景下未成年人司法社会工作服务体系建设研究[J]．华东理工大学学报（社会科学版），2021，36（5）：91．

合性评估结论，进而使服务提供方在“坚持政府引导，发挥市场作用”的原则下运营困难。由此，司法保护社会工作对社会工作者提出了更高、更严苛的要求。在具体实践中，司法保护社会工作者不仅应当具备人道主义、社会福利的根本价值观，还须拥有完善的知识结构，需要掌握法学、社会学、心理学等学科的基本知识。同时，在帮教实践中与政府部门、其他组织协同以及和服刑未成年人沟通，也是司法保护社会工作者专业工作能力的必然要求，司法保护社会工作者需要在实践中不断成长。

二、熟悉性评估

作为重要的社会工作理论之一，生态系统理论倡导“人在情境中”，认为要理解个人，必须将其置于环境之中；个人问题是生活中的问题，对个人问题的理解和判断也必须在其生活环境中进行。该理论弥补了社会工作领域中“社会”的缺失。基于此理论，熟悉性评估主要基于一手的社会工作实践资料和调查到的数据信息，围绕案主开展个性化的全面调查，如案主和邻里之间的正常社会关系修复的程度、如案主和受害方之间的正常社会关系修复的程度等，进而分析社会工作的效果。

在服刑未成年人教育矫正服务中，生态系统理论提醒社会工作者在分析案主情况、帮助案主摆脱困境时，要将案主置于他所处的环境中进行分析，注重案主所处各系统之间关系，强调社会工作的实务目标是使个人、群体、家庭、社区以及服务组织协调适应。在《青少年社会工作服务指南》中，共青团组织负责青少年社会工作服务成效评估制度建设和业务指导，在成效评估过程中应完成的主要工作就包括评估服务对象及环境系统的改变。因此，社会工作者在开展服务时不能仅关注服务对象个人，应该同时关注案主的家庭和所在社群存在的问题与拥有的资源，相应的评估也要分服刑未成年人个人评估及其社会支持系统评估两部分进行，其中社会支持系统评估是对服刑未成年人的家庭、学校、同伴群体、社区等系统的评估，评估其社会支持系统改善或重建效果能否为服刑未成年人重返社会提供良好社会环境。

基于当前司法保护社会工作开展的服刑未成年人帮教矫正服务的实务经验，服刑未成年人问题诊断评估应遵循关注个体与环境互动原则。矫正对象需要获取社会支持并回归社会，诊断问题的核心在于理解个人与环境间的交流性质及调和程度。在社会网络环境中，服刑未成年人与他人、环境中其他系统的交流状态直接反映出其未来获取社会支持的状况。外在环境的社会支持薄弱，社会资源的分配不均，以及其所处社会环境的限制或不公平，都可能对服刑未成年人帮教造成直接影响。

熟悉性评估常用的评估方式包括五点评分法、问卷调查法、配对法和检验法。熟悉性评估在整合服刑未成年人司法保护社会工作的一手实践资料和调查数据的基础上，围绕服刑未成年人的成长经历、家庭关系、社会关系进行深层次、多维度的研究，旨在全面了解服刑未成年人，做到全面评估并判断服刑未成年人的危险表现与危险程度。具体的熟悉性评估的实操步骤如下。首先，分析服刑未成年人的经历及相关情况，包括：学业情况、有无打工史、有无既往罪错行为、身体有无缺陷、心理状态等；父母是否离异、服刑未成年人的监护人或抚养人情况等；学校、周围邻居和亲友对服刑未成年人的评价等。其次，确定服刑未成年人的当前危险表现，即因何种事由涉罪、有无再犯可能，结合其成长经历、家庭和社会关系等评估信息制作熟悉性信息表,存入其个人档案。最后,基于熟悉性信息表,确定服刑未成年人的危险等级并进行备案。在量化服刑未成年人危险等级时,司法保护社会工作者需要进行大量的走访调研,并且与政府、评估对象家庭及其所在学校与社区交涉,收集服刑未成年留痕信息,甚至可能需要进行网络调查,以了解服刑未成年人的过往发言痕迹。

三、问题导向评估

问题导向评估的核心在于使评估活动聚焦于特定的问题或挑战,通过评估来找出问题的根源,进而制定和实施解决方案。其强调评估不仅是手段,更是解决问题的过程。问题导向评估是所有评估中最重要、最主要的内容,综合性评估和熟悉性评估都是为完成问题导向评估而服务的。

问题导向评估旨在找准服刑未成年人危险表现背后的核心痛点,并采取归因措施,分析服刑未成年人当前存在的问题与其他影响因素的因果联系,确定相应的矫治目标、措施与环节,跟踪评估矫治的完成度与完成效果。在实践中,运用问题导向评估有赖于清晰的以问题为导向的服刑未成年人矫治方案,只有明确了各环节的服刑未成年人矫治方案,才能评估每个矫治环节的实践效果。

司法保护社会工作者进行问题导向评估,首先要在熟悉评估资料基础上,确定当前服刑未成年人心理和行为方面存在的问题,对其成长经历、家庭和社会关系进行归因处理,找出其涉罪行为背后的动机与推动力,进而消除其再犯动因。消除动因一般需要三个具体步骤:确定矫治目标,制定多维度的矫治措施,明确全过程的矫治环节。其次,问题导向评估重在对消除动因的三个步骤进行完成度和完成效果的评估,使矫治程序更加规范、透明,合法合规合理维护服刑未成年人的合法权益,以便作为服务购买方的政府或部门实时参考和及时有效介入。

此外,问题导向评估不仅是一种评估方法,更提供了一种培养人才的思路方式。在面对问题时,社会工作者不仅要解决问题,还要通过这个过程使自身在一系列关键的技能和品质方面得到提升,比如批判性思维能力、解决问题的能力、适应性和灵活性、团队协作和沟通能力、持续学习和自我提升的能力以及责任感和决策能力等。

值得注意的是,问题导向评估中的问题诊断应遵循以当前问题资料为基础原则、问题明确且解决措施可操作原则及现实资源的有限性原则等。第一,以当前问题资料为基础原则要求问题诊断应该是以与服刑未成年人有关的当前事件为中心展开的,侧重运用访谈、观察、查阅历史文本资料等方法搜集与服刑未成年人相关的资料,尤其是要客观地组织整理资料,构建对服刑未成年人进行问题分析的框架,探求其问题的根源与实质,切记要避免脱离现实资料的主观臆想和无依据的推断,防止造成误判。第二,问题明确且解决措施可操作原则,要求诊断出的问题应该是明确具体且具有可操作的解决措施的,摒弃对服刑未成年人问题界定的空洞与抽象陈述,发现的问题应是能被他人和服刑未成年人理解的和利于找出解决途径的。第三,现实资源的有限性原则,强调问题诊断应以现存资源为限,缩小范围,问题研判要以服刑未成年人的现有人际关系、生活环境等为限,如果采用了超出现存资源的干预策略,这将会带来新问题和挑战。

四、子系统评估

子系统评估主要是指为特定案主或者特项任务开展社会工作所采取的对其所属体系的某一个部分进行观察来判断效果的评估。当前，我国未成年人司法保护社会工作的服务内容主要包括社会调查、观护教育、合适成年人服务、教育矫正、民事观护服务等。这些内容也是针对服刑未成年人开展教育帮扶的全过程和全面的司法保护社会工作体系机制的要义，由此，其各项内容的相应评估，也就构成了相应的服刑未成年人教育帮扶子系统评估序列。

第一，服刑未成年人社会调查服务效果评估。社会调查服务效果评估是指专业人员通过科学方法制定可行评估方案，对社会工作者在社会调查服务中所达到效果进行分析与评价的过程。与在社会工作介入服刑未成年人帮教服务中对帮教服务对象进行评估诊断不同，该过程中的评估主要针对社会工作者的服务过程以及社会工作机构的配置条件，这里的评估可以称为评价评估工作，它的目的在于对社会调查服务进行考察评价，推动社会工作者能力的提升以及社会调查服务规范化水平的提高。

在实践中，社会工作机构内部和购买服务的政府，主要承担对服刑未成年人社会调查服务的监督、制约、评估。社会工作机构内部评估，即社会工作者以及服务督导，对社会工作制定的工作计划、社会工作开展社会调查服务的工作量、社会调查报告撰写的质量以及时效、资料收集与原因分析的深入性和准确性等进行评估，这种内部评估往往以每个案件或按每个月、每个季度等频次开展。购买服务的政府评估，主要包括社会工作者的专业资质、社会工作者的专业化建设（例如业务培训、社会调查报告撰写质量）等方面的评估，政府评估往往以年度大数据或案件抽查的形式开展。

第二，社会工作介入服刑未成年人教育帮扶服务具体内容效果评估。在开展服刑未成年人社会工作介入时，对具体社会工作服务内容主要运用观察法、访谈法和问卷法来开展相应的效果评估。观察法是指社会工作者根据一定的研究目的、研究提纲或观察表，用自己的感官和辅助工具去直接观察被研究对象，从而获得资料的一种方法。在服刑未成年人教育帮扶的实际工作中，社会工作者在个案或小组工作中，往往拍摄留存了大量的照片和视频资料，通过服务记录的形式，对服务对象状况进行记叙性描述，观察评估服务对象的变化，这些资料就可以构成观察评估的初步依据。访谈法是指通过社会工作者和受访者面对面地交谈来了解受访者的心理和行为的基本研究方法。根据访谈进程的标准化程度，访谈还可以分为结构型访谈和非结构型访谈两种。在社会工作介入服刑未成年人教育帮扶实务的访谈评估中，社会工作者通过与服刑未成年人的面谈、电话访谈等，收集其对服务过程的感受，以此评估服务的适切性和效果。值得注意的是，虽然访谈可能更容易发现问题并找到合适方法，但是运用访谈法时存在一个悖论，那就是社会工作者既是帮教服务的提供者，又是评估访谈所需资料的收集者，可能存在对服刑未成年人反馈的真实性、准确性的疑问。最后，问卷法主要是指通过设计问卷量表对社会工作者、服务对象、办案人员进行社会调查，收集他们对服务过程及内容的评价，了解服务成效。

在社会工作介入服刑未成年人教育帮扶实践中，社会工作者主要运用观察法、访谈法和问卷法来开展评估工作。但是，有两点必须强调。一是对于任何评估结论及评估材料都必须实施档案封存制度，非因司法需要并经相关程序，不得泄露和公开服刑未成年人犯罪记录或接受矫正记录,切实保护好服刑未成年人的隐私权。二是这些评估本身可能存在机制措施上的自查自纠,因此,依法承担服刑未成年人教育帮扶工作的政府机关和社会组织,既要做好评估工作法治化和专业化建设,也要坚持内部管理标准化和规范化建设,主动做好科学留痕、内部法治审核和接受外部司法监督等工作环节设置。需要提醒的是,社会工作介入服刑未成年人教育帮扶效果的评估是一个多元主体及多个子系统参与的综合评估,包括政府调查评估、相关帮扶组织调查评估、承接服刑未成年人司法社会工作的小组或个人调查评估、服刑未成年人家庭关系以及社会关系修正调查评估等。因此,在制定子系统评估细则时,为了实现权威、公正、高效的效果评估,每个子系统相应的权重和分值需要科学赋予。

采取社会工作介入服刑未成年人教育帮扶子系统评估方式,旨在通过观察子系统运作来判断服刑未成年人在社会工作介入后的整体矫治效果,完善事后反馈机制,便于改进具体矫治方案。从制度优化来看,为了实现效果评估的公正,需要进一步思考和完善两项配套机制措施。第一,建立一支专门的、专业化的司法保护社会工作队伍,相对独立地履行子系统评估职能,与相应的涉及服刑未成年人司法保护社会工作的侦查、诉讼、审判、执行和帮教机构以及服刑未成年本人或者其家长和监护人,形成矫治效果监督的有效反馈链。第二,建立科学、正当、合规、有效的效果评估运行程序及效果评估认定机制,从程序上实现通过子系统评估得出的评估结果合法有效地决定是否结束矫治以及有无必要重新再进入问题导向评估,进而充分落实从“案件中心”到“案主中心”实践原则。

第四章　戒毒未成年人司法保护社会工作

在我国,吸毒是违法行为。未成年人出于好奇、追求刺激等不良心理或基于“吸毒不会成瘾”,“吸毒是社会身份的象征”等错误认知而吸食、注射毒品。吸毒无疑会伤害未成年人的身心健康,也会影响其正常社会化的过程,甚至会破坏其家庭稳定以及社会秩序。随着我国青少年毒品预防教育成效继续得到巩固,吸毒未成年人的数量呈下降趋势,见表 4-1。

表 4-1　近年来我国吸毒未成年人数量变化[①]

时间	全国吸毒人员数量	不满 18 周岁吸毒人员数量	不满 18 周岁吸毒人员占全国吸毒人员的比率
2016 年底	250.5 万人	2.2 万人	0.9%
2017 年底	255.3 万人	1.5 万人	0.6%
2018 年底	240.4 万人	1 万人	0.4%
2019 年底	214.8 万人	7 151 人	0.3%

吸毒行为与毒品犯罪密切相关。近年来,我国未成年人毒品犯罪也呈下降趋势。《未成年人检察工作白皮书(2020)》显示,我国未成年人毒品犯罪实现五连降。2016 年至 2020 年,检察机关受理审查逮捕未成年人涉嫌走私、贩卖、运输、制造毒品犯罪人数分别为 2 047 人、1 476 人、1 108 人、945 人、686 人,受理审查起诉分别为 2 810 人、2 003 人、1 504 人、1 201 人、942 人。自 2016 年首次下降后,呈连续下降趋势,2020 年较 2016 年受理审查逮捕、受理审查起诉人数均下降 66.5%[②]。

我国司法机关严格贯彻“教育、感化、挽救”方针和“教育为主、惩罚为辅”原则,坚持依法惩戒和精准帮教相结合,最大限度教育、挽救涉罪未成年人。《中华人民共和国禁毒法》(以下简称《禁毒法》)第三十九条明确规定,不满 16 周岁的未成年人吸毒成瘾的,可以不适用强制隔离戒毒,这体现了对未成年人的关怀,社区戒毒成为针对未成年人的主要戒毒措施。但是,《禁毒法》第三十九条是选择性条款,并没有绝对地将未成年人排除在强制隔离戒毒措施之外,对于家长放任不管或无力监管的吸毒成瘾未成年人仍可适用强制隔离戒毒措施,以提高戒毒治疗的针对性。基于此,我国戒毒未成年人的司法保护措施主要是强制隔离戒毒和社区戒毒。本章所论述的相关内容都是围绕戒毒未成年人强制隔离戒毒和社区戒毒展开的。

---

① 数据来源:《2016 年中国毒品形势报告》《2017 年中国毒品形势报告》《2018 年中国毒品形势报告》《2019 年中国毒品形势报告》。

② 中华人民共和国最高人民检察院. 未成年人检察工作白皮书(2020)[EB/OL].(2021-06-01)[2022-03-01]. https://www.spp.gov.cn/spp/xwfbh/wsfbt/202106/t20210601_519930.shtml#2.

第一节 戒毒未成年人司法保护社会工作对象与主体

一、戒毒未成年人司法保护社会工作对象

（一）戒毒未成年人的概念

戒毒未成年人又称“未成年戒毒人员”，是指年满16周岁、不满18周岁的，因违反《禁毒法》规定，被依法采取社区戒毒或强制隔离戒毒措施，在社区戒毒机构或强制隔离戒毒所内接受戒毒治疗的吸毒人员。

依据《禁毒法》第三十九条的规定，不满16周岁的未成年人吸毒成瘾的，可以不适用强制隔离戒毒。但是对年满16周岁、不满18周岁的吸毒人员实施强制戒毒则没有限制，如果有《禁毒法》第三十八条规定情形之一的，可以由县级以上人民政府公安机关作出强制隔离戒毒的决定：一是拒绝接受社区戒毒的；二是在社区戒毒期间吸食、注射毒品的；三是严重违反社区戒毒协议的；四是经社区戒毒、强制隔离戒毒后再次吸食、注射毒品的。

（二）戒毒未成年人的特点

1. 对毒品的危害性、吸毒的违法性认识不足

关于未成年吸毒人员对毒品危害、吸毒违法性认识的调查结果显示，大部分的未成年吸毒人员都知道何为毒品，但只有少部分的人知道毒品的危害，对吸毒的违法性也只有极少数的人知道。由此可见，他们对毒品的认识是模糊的，对吸毒行为的违法性更是不了解、不知道。戒毒未成年人的吸毒行为与他们对毒品认识的欠缺以及对吸毒行为的盲从有直接的关系。

2. 行为养成差，自我控制力弱

大多数戒毒未成年人没有接受过良好的家庭教育和学校教育，他们不是缺少社会化过程就是接受了错误的社会化过程，因此在行为上不愿受约束，未形成良好的行为习惯，缺乏自我控制能力，易冲动，常违规违纪，甚至有的为了达到自己的目的而不惜用暴力对抗管理。

3. 表现欲望强，集体观念差

戒毒未成年人中独生子女所占的比例较大，他们在家庭中被娇生惯养，过分强调自我，在劳动中讨价还价，在集体生活中标新立异，特别是在所内高消费、讲排场、张扬“个性”。当自我表现欲望受到抑制时，他们很容易产生抵触、对抗情绪，顶撞民警[①]。

二、戒毒未成年人司法保护社会工作主体

社会工作起源于社会救助、社会福利以及慈善活动，后来发展为以提供社会服务为主的专职化工作。追溯其历史可知，社会工作起源于英国，后传播至世界各地。19世纪以后，社会工作向专业化、职业化轨道上发展。如今，社会工作已渗透到各个领域及群体，专门化服务的分类越来越精细，自然也涉及禁毒、戒毒领域。戒毒未成年人司法保护社会工作的主体

---

① 王雪峰. 矫正教育学[M]. 北京：法律出版社，2022：206.

是指戒毒社会工作者。

（一）戒毒社会工作者的概念

戒毒社会工作将社会工作的理念、理论与方法应用到了毒瘾戒治领域。现有学者已对戒毒社会工作进行了界定，例如，王瑞鸿指出："戒毒社会工作就是在社会工作的专业理念支持下，依靠专业社会工作者，借助于社会工作专业方法对吸毒人员进行干预，从而促使他们戒毒成功，并且回归社会。戒毒社会工作是社会工作的专业理念和工作方法在戒毒领域中的具体应用。"[①] 张兴杰认为，戒毒社会工作是"社会工作者在专业的价值与理念的指导下，运用专业的理论与方法，对吸毒人员及其家庭开展工作，协助吸毒人员戒除毒瘾并最终回归社会的一系列工作"[②]。纵观上述观点可知，戒毒社会工作是社会工作实务的一个分支，是社会工作者将社会工作的理念、理论、方法应用于戒毒工作领域而产生的；其工作对象是吸毒人员及其家庭；其工作内容是帮助吸毒人员戒除毒瘾；其工作目标是促进吸毒人员再社会化。简言之，戒毒社会工作是指社会工作者将社会工作的理念、理论与方法应用到戒毒领域，帮助戒毒人员戒除毒瘾，促进其再社会化的专业活动。从事戒毒社会工作的人员称为"戒毒社会工作者"。

戒毒社会工作与禁毒社会工作、司法社会工作既相互联系，又有所区别。关于禁毒社会工作的概念，学术界也有不同表述。例如，莫关耀、曲晓光在《禁毒社会工作》一书中指出，禁毒社会工作就是社会工作者运用禁毒和社会工作知识、方法和技能，对学校、单位和社区等开展禁毒宣传教育，对涉毒人员及其家庭进行管理、服务、帮助、教育、行为矫治，实现社会回归的专门助人活动[③]。胡艳华指出，禁毒社会工作在我国主要表现为社区戒毒社会工作[④]。纵观上述观点可知，禁毒社会工作不同于戒毒社会工作。具体而言，在工作对象上，戒毒社会工作主要针对戒毒人员，禁毒社会工作还面向社会公众，服务学校、单位、社区等；在工作内容上，戒毒社会工作主要是干预戒毒人员，帮助其戒除毒瘾，禁毒社会工作还包括禁毒宣传教育，建设无毒社区，协助相关禁毒部门开展禁毒工作等。因此，从工作对象及内容来看，禁毒社会工作的范围比戒毒社会工作更为宽泛。换言之，戒毒社会工作从属于禁毒社会工作。

虽然近年来社会工作在禁毒、社区矫正等司法领域比较活跃，但是，司法社会工作这一总概念却比较模糊。何明升提出："司法社会工作是一个由特定价值理念与实践逻辑所决定的复合系统，社会工作机构及其从业人员与司法机构在其中相互依托，面向罪错者、受害人以及相关利益人中的受助者，通过充分发展其全部潜能而推动社会变革、改善人际关系和促进问题解决。"[⑤] 目前国内司法社会工作主要应用在青少年司法社会工作、禁毒社会工作和社区矫正社会工作三大领域。有学者指出，与涉罪相关的司法社会工作如犯罪预防社工方案与服务、被害人社工方案与服务、犯罪矫正社工方案与服务归类于以审判为核心的司法

---

① 王瑞鸿. 戒毒社会工作：理念、原则及其方法[J]. 华东理工大学学报（社会科学版），2006（4）：13.

② 张兴杰. 戒毒社会工作[M]. 北京：中国社会出版社，2020：63.

③ 莫光耀，曲晓光. 禁毒社会工作[M]. 北京：中国人民公安大学出版社，2017：9.

④ 胡艳华，徐前权，李向玉，等. 司法社会工作理论与实务[M]. 北京：中国社会科学出版社，2017：285.

⑤ 何明升. 司法社会工作概念的缺位及其补足[J]. 法学论坛，2012，27（2）：144.

社工领域[①]。而禁毒、信访等离司法活动的核心较远的领域则被称为涉司法领域的司法社会工作。结合社会工作的实践与相关学术观点，从逻辑关系上讲，戒毒社会工作从属于禁毒社会工作，禁毒社会工作又从属于司法社会工作。

（二）戒毒社会工作者的角色

强制隔离戒毒所、社区戒毒机构可以通过政府购买服务或其他方式，引进戒毒社会工作者，利用其专业优势，开展教育、帮助等戒治工作。参照禁毒社会工作者的角色，戒毒社会工作者的角色主要有以下五个。

1. 评估者

戒毒社会工作者需要对戒毒人员进行系统性、过程性评估，具体包括：在工作初期，评估戒毒人员的需求及其家庭支持情况；在工作过程中，评估戒毒人员的复吸、违法犯罪风险以及自杀等危机事件；在工作结束前，评估戒毒人员的戒治效果以及复吸倾向等。

2. 协调者

为了向戒毒人员提供全面、系统的戒治服务，根据戒毒人员所适用的不同的戒毒模式，社会工作者需要充分协调强制隔离戒毒所、公安派出所、禁毒办、乡镇人民政府、街道办事处、医疗机构等部门，将相关系统组织起来，构建完善的戒毒工作机制。

3. 辅导者

在戒毒个案中，戒毒社会工作者通常充当辅导者的角色，通过专业的理论知识与实践技术，为戒毒人员提供心理辅导、教育帮扶等，帮助戒毒人员获取戒毒的知识与技术，并强化其戒毒动机，促进毒瘾戒断。在辅导过程中，戒毒社会工作者要坚持社会工作原则，即尊重、不歧视戒毒人员；真诚接纳、不批判戒毒人员；注意保密，不侵犯戒毒人员隐私；鼓励自决，不轻视戒毒人员等。

4. 链接者

链接主要是指资源链接，作为链接者，戒毒社会工作者将戒毒人员与社会资源链接起来，帮助其获得社会政策、社会资源的支持。一方面，戒毒人员及其家庭资源相对匮乏，且获得社会资源的渠道有限；另一方面，戒毒工作不仅是戒毒社会工作者的任务，而且应是社会之重责。因此，戒毒人员需要戒毒社会工作者发挥链接作用，实现资源对接。在戒毒人员戒毒过程中，戒毒社会工作者可以根据戒毒人员的需求，帮助其申请低保、医保等服务，寻找就业机会，学习职业技能等。

5. 赋权者

赋权是社会工作中的一个关键概念。戒毒人员常会被社会公众贴上负面标签。被歧视、疏远、排斥，自身权利难以得到保障，个人能力难以发挥。因此，戒毒社会工作者要帮助戒毒人员正确行使权利，发挥优势能力，力争公平待遇，重新融入社会。赋权、增权都强调戒毒人员要争取自身权利，实现自助。

此外，戒毒社会工作者还扮演着研究者、策划者、行政工作者、政策倡导者等角色，在此不一一赘述。

---

① 何明升. 司法社会工作概论[M].2 版. 北京：北京大学出版社，2014：32.

（三）戒毒社会工作者的服务范围

在戒毒工作中，戒毒社会工作者需要坚持社会工作的理念、价值观、工作原则与技术方法，帮助戒毒人员戒除毒瘾并回归社会。戒毒社会工作者既可以为戒毒未成年人提供专业的教育和帮助，同时又可以引导戒毒未成年人的家庭，促进其支持戒毒未成年人回归社会。戒毒社会工作者的服务范围大致涵盖以下两个方面的内容。

1. 为戒毒未成年人提供戒毒治疗及康复服务

在面向戒毒人员时，戒毒社会工作者与禁毒社会工作者的服务范围重合。具体内容如下[①]。

（1）掌握戒毒人员的个人背景资料，建立戒毒人员档案。档案内容应包括姓名、性别、年龄、疾病史、法定监护人的情况，是否有传染病，是否被强制戒毒及次数，曾经吸食的毒品种类及吸食时间等。

（2）定期对戒毒人员进行心理辅导和家访。了解他们的思想动向、生活情况，排解他们在戒毒和康复过程中因心理和生理反应而产生的不良情绪，引导他们抵制毒品和损友的诱惑，帮助他们建立良好的人际关系，提高其适应社会环境、处理问题的能力，从而降低复吸率。

（3）与相关单位和部门合作，为戒毒人员提供生活上的关心和支持，帮助他们解决生活、学习、社会交往中的突出问题，鼓励他们建立远离毒品的信心和决心。

（4）及时了解服务对象家庭生活状况和表现情况，关心服务对象的就业、生活困难情况，组织服务对象参加各种公益活动，促使服务对象树立生活信心并及时融入社会，从而成为对社会有用的人。

（5）在一周内对刚戒毒出所的吸毒人员进行家访，做好稳定工作，在帮助其解决实际困难和问题的同时，积极鼓励其自谋职业。

（6）对有复吸倾向的戒毒人员进行深入细致的调查研究，分析原因并及时做好帮教解困工作，尽力阻止他们复吸。

（7）根据社区戒毒（康复）工作小组的要求，督促帮教对象定期或不定期进行尿液检测。

2. 为戒毒未成年人的家庭提供戒毒教育及相应帮助

（1）通过活动、小组等方式对戒毒未成年人家庭进行禁毒宣传教育，以预防戒毒未成年人滥用毒品及复吸。

（2）通过心理辅导、小组工作等方式引导戒毒未成年人家庭解决家庭人际关系紧张问题，克服羞耻感等负性情绪等。

（3）通过谈话教育，引导家庭成员关心、帮助、监督、接纳戒毒未成年人，为其营造良好的戒治环境。

第二节　戒毒未成年人司法保护社会工作内容

戒毒社会工作者介入戒毒的模式不同，其工作内容亦有所不同。

① 香港·社会服务发展研究中心. 禁毒社会工作实务手册[M]. 广州：中山大学出版社，2013：16-17.

一、戒毒社会工作者介入强制隔离戒毒

（一）戒毒社会工作者介入强制隔离戒毒的可行性

1. 理念的一致性

理念的一致性为戒毒社会工作介入强制隔离戒毒工作提供了可能。具体而言，戒毒社会工作倡导的是利他主义，助人自助原则，以及尊重、平等、接纳、服务等专业价值理念。强制隔离戒毒是基于吸毒人员的违法者、病人、受害者的三重角色而采取的戒毒措施，其中蕴含着教育、帮助和挽救，强调尊重人格及保障权利。戒毒社会工作者的仁爱、服务、奉献职业精神契合戒毒人员是“病人”的身份，是“需要帮助的人”的角色。可以说，戒毒社会工作与强制隔离戒毒都重视权利保障，反对歧视与排斥，工作理念的一致性有助于戒毒社会工作者介入强制隔离戒毒工作。

2. 身份的特殊性

身份的特殊性为戒毒社会工作者介入强制隔离戒毒工作提供了可能。具体而言，强制隔离戒毒是一种行政强制措施，具有严厉的惩罚性与严肃的法定性，并由戒毒人民警察开展相应的戒治工作；而戒毒人员是违法者。戒毒人员与戒毒人民警察之间是天然的对抗关系，二者关系紧张。戒毒人民警察的身份压力与戒毒人员的抵触心理，势必影响戒毒人员的矫治效果，可能会导致戒治效果不理想。然而，戒毒社会工作者不是警察，也不是具体的执法者，而是与戒毒人员平等的第三方，具有亲和力，更有利于与戒毒人员建立专业关系，开展相应的戒治工作。可以说，戒毒社会工作者的特殊身份能够缓解强制隔离戒毒工作的紧张局面，也能够增进戒毒人民警察、戒毒人员以及戒毒社会工作者三者之间的合作关系。

3. 技术的专业性

技术的专业性为戒毒社会工作者介入强制隔离戒毒工作提供了可能。具体而言，迄今为止，毒瘾戒断仍是一个世界性难题，运用医学、心理学、教育学、社会学等多学科专业知识与技术进行综合性治疗得到普遍认可，也取得了比较理想的效果。根据戒毒规律，司法行政强制隔离戒毒所建立的以分期分区[①]为基础、以专业中心为支撑、以科学戒治为核心、以衔接帮扶为延伸的戒毒工作基本模式体现了多专业、多学科不同阶段的介入。戒毒社会工作者熟悉社会工作理论，能熟练运用社会工作方法，并熟知社会学、心理学相关专业的知识。这些专业技术能够缓解戒毒人民警察的职业压力，促进强制隔离戒毒工作向专业化、科学化发展。可以说，戒毒社会工作的专业性技术能够弥补强制隔离戒毒所专业知识方面的不足。

（二）戒毒社会工作者介入强制隔离戒毒的重要意义

1. 有利于壮大强制隔离戒毒所工作力量

戒断毒瘾、融入社会虽然是戒毒人员的个人问题，但也需要社会各方力量的共同努力。长期以来，我国应对毒品问题主要采用的是两种思路：一是管理思路，二是医学思路。其中，由公安机关主导的打击毒品犯罪措施、司法机关管理的强制隔离戒毒措施，与卫生医疗机构

① 分期：生理脱毒期、教育适应期、康复巩固期和回归指导期。分区：戒毒医疗中心、教育矫正中心、心理矫治中心、康复训练中心和诊断评估中心。

自愿戒毒措施共同实施，综合践行禁毒工作中的控制毒品需要与控制毒品供应策略，遏制了毒品发展势头，为我国禁毒事业作出了巨大贡献[①]。随着法治建设的推进、禁毒形势的变化以及对吸毒问题认识的深化，仅靠上述实践模式应对毒瘾戒治问题还存一定不足。《禁毒法》创新性地提出强制隔离戒毒。强制隔离戒毒所根据戒毒人员吸食与注射毒品的种类、成瘾程度和戒断症状等进行有针对性的生理治疗、心理治疗和身体康复训练。强制隔离戒毒侧重生理脱毒、身心康复，但戒毒人员回归社会后仍面临诸多困境，需要继续跟进。为此，《禁毒法》又创新性地规定了社区康复的相关内容，赋予强制隔离戒毒所延伸指导社区康复的任务，以巩固强制隔离戒毒的效果。一方面，戒毒工作涉及医学、教育学、心理学、社会学、运动康复、职业技能训练等多个专业，戒毒人民警察任务繁重，且警察角色单一，易与戒毒人员产生对抗、矛盾关系，引入新角色十分必要；另一方面，解除强制隔离戒毒后的社区康复，也需要专业化人才跟进。强制隔离戒毒所也可以通过引进、培训、聘请督导的方式，逐步壮大自己的社会工作队伍，让其参与医疗、管理、矫治、教育、心理干预等方面的工作。但是，目前，不论公安机关还是司法行政部门负责的强制隔离戒毒都依靠人民警察，没有将社会工作者列入其中。纵观国际，无论是监狱还是其他形式的监管场所，社工大多由民间组织派遣[②]。

在实践中，一些地方的强制隔离戒毒所开始探索社会工作的介入，推进强制隔离戒毒“民警+社工”（社工即社会工作者）工作模式，取得了链接社会力量、缓解监管压力的效果。例如，广东省云浮公安局强制隔离戒毒所（简称“云戒所”）社会工作服务站是云浮公安局强制隔离戒毒所于 2014 年 1 月 23 日联合广东工业大学、云浮市民政局、广州市大同社会工作服务中心建立的面向所内戒毒人员提供专业社会工作服务的平台，通过驻所社工链接民政、团委、妇联等相关力量进行共同跟踪帮教，能够在很大程度上缓解警力不足、监管压力大的难题。据统计，在管教民警与驻所社工的共同努力下，云戒所与多个单位建立了合作关系，民政、团委、妇联、文化馆以及企业等相关单位在物资、人力上支持戒毒所的工作。另外，云戒所社会工作服务站建立了一支戒毒志愿者服务队。受过专业培训的志愿者在所内协助社工、民警开展工作，同时也到社区开展禁毒戒毒服务，增强禁毒戒毒的力量[③]。据此，戒毒社会工作者能够发挥链接作用，进一步增强强制隔离戒毒所工作力量。

2. 有利于化解戒毒未成年人面临的各种危机

戒毒社会工作者可以借助社会工作的专业理念、技术与方法，帮助强制隔离戒毒所处理戒毒未成年人的心理问题及其面临的危机，发挥“非警察”身份优势，降低阻抗力，补充心理矫治中心的力量，促进监管场所的安全稳定。

在入所初期，戒毒社会工作者通过心理疏导，帮助第一次进入强制隔离戒毒所的未成年人适应新环境，消除对隔离环境的恐惧心理以及对强制隔离措施或戒毒人民警察的抗拒心理，并通过建立专业关系，形成结对帮教关系，处理场所不适应产生的危机。在入所中期，戒毒社会工作者利用个案辅导、小组支持等社会工作方法以及心理学专业知识，帮助戒毒未成年人树立戒毒信心，建立良好交往关系，转变非理性认知，保持积极心态。特别是在戒毒未

① 张兴杰. 戒毒社会工作[M]. 北京：中国社会出版社，2020：61.

② 高巍. 社会工作介入强制隔离戒毒领域的重要意义[J]. 中国司法，2014（9）：78.

③ 吴明葵，梅洁琼，黄志文. 结构性嵌入：社会治理视域下强制隔离 戒毒“民警+社工”工作模式研究[J]. 法制与社会，2016（10）：174.

成年人面对家庭的冷漠、排斥，或与其他戒毒人员发生矛盾冲突等危机时，戒毒社会工作者通过情绪疏导、危机干预、家庭治疗等手段，能够帮助他们化解危机。在出所前期，戒毒社会工作者提前链接社区资源及家庭，为戒毒未成年人回归社会做好铺垫，同时，在此阶段帮助戒毒未成年人学习拒毒技术，开展抗复吸训练，掌握社会技能及就业技术等，减少其回归社会后的阻力与困难。

此外，有学者也从其他角度提出了社会工作介入强制隔离戒毒的重要意义，如社会工作机构可以利用自己贴近社区的优势，通过各种信息渠道及时反映各种有效信息，为政府决策、制定戒毒政策提供第一手信息，起到信息传递作用。再比如，社会工作有严谨的工作程序，从外围介入到治疗结束的整个帮助戒毒服务过程都有详细的文字记载，以保证服务的品质和服务对象的利益。这些工作记录和社会工作者的评语也是对戒毒对象社区戒毒（康复）阶段评估的主要依据，为戒毒执法提供重要参考依据①。对于社会工作介入未成年人强制隔离戒毒工作同样具有上述意义。

（三）戒毒社会工作者介入强制隔离戒毒的具体内容

关于戒毒社会工作者介入强制隔离戒毒工作已有初步研究，例如，柳阳提出“三阶段”标准，将整个戒毒过程分成了入所初期、入所中期和入所后期三阶段，每一阶段有着不同的工作重点。入所初期的主要任务是与戒毒人员建立专业关系，帮助其适应新环境以及认识自己，为今后更好地成功戒毒奠定基础；入所中期则针对具体的吸毒成因开展服务，包括认知行为偏差矫正、不良生活习惯与作风矫正、自我心理调适和应对技能训练四大方面；入所后期为回归社会做准备，同时也对前两个阶段的服务做一个效果强化，工作焦点在社会技能训练、社会支持系统完善与建立、生命规划和效果强化等方面②。在整个前后连贯的服务过程中，所运用的社会工作专业方法包括个案工作、小组工作、家庭治疗等，保证了戒毒的效果。

吴明葵提出“五阶段”标准，即社会工作介入强制隔离戒毒在实践中可分为懵懂、沉思、行动、维持、复发五个阶段。具体而言，“无论戒毒人员处于懵懂、沉思、行动、维持、复发中的任一阶段，驻所社会工作者都能为其提供专业的社会工作服务。懵懂阶段，驻所社会工作者促使案主对吸毒行为产生疑虑，树立改变现状的动机。沉思阶段，戒毒人员对吸毒行为存在正反两面的决策矛盾，驻所社会工作者的任务是坚定案主戒断毒瘾的决心。行动阶段，驻所社会工作者的干预策略是，协助案主打破无助、绝望的心理循环。维持阶段，传授案主应对戒断反应的方法与技巧。复发阶段，进行必要的情绪疏导，促使案主尽快过渡到懵懂或者沉思阶段”③。此实践始于广东省云浮市戒毒所，现已在广东省各地推广实施。

高巍提出，根据戒毒流程，社会工作提供具体的服务项目，如：在生理脱毒矫治中，包括紧急看护、住院治疗、门诊服务、代性治疗方法；在初步的心理脱瘾矫治中，主要有心理评估和初步的心理脱瘾治疗；在康复矫治中，有心理治疗、家庭治疗、个人及小组的辅导等；在回归适应矫治中，有进行拒毒与防复吸方法专项训练，进行回归前过渡性适应及生活技能、社

① 高巍.社会工作介入强制隔离戒毒领域的重要意义[J].中国司法，2014（9）：79.

② 柳阳.社工介入强制隔离戒毒中的工作模式探究：以江苏省女子强制隔离戒毒所为例[D].南京：南京大学，2014：19-31.

③ 吴明葵.治理视角下社会工作介入强制隔离戒毒研究[D].广州：广东工业大学，2017：25-26.

会交往与应激辅导、训练及实习，开展社会安置帮教衔接及后续照管[①]。

综合上述观点，研究人员根据不同阶段，设计了戒毒社会工作者介入强制隔离戒毒的具体内容。强制隔离戒毒是一种强制行政措施，具有隔离性、纪律性等特点，这种戒毒措施的性质及特点在帮助戒毒人员生理脱毒，转变错误认知，矫正不良心理及行为恶习，培养劳动意识等方面具有积极意义。但是，两年的强制隔离戒毒生活也导致戒毒人员脱离原有的家庭，造成其社会关系的断裂，出所后戒毒人员仍面临毒友引诱、就业困难、家庭关怀缺失、社会关系重建等方面的问题。戒毒社会工作者是帮助戒毒人员学习新知识，矫正不良行为，疏导不良情绪，应对各类危机，链接社会关系，寻找政策帮扶的一个新主体。在强制隔离戒毒所，戒毒社会工作者主要的工作内容可概括为讲解法律法规与社会政策，开展戒毒教育、心理辅导、就业指导，识别与应对戒毒人员的心理危机，提高其个人技能，加强其个人管理，恢复其生活习惯，融合其家庭关系等，具体方法有知识宣讲、分类评估、小组工作、个别辅导等。

二、戒毒社会工作者介入社区戒毒

前文已经阐述了戒毒社会工作者的角色及服务范围。在社区戒毒领域，戒毒社会工作者与禁毒社会工作者的工作内容具有重合性。根据国家禁毒办等 12 个部门于 2017 年 1 月 20 日印发的《关于加强禁毒社会工作者队伍建设的意见》的规定，禁毒社会工作者的职责任务如下。

（一）提供戒毒康复服务

调查了解戒毒康复人员[②]行动趋向、生活状况、社会关系、现实表现等情况，开展戒毒康复人员心理社会需求评估；为戒毒康复人员提供心理咨询和心理疏导、认知行为治疗、家庭关系辅导、自我管理能力和社会交往能力提升等专业服务；帮助戒毒康复人员调适社区及社会关系，营造有利于戒毒康复的社会环境。开展有利于戒毒康复人员社会功能修复的其他专业服务。

（二）开展帮扶救助服务

为戒毒康复人员链接生活、就学、就业、医疗和戒毒药物维持治疗等方面的政府资源与社会资源。组织其他专业力量和志愿者为戒毒康复人员及其家庭提供服务，协助解决生活困难，提升生计发展能力，改善社会支持网络，促进社会融入。

（三）参与禁毒宣传教育

参与组织禁毒宣传活动、普及毒品预防和艾滋病防治等相关知识、宣传禁毒政策和工作成效，增强公民禁毒意识，提高公民自觉抵制毒品的能力。倡导禁毒社会工作理念，减低并消除社会歧视与排斥。

---

① 高巍. 社会工作在强制隔离戒毒流程中提供的具体服务[J]. 中国司法，2016(3)：84-88.

② 戒毒康复人员是指社区戒毒人员、社区康复人员。

（四）协助开展有关禁毒管理事务

协助开展吸毒人员排查摸底工作；协助建立相关档案资料，做好工作台账，对工作对象的戒毒康复情况进行定期评估。协助做好强制隔离戒毒人员出所衔接，督促、帮助社区戒毒与社区康复人员和戒毒药物维持治疗人员履行协议，努力减少现实危害。发现社区戒毒与社区康复人员拒绝报到或严重违反协议的、参加戒毒药物维持治疗人员严重违反治疗规定的，向乡镇（街道）禁毒工作机构报告，协助收集提供有关材料。

第三节　戒毒未成年人司法保护社会工作方法

一、戒毒个案社会工作

个案社会工作简称“个案工作”，与小组社会工作、社区社会工作并称社会工作三大直接服务方法。社会工作的创始人里士满女士在《社会诊断》一书中指出：“个案社会工作包含着一连串的工作过程，它以个人为着手点，通过对个人与所处社会环境作有效的调适，以促进其人格的成长。”[①] 个案社会工作的特点是直接以个人（或家庭）为服务对象，通过“一对一”的直接方式为案主提供帮助。个案社会工作的目的在于帮助个人（或家庭）解决他们在“人与人”或“人与环境”互动方面遇到的困难，恢复并加强其社会功能。戒毒个案社会工作是以戒毒人员及其家庭为服务对象，运用个别化的工作方式，帮助戒毒人员戒断毒瘾，提高其解决困难和适应社会的能力，促进其重新融入社会的一种专业社会工作方法。

（一）戒毒个案社会工作的主要内容

1. 了解戒毒未成年人的基本情况

戒毒社会工作者通过查阅档案、访谈等方法，掌握戒毒未成年人的基本情况：性别、年龄、受教育情况；在校学习、人际关系、奖惩等情况；日常行为表现，如是否有吸烟、酗酒、打架、夜不归宿、网络成瘾、赌博等越轨行为以及违法犯罪情况；个人成长经历，家庭重要事件，家庭或其他社会成员中是否有能够提供帮助、支持的重要他人，重要他人的态度；初次吸毒的时间、原因，吸毒的种类、方式、频率、剂量，戒毒动机，戒断症状；家庭成员、家庭结构、家庭关系、家庭经济状况、家庭成员违法犯罪情况等。同时，戒毒社会工作者应借助心理测试、观察等方法，掌握戒毒未成年人认知、情绪、意志等方面的心理特征。

2. 掌握戒毒未成年人的问题发展过程

掌握戒毒未成年人吸毒问题的发展过程，可以借助其生命成长曲线，主要了解戒毒未成年人在过去的生活中是否经历过对个人、家庭产生重大影响的事件，如失恋、辍学、遭受校园欺凌、接触“黄赌毒”、流入不良群体或社会闲散群体、受到校纪处分或治安处罚、父母离异、家庭成员违法犯罪、家庭陷入困境等，分析这些重要事件是否是未成年人吸食毒品的原因。换言之，分析戒毒未成年人生活中经历的重要事件与吸毒及其违法行为的相关关系，进而掌握吸毒的原因。同时，戒毒社会工作者还需要了解未成年人吸毒后的重要情况，如日常生活

① 张雄. 个案社会工作[M]. 上海：华东理工大学出版社，1999：4.

状态,经济来源与主要开支,戒毒动机或主动、被动接受戒毒的次数等,这为后续提供精准服务奠定了基础。

3. 重视戒毒未成年人的戒毒动机

戒毒未成年人是否具有戒毒动机是其能否戒断毒瘾的关键。戒毒时,不同的戒毒人员会有不同的戒毒动机。有的戒毒未成年人戒毒动机强,有的戒毒未成年人心理依赖性强,难以彻底拒绝毒品,戒毒动机较弱,甚至抱有应付、敷衍态度。即使同一名戒毒人员在不同阶段也会表现出不同的戒毒动机。无论是社区戒毒,还是强制隔离戒毒,都是对戒毒未成年人的处罚,都会对戒毒未成年人产生负面影响,但是戒毒未成年人对吸毒的态度和戒毒动机有所差别且不断变化。为了帮助戒毒未成年人戒断毒瘾,戒毒社会工作者必须时刻掌握未成年人戒毒动机的变化情况,及时强化未成年人的戒毒动机,使其保持操守。

4. 梳理戒毒未成年人的现实问题

梳理戒毒未成年人的现实问题主要是为制定矫正目标及方案提供参考。主要问题有:未成年人是否有充分的戒毒准备;未成年人是否具备戒毒动机;戒毒动机的强弱程度如何;未成年人对现有戒毒措施的适用情况如何;未成年人面临的困难或困扰有哪些;家庭成员对未成年人的支持、帮助情况如何;等等。通过梳理戒毒未成年人的现实问题,戒毒社会工作者可以发现其戒毒的信心、动机、阻碍以及家庭等社会支持情况,为制定个性化、有针对性的矫正目标及方案提供依据。

5. 总结戒毒未成年人的改变情况

进行阶段性总结是调整工作方向及服务内容的必要手段。经过一段时间的戒治,戒毒未成年人的情绪情感、心理素质、道德品质、法律认知、人生态度、戒毒动机、行为方式、操守维持等方面都会发生变化,可能戒治工作取得了预期效果,未成年人向回归社会的方向进了一步;也可能戒毒措施不力,戒治效果不理想,或遇到突发情况、重大事件等,戒毒未成年人偏离了再社会化的轨道。这时,戒毒社会工作者需要适时进行阶段性评估与总结,客观了解戒毒未成年人的变化,重点是评估其行为效果和操守表现,进一步分析矫正措施的效果,为下一阶段调整方案寻找依据,从而调整矫正方案,以最大限度地契合戒毒未成年人的身心特点。同时,阶段性总结也为戒毒社会工作者反思工作提供了机会。

6. 进行评价与反思

戒毒社会工作者的评价与反思具有总结性质,其目标是改进工作。随着个案社会工作的结案,戒毒社会工作者需要评价与反思整个工作过程,重点分析戒毒未成年人保持操守的关键因素,如戒毒动机强、家庭支持多、戒毒措施有效、拒毒方法熟练等;分析工作失败的原因,也就是戒毒未成年人复吸的具体原因,如意志力弱、成瘾程度重、家庭关怀少、毒友引诱多、戒毒措施效果差、社会排除性强、遇到重大或突发事件等。通过评价与反思,戒毒社会工作者总结经验及教训,明确实际介入过程中的重点、难点等,为未来开展戒毒社会工作奠定基础。

(二)戒毒个案社会工作的显著特征

戒毒个案社会工作不同于其他类型的个案社会工作。原因在于:工作对象的特殊性,即吸毒人员;工作内容的复杂性,即戒毒工作涉及医学、心理学、教育学、社会学等多学科知识。

戒毒个案社会工作的显著特征主要体现在以下四个方面。

1. 非自愿性

戒毒个案社会工作的服务对象通常不是自愿的,而是被强制要求接受服务的。例如,社区戒毒人员、强制隔离戒毒人员等,他们都是被动接受个案社会工作服务的。因此,戒毒社会工作者的工作重点要放在如何消除与服务对象之间的疏离感和对抗关系上,进而更好地为其提供帮扶救助服务。特别是接案初期,消除抗拒、建立专业关系是戒毒社会工作者的首要任务。

2. 不结案的结案

戒毒社会工作者提供的个案社会工作服务没有真正意义上的结案。究其原因,戒毒仍是一个世界性难题,戒断毒瘾对于戒毒人员是一项终身任务,需要戒毒社会工作者提供持续性帮助。换言之,戒毒的终身性决定了戒毒社会工作服务的终身性。实际上,由于 3 年社区戒毒、2 年强制隔离戒毒期满后,戒毒社会工作也将结束,自然也就要结案。但从后续照管角度看,在结案后,戒毒社会工作者也要定期或不定期联系戒毒人员,了解其保持操守情况及生活等方面的状况,以便及时给予其支持和帮助。因此,与其他类型个案社会工作的结案相比,戒毒个案社会工作的结案是"不结案的结案"。

3. 管控与服务并重

管控与服务是中国特色禁毒社会工作的核心理念。根据国家禁毒办等 12 个部门联合印发的《关于加强禁毒社会工作者队伍建设的意见》中的相关规定,禁毒社会工作者有协助开展有关禁毒管理事务的职责任务,具体而言包括:协助开展吸毒人员排查摸底工作;协助建立相关档案资料,做好工作台账,对工作对象的戒毒康复情况进行定期评估。协助做好强制隔离戒毒人员出所衔接,督促、帮助社区戒毒社区康复人员和戒毒药物维持治疗人员履行协议,努力减少现实危害。发现社区戒毒社区康复人员拒绝报到或严重违反协议的、参加戒毒药物维持治疗人员严重违反治疗规定的,向乡镇(街道)禁毒工作机构报告,协助收集提供有关材料。简言之,禁毒社会工作者在为戒毒人员提供专业服务的同时,还要协助政府职能部门对戒毒人员进行管控。吸毒是一种成瘾性行为。产生躯体依赖、心理依赖症状时,戒毒人员不能正常控制行为,出现强迫性觅药、幻觉、暴力攻击,甚至自伤、自残等极端行为。对戒毒人员实施必要的保护性约束措施十分必要。因此,戒毒措施中需要一些强制、管控手段。这就要求戒毒社会工作者坚持管控与服务并重,二者不可偏废。过度强调管控,偏离了戒毒人员是病人、受害者的认定;过度强调服务,忽视了戒毒人员是违法者的身份,也不利于戒毒措施的有力执行。因此,管控与服务不可偏废。

4. 服务问题多元复杂,跨学科领域

吸毒行为不同于其他越轨、违法行为,具有极强的成瘾性。戒毒人员也不同于其他矫正对象,具有违法者、病人和受害者三重角色。戒毒问题不同于普通社会成员的失业问题,而是涉及医学、心理学、社会学、法学、教育学等多学科领域的世界性难题。戒毒人员吸毒、复吸以及重新融入社会都是多元化的复杂社会问题。与其他类型的服务对象相比,教育帮扶戒毒人员的难度大,要求高,需要戒毒社会工作者在掌握社会工作理念、理论与方法的基础上,还要涉猎禁毒、戒毒以及上述学科的相关知识,只有这样才能准确发现戒毒人员的问题与需求,进而提供专业服务,提高戒治效果。可以说,与其他类型的个案社会工作相比,戒毒个案社会工作服务的问题多元复杂,需要跨学科、多学科的专业知识。

(三)戒毒个案社会工作的具体应用

因工作场所及适用对象的不同,戒毒个案社会工作的具体应用也有所差异。根据目前我国的戒毒措施,戒毒个案社会工作主要分为场所化戒毒个案社会工作和社区化戒毒个案社会工作。

1. 场所化戒毒个案社会工作

场所化戒毒个案社会工作是指戒毒社会工作者在强制隔离所等场所内面向戒毒人员开展个案社会工作,提供专业服务的实践活动。除强制隔离戒毒所外,戒毒医院、戒毒康复场所、拘留所等都属于场所的范畴。一般来说,场所化戒毒个案社会工作服务较多的对象是强制隔离戒毒人员。

在强制隔离戒毒所,戒毒社会工作者开展个案社会工作的方式主要包括:心理干预,为服务对象提供心理慰藉服务,改变其不健康的心理状态;行为矫正,协助服务对象改变不良的行为习惯,培养良好的行为习惯;功能康复,包括社会功能恢复、家庭关系调适、社交技能训练;个别化服务,根据服务对象的具体需求,提供个别化服务,例如家庭关系调适、家庭困难帮扶救助。

2. 社区化戒毒个案社会工作

社区化戒毒个案社会工作是指戒毒社会工作者在开放性的社区面向戒毒人员开展个案社会工作,提供专业服务的实践活动。社区化戒毒个案社会工作服务的对象主要是社区戒毒人员、社区康复人员。

与隔离、封闭的场所相比,在社区开展戒毒个案社会工作的方式主要有开展思想教育、强化戒毒动机、提供心理康复服务、维系家庭关系、建立社会支持系统、帮助就学就业、链接社会救助与保障等。戒毒社会工作者需要根据戒毒人员的需要,整合社会资源,构建多方合力,构建多元化、系统化的服务体系,促进管控、教育、帮助全面落实。

二、戒毒小组社会工作

小组社会工作简称“小组工作”,又称“团体社会工作”。小组社会工作是一种以小组的形式(两人或更多的人)开展服务的工作方式。小组社会工作产生于19世纪50年代的欧美国家,于1946年正式纳入社会工作专业。小组社会工作是以具有共同需求或相近问题的群体为服务对象,通过小组活动过程及组员之间的互动和经验分享,帮助小组组员改善其社会功能的一种专业社会工作方法。根据此概念可知,小组社会工作的发动者是社会工作者,服务对象是具有共同需求或相近问题的社会成员,工作方法是小组活动及组员互动,工作目标是改变小组组员行为、观念及社会功能。小组社会工作既是一种工作方法,也是一个工作过程。与个案社会工作相比,小组社会工作可以同时服务多名有共同需求的社会成员,提高了工作效率,节约了时间、人力等成本;同时,由于小组组员有共同的需求、经历或类似的角色,社会成员更能够认同从小组活动中获得的经验,进而持续改善自身社会功能。

戒毒小组社会工作是指戒毒社会工作者遵循社会工作的理念、理论与方法,通过小组活动及组员互动,帮助有共同需求的戒毒人员改变认知、行为及社会功能的社会工作方法。

(一)戒毒小组社会工作的内容

戒毒是一个长期、反复的过程。在实践中,迄今为止还没有一种有效的方法可以戒断毒瘾,戒毒依然是世界难题。目前,国际普遍认为,戒毒人员只有经过生理脱毒、身心康复、回归社会的戒治过程,并接受生理与心理治疗、行为矫正和社会扶助,才能保持操守,拒绝复吸。戒毒社会工作者在不同戒治阶段的工作目标和内容有所差异。根据戒毒规律,强制隔离戒毒场所明确了戒毒工作的不同阶段,即戒毒人员要经过生理脱毒期、身心康复期和回归社会期。下面以强制隔离戒毒为例,说明戒毒小组社会工作的目标与内容。

1. 生理脱毒期的工作内容

生理脱毒主要是对戒毒人员进行急性脱毒治疗,即通过药物或非药物治疗方法对戒毒人员的戒断症状予以相应的治疗。生理脱毒的目的是帮助戒毒人员摆脱对毒品的生理依赖。在生理脱毒阶段,一方面,戒毒人员经历戒毒产生的各种生理痛苦,另一方面,面临戒毒所的新环境。由此,戒毒社会工作者可通过小组社会工作,帮助戒毒人员尽快适应戒毒环境,强化戒毒动机,缓解心理压力等。

2. 身心康复期的工作内容

身心康复主要是对戒毒人员进行心理治疗和身体康复训练。身心康复的目的是帮助戒毒人员减少心理依赖,恢复身体机能。心理依赖是戒毒人员最难戒除的、最复杂的症状,也是戒毒人员复吸的主要原因之一。同时,大多数戒毒人员患有不同程度的疾病,身体器官、机能及体质都受到毒品的严重伤害。因此,帮助戒毒人员恢复身体健康事关重要。强制隔离戒毒所中的教育矫治和康复训练都属于身心康复的内容。在身心康复期,在逐步恢复身体机能的同时,戒毒人员也要克服心理依赖以及各种心理、行为问题。戒毒社会工作者通过小组社会工作,帮助戒毒人员建立支持、教育小组,开展以稳定情绪、认知重建、自我修复、生命意义找寻为主题的小组活动。

3. 回归社会期的工作内容

回归社会主要是对戒毒人员进行社会适应性训练。回归社会训练的目的是帮助戒毒人员掌握人际交往技能、职业技术以及理性消费、兴趣培养等社会生活方面的技能,促进其顺利融入社会。强制隔离戒毒是一种相对隔离、封闭的戒毒措施。戒毒人员在戒治的过程中,同时也面临脱离社会、社会功能弱化等问题。因此,在回归社会期,戒毒社会工作者可以通过小组培养工作,帮助戒毒人员建立支持小组、技能学习小组等,以恢复其社会功能,满足其社会化需求。

另外,戒毒社会工作者还需要关注戒毒人员的家庭,针对其家庭组织小组活动。一方面,使戒毒人员在戒毒场所的治疗得到家庭的支持与鼓励;另一方面,确保戒毒人员回归社会后,能够拒绝毒友引诱,建立良性群体关系,保持操守,得到家庭的接纳与监督。因此,在强制隔离戒毒期间,戒毒社会工作者还要介入戒毒人员家庭,建立家庭教育小组、家属与戒毒人员互动小组等,加强戒毒人员与家属的沟通,以获得家庭的支持。

（二）戒毒小组社会工作的优势

小组社会工作在戒毒领域的优势主要体现在以下三个方面①。

第一，小组社会工作能提高戒毒工作的效率。现有具有禁毒、戒毒等相关知识和能力的社会工作者数量不足，难以满足众多戒毒人员的需求。虽然国家积极推动禁毒社会工作者队伍建设，但这仍需要一个培育的过程。在此情况下，为多个具有共同需求的戒毒人员提供服务的小组社会工作方法自然能够提高戒毒工作的效率。

第二，小组社会工作在戒毒领域能够贯彻"助人自助"的理念。助人自助是社会工作的基本理念。戒断毒瘾主要依靠戒毒人员自身的戒毒动机、意志力、拒毒方法以及社会生活技能等。小组活动过程本身是同伴互动影响的过程，能够提供一个良好的环境，使戒毒人员互相交流、学习、分享、反思、示范与督促，在感受到尊重、赞许，完成自我实现和自我转变的同时，帮助、促进其他小组组员在戒毒动机、生活应对能力、社会再适应能力等方面得到提升，真正做到助人自助。

第三，小组工作能够弥补个案社会工作的局限。个案社会工作以个别化的工作方法，为戒毒人员提供"一对一"的帮助服务，一般更注重服务对象个人的行为改善、能力提升和情绪疏解，在社会化需求的回应上存在一定局限。小组社会工作构建了一个由同质性成员组成的，彼此联系、互相影响的关系体系，突破了个案社会工作的瓶颈，为戒毒人员提供了正常的社会交往的机会和平台，营造了一个正向社会化的氛围与空间。在小组活动过程中，戒毒人员能够通过互相交流、学习、分享和反思，提高生活应对、社会适应等方面的能力，还能够与其他成员形成情感连接，满足被尊重、被认可的需求。

值得注意的是，戒毒社会工作者在开展小组社会工作时，需要注意避免由于小组互动而结成新的"吸毒圈"，建立新的"朋友圈"，在社区中开展小组社会工作时要特别注意。

（三）戒毒小组社会工作的应用

根据小组社会工作的性质与目标，在实践中可将小组分为成长小组、教育小组、支持小组、治疗小组等。戒毒社会工作者可以结合戒毒未成年人的实际情况，建立相应的小组，具体应用如下②。

1. 成长小组

成长小组的目的是帮助小组组员了解、认识和探索自己，从而最大限度地挖掘和运用自己的内在资源和外在资源，充分发挥自己的潜能和解决存在的问题，促进个人健康发展，其小组焦点在于个人的成长和正向的改变，成长或改变的主要内容包括小组组员的人际关系、价值观、问题解决能力、沟通技巧以及思考和感觉的方式等。成长小组以体验的形式开展活动。受文化程度和社会经历等限制，戒毒未成年人对自我以及自身所掌握的资源可能并没有清晰的认知，戒毒社会工作者可以组织戒毒未成年人建立成长小组，通过小组活动，促进他们改变价值观，提高解决问题的能力。

① 张兴杰. 戒毒社会工作[M]. 北京：中国社会出版社，2020：106-107.
② 张兴杰. 戒毒社会工作[M]. 北京：中国社会出版社，2020：99-101.

2. 教育小组

教育小组旨在帮助小组组员学习新知识、新方法，或补充相关知识，促使组员改变其原来对问题的错误看法和解决方式，从而实现组员的发展目标，其焦点在于组员的观念改变。对毒品和吸毒行为的错误认知是多数未成年人吸毒的原因。同时，戒毒知识和方法的不足动摇未成年人戒毒的动机及决心。戒毒社会工作者可以根据戒毒未成年人在不同戒治阶段的不同需求，建立不同类型的教育小组，如拒毒防毒技术小组、提高人际交往能力小组等。

3. 支持小组

支持小组的目的在于把具有共性问题或共同经历的服务对象组织起来，通过小组组员彼此间提供的信息、建议、鼓励和情感上的支持，达到解决某一问题和组员改变的效果。共同的经历、需求是组成支持小组的基础。支持小组能够为小组组员提供情感支持和精神慰藉。支持小组在戒毒、戒烟、戒酒等成瘾行为的治疗活动中积累了较多经验，如匿名戒酒会、同伴教育小组等。在强制隔离戒毒所，戒毒社会工作者可以建立同伴教育小组，加强同辈群体之间的沟通、交流、分享、支持和鼓励。开展小组活动时，戒毒社会工作者应发挥促进者、协调者角色的作用，充分激发戒毒未成年人的积极性、自主性。

4. 治疗小组

治疗小组面向因生理、心理或社会创伤而影响一般日常生活的服务对象。治疗小组的目的在于帮助小组组员了解自身的问题及其背后的社会原因，通过小组的经验交流和分享，辅以一定的资源整合或社会支持网络来缓解创伤症状、治疗问题心理、改变问题行为，从而重塑人格。戒毒未成年人不同于其他类型的社会工作服务对象，其生理、心理受毒品危害严重，普遍存在不同程度的戒断症状及心理依赖，需要治疗小组予以支持。常见的戒毒治疗小组有美沙酮治疗小组、叙事治疗小组和艺术治疗小组。需要注意的是，戒毒未成年人心理治疗小组必须有专业的心理咨询人员，或具有医学训练、临床经验的工作人员。

（四）戒毒小组社会工作的注意事项

在强制隔离戒毒所，戒毒社会工作者针对戒毒未成年人开展小组社会工作时要注意以下事项。

1. 严格遵守戒毒所的管理制度

戒毒社会工作者进入强制隔离戒毒所要提前与戒毒人民警察取得联系，办理好相关手续。戒毒社会工作者出入所时要严格遵守安全管理制度，携带身份证，未经同意不得携带通信设备、摄影设备等。

2. 做好人员规划

戒毒社会工作者要根据小组活动情况做好人员规划，并在入所前进行演练。同时，戒毒社会工作者要制定小组活动预案，以便在发生突发事件时能够及时、有序处理，避免引发矛盾、冲突等场所不稳定因素。

3. 小组活动要与场所矫治工作形成合力

一方面，小组活动的开展要与强制隔离戒毒所安排的教育矫治项目分开，避免冲突，以提高戒毒未成年人的参与度；小组活动的主题要结合强制隔离戒毒所正在进行的矫治项目，力争形成相辅相成的关系，以产生教育合力。另一方面，戒毒社会工作者要处理好与戒毒人民警察的关系。为了减轻戒毒未成年人的压力和紧张程度，营造轻松、放松的小组活动环境，戒毒社会工作者要利用小组社会工作技术，调节小组活动气氛。在条件允许的情况下，戒毒人民警察可以通过远程视频进行监控，或充当“守望者”的角色，最大限度地弱化监管。戒毒社会工作者与戒毒人民警察的合作也会产生工作合力。

4. 做好人员、场所等保障

小组活动开始前，戒毒社会工作者要与戒毒人民警察进行充分的沟通，明确小组活动的时间、地点、主题、参与人员等，做好工作人员、场所的事前保障工作。小组活动开展的过程中，戒毒社会工作者与戒毒人民警察应相互配合。小组活动结束后，戒毒社会工作者要及时恢复活动场所，总结小组活动效果。

第四节 戒毒未成年人司法保护社会工作流程

一、戒毒个案社会工作流程

戒毒个案社会工作流程主要遵循个案社会工作的流程。换言之，戒毒个案社会工作是个案社会工作在戒毒未成年人矫治工作中的应用，根据行业标准《社会工作方法 个案工作》（MZ/T 094—2017），其具体工作流程如下。

（一）接案

在接案阶段应完成的主要工作包括：了解服务对象的来源及接受服务的意愿；邀请服务对象参与并澄清其期望；介绍机构的职责和服务范围；介绍社会工作者的职责和服务方式；初步探索服务对象的困境和需要；初步收集与服务对象有关的信息；与服务对象建立专业关系；根据服务对象的需要及社会工作者自身的能力，作出接案与否的决定或转介的安排；填写“个案工作接案记录表”（见表 4-2）。

在接案阶段，社会工作者应注意以下事项：一是判断服务对象状况的紧急程度；二是避免将服务对象标签化；三是关注服务对象的资源与优势。

上述内容是个案社会工作的接案要求，但是戒毒社会工作不同于普通的社会工作，戒毒社会工作者接案通常是非自愿的（前文已有论述，不再赘述）。可以说，接案主要是强制隔离戒毒所或社区戒毒机构安排的，除了解服务对象的来源及接受服务的意愿外，戒毒社会工作者的其他工作内容仍需要按规范开展。

（二）预估

在预估阶段应完成的主要工作如下。

第一，收集服务对象个人的生理、心理及社会等方面的资料。戒毒社会工作者通过查阅档案、访谈等方式，收集戒毒未成年人的身体、心理健康状况，吸毒情况，与家庭成员的关系等方面的资料。

表 4-2 个案工作接案记录表

<table>
<tr><td>服务对象姓名</td><td colspan="2"></td><td colspan="2">社会工作者姓名</td><td></td></tr>
<tr><td>日期、时段</td><td colspan="2">年 月 日
时 分—— 时 分</td><td colspan="2">地点</td><td></td></tr>
<tr><td colspan="6">服务对象来源及接受服务意愿</td></tr>
<tr><td colspan="6">来源：□主动求助 □转介 □外展
说明：
接受服务意愿：□不愿意接受服务 □不适用 □愿意接受服务
说明：（不愿意接受服务或不适用请说明）</td></tr>
<tr><td colspan="6">服务对象情况</td></tr>
<tr><td colspan="6">服务对象基本信息（包括但不限于姓名、性别、年龄、联系方式等基本要素）

服务对象困境及需要</td></tr>
<tr><td colspan="6">社会工作者建议</td></tr>
<tr><td>危机程度</td><td colspan="5">□低 □中 □高
说明：</td></tr>
<tr><td>紧急服务</td><td colspan="5">□需要 说明：
□不需要</td></tr>
<tr><td colspan="2">社会工作者（签名）</td><td colspan="2"></td><td>日期</td><td></td></tr>
<tr><td colspan="2">督导者（签名）</td><td colspan="2"></td><td>日期</td><td></td></tr>
</table>

第二，收集服务对象社会环境的微观、中观、宏观系统等资料，主要是家庭及社区信息。微观系统资料包括戒毒未成年人的年龄、性别、受教育情况、周围重要的人物、生活方式、生活经历及重要事件等。中观系统资料包括戒毒未成年人的家庭、亲属、同辈群体、学校等方面的资料，戒毒社会工作者要重点了解戒毒未成年人家庭成员中的重要人物以及他们帮助戒毒未成年人进行治疗、矫治的能力，对戒毒未成年人抱有的希望和给予的支持等内容。宏观系统资料包括邻里关怀，志愿者帮助，以及各种社会保障政策、专业服务组织可能提供的帮助或服务等方面的资源。

第三，收集服务对象对自己及处境的感受、观念和期待，主要包括戒毒未成年人对毒品、吸毒行为以及戒毒措施的认知，戒毒动机与决心，自我评价与社会评价等。

第四，以需求为导向，与服务对象讨论其需要、困境或问题。戒毒社会工作者与戒毒未成年人共同讨论、分析其现实需要、现有困境以及存在的各类问题，特别是个人问题与家庭问题。

第五，以资源为导向，识别服务对象及其所处环境中的资源、优势与障碍。戒毒社会工作者利用专业理念与方法，分析可以运用的组织、物质、人力、智力等方面的资源，分析现有资源存在的优势和障碍。

第六，以服务为导向，与服务对象讨论选择适当的服务目标与服务内容。讨论选择服务目标与服务内容需要戒毒未成年人的参与。从戒毒未成年人的角度讲，他们有可能不清楚自己真正需要什么，在哪些方面需要改变。同样，对于戒毒社会工作者而言，他们知道要帮助戒毒未成年人发生改变，但可能不清楚从哪些方面进行。因此，戒毒社会工作者需要调动戒毒未成年人的积极性，双方共同探讨。这样既有利于戒毒未成年人明确自身存在的问题，进一步理解服务目标，又可以避免戒毒社会工作者主观判断的过多介入，确保服务目标与服务内容的科学、合理。

第七，填写“个案工作预估表”（见表 4-3）。

表 4-3 个案工作预估表

<table>
<tr><td>服务对象姓名</td><td></td><td colspan="2">个案编号</td><td></td><td>社会工作者姓名</td><td></td></tr>
<tr><td colspan="7">一、背景资料</td></tr>
<tr><td colspan="7">（一）服务对象个人的生理、心理及社会等方面的资料</td></tr>
<tr><td colspan="7">（二）服务对象社会环境的微观、中观、宏观系统等资料</td></tr>
<tr><td colspan="7">（三）服务对象对自己及处境的感受、观念和看法</td></tr>
<tr><td colspan="7">二、服务对象问题及需要分析</td></tr>
<tr><td colspan="7">（一）以需求为导向，与服务对象讨论其需要、困境或问题</td></tr>
<tr><td colspan="7">（二）以资源为导向，识别服务对象及其所处环境中的资源、优势与障碍</td></tr>
<tr><td colspan="7">三、服务目标</td></tr>
<tr><td colspan="7"></td></tr>
<tr><td colspan="7">四、服务内容</td></tr>
<tr><td colspan="7"></td></tr>
<tr><td>社会工作者（签名）</td><td colspan="3"></td><td colspan="2">日期</td><td></td></tr>
<tr><td>督导者（签名）</td><td colspan="3"></td><td colspan="2">日期</td><td></td></tr>
<tr><td colspan="7">注：此表格请在个案工作首次接触后 5 个工作日内完成</td></tr>
</table>

在预估阶段，戒毒社会工作者应注意以下事项：一是在界定服务对象的需要和问题的同时评估服务对象个人及环境中的资源与优势；二是动态和持续地评估服务对象的需要、问题及资源；三是重视服务对象及其重要关系人的参与。

（三）计划

在计划阶段应完成的主要工作如下。

第一，制定服务的目的与目标。戒毒个案社会工作的服务目的是帮助戒毒未成年人戒断毒瘾，恢复并增强其社会功能，促进其重新融入社会。目标又可以分为总目标和具体目标。总目标是对要达到的理想境界的总体描述，所表达的是一种预想的完美结局，是一种助人关系的长期和终极目标。总目标往往是描述性的、难以观察和测量的。如面向戒毒未成年人的戒毒社会工作的总目标是通过戒毒社会工作者与戒毒未成年人的共同努力，帮助戒毒未成年人戒断毒瘾，提高社会适应能力，实现再社会化，从而使其成为守法公民。总目标与目的具有一致性，是通过阶段目标或具体目标实现的。具体目标是指戒毒社会工作者帮助戒毒未成年人解决一个或几个特定的问题，完成某一项具体任务的目标。具体目标是可以观察和测量的，是实现总目标的那些较小的、增量的成果。例如，掌握戒毒常识、抗复吸技术，学会控制情绪，培养理性思维，增进人际交往等。

第二，选择介入的服务模式。吸毒原因是复杂的，是一个综合的、动态的系统，其中既包括主体内因素，又包括主体外因素。因此，戒毒社会工作者需要根据戒毒未成年人心理、认知和行为等方面的特点，借鉴并应用心理社会治疗模式、理性情绪治疗模式、行为治疗模式、危机调适模式、人本治疗模式、现实治疗法、结构家庭治疗法、任务中心模式、联合家庭治疗法、优势视角方法等模式与方法。

第三，制定具体的介入策略、行动步骤和进度安排。戒毒社会工作者应根据戒毒未成年人的情况及选择的服务模式，制定具体的介入策略。常用的介入策略有动机强化、行为强化、个案管理、艺术治疗等。行动步骤通常遵循戒毒未成年人知情同意、戒毒社会工作者开展服务、阶段性评估、调整计划与方案、继续开展服务、完成服务计划的程序推进。行动步骤与服务计划的进度需要根据戒毒未成年人的实际反映情况安排。实际反映主要指戒毒未成年人的接受、配合程度。

第四，明确社会工作者和服务对象各自的任务并签订“个案工作服务协议”（见表4-4）。

第五，确定服务评估方法。

第六，填写“个案工作计划表”（见表4-5）。

表4-4　个案工作服务协议

甲方（委托方）：
乙方（社会工作服务机构/社会工作者）：
在自愿、平等、协商一致的情况下，就甲方委托乙方提供社会工作个案服务事项订立本协议。
第一条　服务目的
……
第二条　服务内容
……
第三条　服务监督与评估
……
第四条　附则
……
甲方签字（盖章/签字）：　　　　乙方（盖章/签字）：
日期：　　年　　月　　日　　　　日期：　　年　　月　　日

表 4-5　个案工作计划表

服务对象姓名		个案编号		社会工作者姓名	
概述问题呈现及原因分析					
目的(与服务对象商议后制定)					
服务模式					
目标、介入策略、工作进度					
评估方法					
社会工作者(签名)		日期			
督导者(签名)		日期			

在计划阶段,戒毒工作者应注意以下事项:一是服务对象参与,尊重服务对象意愿;二是服务对象需要、服务目标、介入模式及行动策略相互契合;三是服务计划详细、具体,具有可操作性。

(四)介入

介入是指戒毒社会工作者根据服务计划与协议,完成相应任务,帮助戒毒未成年人实现具体目标的行动过程。介入可分为直接介入和间接介入两种。

直接介入包括如下内容。

第一,促使服务对象的认知、情绪、行为等发生正向改变。戒毒社会工作者帮助戒毒未成年人改变对毒品、吸毒、戒毒等的错误认知,因吸毒引发的焦虑、敌对等负面情绪,以及吸烟等不良行为。

第二,促使服务对象学会运用现有资源并积极发展可用资源。戒毒社会工作者帮助戒毒未成年人学会运用现有的家庭、戒毒所、社会工作机构等方面的资源,并积极发展可用的其他社会资源。

第三,激发服务对象的主观能动性,进行能力建设。戒毒社会工作者运用社会工作的方法和技巧,发现、发挥和发展戒毒未成年人自身的优势,调动其主观能动性,加强其生活、学习、心理、技能等方面的能力建设。

第四,促使服务对象与环境相适应。戒毒社会工作者帮助戒毒未成年人适应强制隔离戒毒环境或社区戒毒措施。

第五,填写"个案工作过程记录表"(见表 4-6)。

间接介入包括如下内容。

第一,协调和链接戒毒未成年人所需要的学习教育、技能培训等方面的资源。

第二，帮助戒毒未成年人改善所处的生活、学习环境。

第三，戒毒未成年人面临多重问题或障碍时，戒毒社会工作者进行个案管理。

表 4-6 个案工作过程记录表

服务对象姓名		社会工作者姓名	
日期		地点	
次数	第____次	时段	
服务形式			
介入目标			
介入过程（概述）			
介入小结			
下次介入计划与建议			
督导者意见			
社会工作者（签名）		日期	
督导者（签名）		日期	

在介入阶段，戒毒社会工作者应当注意以下事项：一是促进与服务对象的互动；二是对开展的服务进行实时评估，并对服务计划进行适当调整；三是依据并善用政策资源开展服务。

（五）评估

在评估阶段中应完成的主要工作如下。

第一，对服务成效进行评估，包括评估服务对象的改变、目标的实现、服务对象满意度等。戒毒未成年人戒治效果评估将在本章第五节详细论述。

第二，对服务过程进行评估，包括评估过程中运用的理论、模式、方法；进度的把握和调整；工作人员的表现；对专业的反思等。此部分为督导、社会工作机构对社会工作者的工作情况进行的评估，可参照个案社会工作的服务评估进行。

第三，填写“个案工作评估表”（见表 4-7）。

表 4-7　个案工作评估表

服务对象姓名		个案编码		社会工作者姓名	
接案日期			结案日期		
以下内容由服务对象填写					
一、您接受了社会工作者的哪些服务？					
二、接受了社会工作者的服务后，您应对困难、解决问题的能力是否获得提升？					
□是　　说明： □否					
三、您对社会工作者的表现满意吗？（请在答案处打钩）					
□非常满意　□满意　□一般　□不满意　□非常不满意					
四、自接受本机构服务后，您的情况有否改善？（请在答案处打钩）					
完全没有改善　　　　　　　　完全解决 1　2　3　4　5　6　7　8　9　10					
五、本服务结束之时，您与社会工作者商定的目标达成情况如何？（请在答案处打钩）					
完全达成（　　）原因说明： 部分达成（　　）原因说明： 未能达成（　　）原因说明：					
六、其他评价及建议					
服务对象（签名）			日期		
以下内容由社会工作者填写					
一、目标达成情况（重点描述服务对象转变，如情绪改善、行为改变以及能力提升等）					
二、总结与反思					
社会工作者（签名）			日期		
以下内容由督导者填写					
对服务的评价					
社会工作者表现评价					
督导者建议					
督导者（签名）			日期		

在评估阶段中,戒毒社会工作者需要应注意以下事项:一是向服务对象说明评估的目的和方法;二是兼顾过程评估与成效评估;三是兼顾质性方法与定量方法;四是评估宜有服务对象参与。

(六)结案

在结案阶段应完成的主要工作如下。

第一,确定合适的结案时机。戒毒个案社会工作具有“不结案的结案”特点,通常是强制隔离戒毒、社区戒毒终止时,个案社会工作需要结案。

第二,回顾服务过程,增强服务对象独立解决问题的能力和信心。回顾是指戒毒社会工作者与戒毒未成年人共同追溯个案社会工作过程中发生的重要事件或出现的重要情景。例如,双方初次见面;为了解决问题,双方做了什么努力;工作目标是否实现;没有实现目标的原因是什么;等等。但是,回顾不是简单地再现和重述以往事件,更重要的在于通过回顾,进行分析、总结和反省。对戒毒社会工作者而言,回顾是对个案社会工作的批判性反思,可以获取经验,以提高工作质量;对戒毒未成年人员而言,回顾可以帮助他们认清自身变化,取得哪些成就,哪些方面仍需改善,有助于提高他们的分析判断能力,增强其独立解决问题的能力和对未来生活的信心。

第三,巩固服务对象及其所处环境已有的改善。在结案时,大部分戒毒未成年人的不良心理及行为恶习都会发生不同程度的转化和改变。在回顾过程中,戒毒社会工作者应当对他们取得的收获给予肯定,并使之得以巩固,鼓励他们继续保持。同时,为了巩固工作效果,促进戒毒未成年人成长,戒毒社会工作者需要指导他们提高自我管理和自我监控能力,总结他们已经掌握的戒毒方法及技巧,并鼓励其应用于实际生活,避免复吸的发生。

第四,结束工作关系,妥善处理离别情绪。戒毒社会工作者为戒毒未成年人提供指导、帮助,必然会使他们之间产生一定的感情。结案意味着专业关系的结束,可能使双方产生积极的或消极的情绪反应。一些戒毒未成年人会产生悲伤、失落、痛苦等消极情绪,甚至复吸等极端行为。为了疏解因结案产生的消极情绪,戒毒社会工作者应当提前告知他们何时结案,让其有心理准备。同时,双方一起回顾整个工作过程,以稳定其取得的成就,共同探讨影响戒毒未成年人的外在因素,以协助他们客观地认识今后的处境,增强其信心。此外,双方还可以分享结案的感受。对反应强烈的戒毒未成年人,如果戒毒社会工作者不能为他们提供必要的帮助,可以邀请专业的心理工作者,一起参与回顾与讨论,让心理咨询师为他们提供必要的指导。

第五,填写“个案工作结案表”(见表 4-8)。

第六,对需要转介的服务对象做好转介安排。对需要转入自愿戒毒、社区康复或强制隔离戒毒的戒毒未成年人,戒毒社会工作者需要与转介机构做好对接,提前告之戒毒未成年人转介机构的性质及目的等。

表 4-8　个案工作结案表

<table>
<tr><td>服务对象姓名</td><td></td><td>个案编码</td><td></td><td>社会工作者姓名</td><td></td></tr>
<tr><td>接案日期</td><td colspan="2"></td><td>结案日期</td><td colspan="2"></td></tr>
<tr><td colspan="6">介入过程及现状总结</td></tr>
<tr><td colspan="6">1. 服务时间跨度、服务次数、服务方式
2. 服务对象的情况变化，问题解决程度
3. 目前服务对象的意愿、情绪、期望等
4. 社会工作者观察、总结</td></tr>
<tr><td colspan="6">目标达成情况</td></tr>
<tr><td colspan="6"></td></tr>
<tr><td colspan="6">结案原因</td></tr>
<tr><td colspan="6">□目标达到　　□超出服务范围
□社会工作者认为不适合继续跟进　说明：
□服务对象不愿意继续接受服务　说明：
□其他情况　说明：</td></tr>
<tr><td colspan="6">服务对象知道个案已结束并知道在有需要时如何得到服务　□是　□否</td></tr>
<tr><td colspan="6">结案后回访跟进计划</td></tr>
<tr><td colspan="6"></td></tr>
<tr><td>社会工作者（签名）</td><td colspan="2"></td><td>日期</td><td colspan="2"></td></tr>
<tr><td>服务对象（签名）</td><td colspan="2"></td><td>日期</td><td colspan="2"></td></tr>
<tr><td>督导者（签名）</td><td colspan="2"></td><td>日期</td><td colspan="2"></td></tr>
</table>

二、戒毒小组社会工作流程

戒毒小组社会工作流程主要遵循小组社会工作的流程开展。换言之，戒毒小组社会工作流程是小组社会工作在戒毒未成年人矫治工作中的应用，根据行业标准《社会工作方法　小组工作》（MZ/T 095—2017），其具体工作流程如下。

（一）小组筹备期

在小组筹备期应完成的主要工作如下。

第一，收集服务对象相关资料。了解戒毒未成年人的基本情况、家庭状况、吸毒史等。

第二，准确评估服务对象的需求。评估戒毒未成年人的戒毒动机、生理功能、心理状态以及社会能力等，掌握他们的共性需求和问题。

第三，确定小组工作的总目标和具体目标。目标设立一般遵循确定性、可度量性、可达成性、关联性和时限性原则。小组工作目标可以分为总目标和具体目标。总目标是小组工作系列性活动所要实现的目标。具体目标是小组每次活动所要实现的目标。

第四，确定小组的性质和内容。根据戒毒未成年人的共同需求与目标，设定小组的性质与内容。拟定工作内容是根据小组目标设计相应的活动内容，要体现社会工作的专业性。

小组活动通常安排 4~8 次，每次 1~2 小时，明确活动的时间、主题、内容以及所需物资等。

第五，确定小组类型、规模、时间和场所。

第六，撰写“小组工作计划书”（见表 4-9）和“小组工作单元（小节）计划书”（见表 4-10）。

表 4-9　小组工作计划书

<table>
<tr><td rowspan="5">基本信息</td><td>小组名称</td><td colspan="2"></td><td>编号</td><td colspan="2"></td></tr>
<tr><td>服务对象</td><td colspan="2"></td><td>服务人数</td><td colspan="2"></td></tr>
<tr><td>日期/时间</td><td colspan="2"></td><td>地点</td><td colspan="2"></td></tr>
<tr><td>小组性质</td><td colspan="5"></td></tr>
<tr><td>人员安排</td><td colspan="2">（分工与职责）</td><td>单元（节）数</td><td colspan="2">共____单元（节）</td></tr>
<tr><td>背景</td><td colspan="6">1. 需求调查
2. 问题分析
3. 政策依据
4. 服务方向</td></tr>
<tr><td>理论依据</td><td colspan="6">（阐述在小组服务中，运用了什么理论，以及理论在小组服务中是如何发挥作用的）</td></tr>
<tr><td>小组目标</td><td colspan="6"></td></tr>
<tr><td>招募方法</td><td colspan="6"></td></tr>
<tr><td rowspan="5">各单元（节）小组设计大纲</td><td>单元（节）次</td><td>单元（节）名称</td><td>单元（节）目标</td><td>主要活动内容</td><td>时间配置</td><td>人力</td></tr>
<tr><td>1</td><td></td><td></td><td></td><td></td><td></td></tr>
<tr><td>2</td><td></td><td></td><td></td><td></td><td></td></tr>
<tr><td>3</td><td></td><td></td><td></td><td></td><td></td></tr>
<tr><td>…</td><td></td><td></td><td></td><td></td><td></td></tr>
<tr><td>预计困难与解决方法</td><td colspan="6"></td></tr>
<tr><td>小组评估</td><td colspan="6">（评估主体、评估对象、评估内容、评估方式等）</td></tr>
<tr><td rowspan="6">财务预算/元</td><td>序号</td><td>项目</td><td>单价</td><td>数量</td><td>小计</td><td>经费来源</td></tr>
<tr><td>1</td><td></td><td></td><td></td><td></td><td></td></tr>
<tr><td>2</td><td></td><td></td><td></td><td></td><td></td></tr>
<tr><td>3</td><td></td><td></td><td></td><td></td><td></td></tr>
<tr><td>…</td><td></td><td></td><td></td><td></td><td></td></tr>
<tr><td colspan="2">申请经费总计</td><td></td><td colspan="3">备注：在“经费来源”一栏请填写相应代码：A. 机构；B. 用人单位；C. 其他（请说明）</td></tr>
</table>

续表

<table>
<tr><td rowspan="3">审批签署</td><td>社会工作者(签名)</td><td></td><td>日期</td><td></td></tr>
<tr><td>督导者(签名)</td><td></td><td>日期</td><td></td></tr>
<tr><td>中心/项目负责人(签名)</td><td></td><td>日期</td><td></td></tr>
</table>

表 4-10　小组工作单元(小节)计划书

<table>
<tr><td rowspan="3">基本信息</td><td>小组名称</td><td colspan="2"></td><td colspan="2">编号</td><td></td></tr>
<tr><td>单元(节)数</td><td colspan="2">第____单元(节)</td><td colspan="2">本单元(节)主题</td><td></td></tr>
<tr><td>日期/时间</td><td colspan="2"></td><td colspan="2">地点</td><td></td></tr>
<tr><td>目标</td><td colspan="6"></td></tr>
<tr><td rowspan="4">流程</td><td>时长</td><td>名称</td><td>目标</td><td>内容及具体操作方式</td><td>所需物资</td><td>工作人员</td></tr>
<tr><td></td><td></td><td></td><td></td><td></td><td></td></tr>
<tr><td></td><td></td><td></td><td></td><td></td><td></td></tr>
<tr><td></td><td></td><td></td><td></td><td></td><td></td></tr>
<tr><td>预计困难与解决办法</td><td colspan="6"></td></tr>
<tr><td>督导意见</td><td colspan="6"></td></tr>
<tr><td rowspan="2">签名</td><td>社会工作者(签名)</td><td colspan="2"></td><td colspan="2">日期</td><td></td></tr>
<tr><td>督导者(签名)</td><td colspan="2"></td><td colspan="2">日期</td><td></td></tr>
</table>

第七,招募与筛选组员。

第八,准备小组工作过程中所需的人、财、物等资源。戒毒社会工作者根据小组社会工作的需要向强制隔离戒毒所、社区戒毒机构申请协调相应的资源。

在筹备期,戒毒社会工作者应注意以下问题:一是小组目标明确、可操作、可测量和评估;二是选择符合小组性质的活动场所;三是设计符合组员特征的小组活动;四是小组社会工作各单元(节)间目标具有内在逻辑性;五是小组社会工作各单元(节)内目标、内容、活动具有内在逻辑性。

(二)小组形成期

在小组形成期应完成的主要工作如下。

第一,协助组员彼此认识。在第一次小组活动中,戒毒社会工作者通过组织自我介绍,帮助组员彼此认识。

第二,澄清小组目标和组员目标。戒毒社会工作者向戒毒未成年人明确解释小组建立的目标以及组员目标。

第三,建立安全、信任的关系。建立安全、信任的关系是小组建立初期的重点工作。戒毒社会工作者可以通过小组契约形式，增强组员之间信任；通过发言、讨论、游戏等小组活动，活跃小组气氛，营造良好的小组氛围。

第四，形成小组规范，签订小组契约。在第一次小组活动中，戒毒社会工作者要与小组组员共同制定小组规范。小组规范主要包括小组活动的时间、文明用语、注意事项、保密规则等。制定小组规范时，要注意吸纳戒毒未成年人的想法和意见。小组规范在征得所有组员同意的情况下，由小组组员共同签字生效。小组规范中的重要事项需要经常提及或反复强调，以提醒小组组员遵守。例如，戒毒未成年人倾诉自己吸毒经历或个人隐私时，戒毒社会工作者要把握时机，说："我想再强调一次保密性原则。因为公开秘密需要勇气，如果想获得自由、坦诚的环境，每个组员必须遵守保密规则。"

第五，协助组员初步建立小组凝聚力和归属感。戒毒社会工作者通过各种类型的小组活动，增加组员间互动的频率与深度，不断提高小组的凝聚力和归属感。

第六，撰写"小组工作过程记录表"（见表 4-11）。

在形成期，戒毒社会工作者应注意以下问题：一是明确在小组中所处的中心位置；二是注重真诚、尊重和接纳；三是强调联结者和示范者的角色。

（三）小组转折期

在小组转折期应完成的主要工作如下。

第一，关注特殊组员。随着交流、互动的增多，小组组员的表现各异，有的组员能够积极表达观点、分享经验，主动参与，甚至有主导小组活动的倾向；有的组员则不愿、不敢表达观点，主动参与性不强，附随倾向明显，甚至产生抗拒心理。戒毒社会工作者需要关注过于积极和消极防卫的特殊组员。

第二，处理防卫、抗拒行为。有些组员虽想表达自己的观点，但又担心其他组员批评、排斥，而选择防卫、抗拒。戒毒社会工作者要及时引导，给予鼓励和肯定，并带动其他组员给予其正面评价，帮助其化解矛盾心理。有些组员对小组建立及运行持否定态度，不愿、不屑参与其中。戒毒社会工作者要再次强调小组的目标及小组活动的意义，重申小组规范，促进组员改变观念，使其认同并主动参与小组活动。

第三，协调和处理冲突。随着小组活动的推进，组员间会不可避免地产生观念上的矛盾和观点上的争议，甚至有些组员会表现出行为上的紧张。此时，戒毒社会工作者要正确认识冲突，保持包容的心态，鼓励组员真实地表达自己的想法，贯彻真诚、开放、非批判的原则。同时，戒毒社会工作者要扮演协调者的角色，冷静分析冲突产生的原因，运用专业理论与方法，引导小组组员化解冲突，形成新认知。

第四，进一步促进小组动力的形成。通过各种形式的小组活动，进一步促进小组动力的形成。

第五。撰写"小组工作过程记录表"。

在转折期，戒毒社会工作者应注意以下问题：一是鼓励组员真实地表达自己；二是注重公平、真诚、开放、非评判；三是强调协调者的角色。

表 4-11　小组工作过程记录表

<table>
<tr><td rowspan="5">基本信息</td><td>小组名称</td><td colspan="2"></td><td>编号</td><td></td></tr>
<tr><td>日期/时间</td><td colspan="2"></td><td>地点</td><td></td></tr>
<tr><td>社会工作者姓名</td><td colspan="2"></td><td>协助人员</td><td></td></tr>
<tr><td>出席人数</td><td colspan="2"></td><td>单元(节)数</td><td>第____单元(节)</td></tr>
<tr><td>小组性质</td><td colspan="4"></td></tr>
<tr><td rowspan="4">过程记录</td><td>时间段及环节</td><td>目的</td><td colspan="3">过程分析</td></tr>
<tr><td></td><td></td><td colspan="3"></td></tr>
<tr><td></td><td></td><td colspan="3"></td></tr>
<tr><td></td><td></td><td colspan="3"></td></tr>
<tr><td>小组成员反馈</td><td colspan="5">(可采用问卷等多种方法)</td></tr>
<tr><td>小组分析</td><td colspan="5">(包括小组沟通模式、气氛、规范、凝聚力、组员领导模式、决策、冲突等;小组活动内容、方式等;小组组员的参与、投入和其他表现等;工作人员态度、投入和专业性等各种表现)</td></tr>
<tr><td>目标达成情况</td><td colspan="5"></td></tr>
<tr><td>工作反思</td><td colspan="5">(可从价值观、理论及技巧等方面进行专业反思)</td></tr>
<tr><td>下单元(节)跟进</td><td colspan="5">(在下一单元(节)中需要发扬或利用哪些优势,注意解决或跟进哪些问题,以及在专业价值观、理论、方法技巧、工作内容等方面作出哪些调整,在此处应予以简短说明;如果是最后一单元(节),此部分可省略)</td></tr>
<tr><td>督导意见</td><td colspan="5"></td></tr>
<tr><td rowspan="2">签名</td><td>社会工作者(签名)</td><td colspan="2"></td><td>日期</td><td></td></tr>
<tr><td>督导者(签名)</td><td colspan="2"></td><td>日期</td><td></td></tr>
</table>

(四)小组成熟期

在小组成熟期应完成的主要工作如下。

第一,协助组员维持小组的良好互动。经过了化解冲突的转折期,组员彼此更加了解和熟悉,能够相互认同、展开合作。戒毒社会工作者需要进一步维持小组的良好互动氛围,从主导者向边缘者过渡。

第二,协助组员从小组经验中认知重建。戒毒社会工作者通过各种类型的小组活动,得出共识性小组经验,并将经验潜移默化地灌输给组员,进而改变组员以往的错误认知,形成其对毒品、吸毒、戒毒等问题的新认知。

第三，协助组员把领悟转化为行动，鼓励组员尝试新的行为。在认知重建的基础上，戒毒社会工作者鼓励戒毒未成年人改变与吸毒相关的不良行为，如对抗戒治、行动拖延或冲动、说谎、吸烟等，在自我约束和相互鼓励、监督下，养成良好的行为方式和生活习惯。

第四，鼓励组员互助互惠，协助组员解决问题。戒毒社会工作者通过各种类型的小组活动，鼓励组员间互助互惠，协助组员解决各自存在的问题，不断深化小组的概念，提高小组的凝聚力及组员间的依赖性。

第五，引导组员促进目标的达成。成熟期是实现小组目标的最佳时机。戒毒社会工作者指导小组组员澄清存在的共性问题，建立合理的目标，调动组员协助他人解决问题的积极性，发挥小组的集体力量与智慧，聚焦共性问题的解决方法，促进小组目标的实现。

第六，撰写“小组工作过程记录表”。

在成熟期，戒毒社会工作者应注意以下问题：一是明确在小组中主要处于边缘位置；二是注重支持、鼓励、关怀；三是强调促进者、支持者、资源链接者的角色。

（五）小组结束期

在小组结束期应完成的主要工作如下。

第一，处理组员的离别情绪。在结束期到来之前，戒毒社会工作者需要提前告知组员们小组的结束时间，以便组员做好心理准备，减轻因结束而产生的失落等负面情绪，避免出现行为倒退等现象。

第二，协助组员巩固小组经验并将其运用于实际生活中。戒毒社会工作者通过模拟练习等手段，帮助组员进一步巩固、强化从小组中获得的有益经验和实践技能。

第三，小组评估。结束期的小组评估是对整个小组活动的评估，主要包括戒毒社会工作者自评、戒毒社会工作者对小组活动的评价、组员自评、组员对戒毒社会工作者及小组活动的评价、督导评价、机构评价等。小组评估的主要内容有组员的改变与需求满足程度、组员之间的协作程度等。

第四，处理遗留工作。

第五，安排跟进工作。小组活动结束后，戒毒社会工作者可安排后续跟进工作，了解组员的成长情况、掌握以及运用小组经验情况等。

第六，撰写“小组工作过程记录表”。

第七，撰写“小组工作评估总结报告”（见表 4-12）。

表 4-12 小组工作评估总结报告

<table>
<tr><td rowspan="5">基本信息</td><td>小组名称</td><td colspan="4"></td><td colspan="2">编号</td><td colspan="3"></td></tr>
<tr><td>服务对象</td><td colspan="4"></td><td colspan="2">服务人数</td><td colspan="3"></td></tr>
<tr><td>聚会地点</td><td colspan="4"></td><td colspan="2">社会工作者姓名</td><td colspan="3"></td></tr>
<tr><td>时间</td><td colspan="4"></td><td colspan="2">单元（节）数</td><td colspan="3">共____单元（节）</td></tr>
<tr><td>小组性质</td><td colspan="9"></td></tr>
<tr><td rowspan="3">出席情况</td><td>单元（节）数</td><td>1</td><td>2</td><td>3</td><td>4</td><td>5</td><td>6</td><td>7</td><td>…</td><td>平均值</td></tr>
<tr><td>出席人数</td><td></td><td></td><td></td><td></td><td></td><td></td><td></td><td></td><td></td></tr>
<tr><td>出席率</td><td></td><td></td><td></td><td></td><td></td><td></td><td></td><td></td><td></td></tr>
<tr><td>目标达成情况</td><td colspan="10"></td></tr>
<tr><td>参加者满意度分析</td><td colspan="10">（请根据小组满意度调查表总结此栏内容，需包含对活动内容/形式、时间、频次、地点、工作人员态度/能力、自我参与程度等的满意程度）</td></tr>
<tr><td>小组分析</td><td colspan="10">（包括小组沟通模式、气氛、规范、凝聚力、组员领导模式、决策、冲突等；小组活动内容、方式等；组员的参与、投入和其他表现等；工作人员态度、投入和专业性等各种表现等；工作人员（或者说小组所在）的机构的人、财、物的投入等各种表现）</td></tr>
<tr><td>其他建议</td><td colspan="10">（如筹备策划、人员分工、资源动员与科学合理使用、专业性、本土化、知识建构、内容设计或其他方面的情况及建议等，请在此栏填写）</td></tr>
<tr><td>工作反思</td><td colspan="10">（可从价值观、知识及技巧等方面进行专业反思）</td></tr>
<tr><td>跟进计划</td><td colspan="10">（追踪评估计划）</td></tr>
<tr><td>财务报告</td><td colspan="10">预算经费总计： 元
使用经费总计： 元
盈余/超支总计： 元
（附经费决算明细表）</td></tr>
<tr><td>督导意见</td><td colspan="10"></td></tr>
<tr><td rowspan="3">结束签署</td><td>社会工作者（签名）</td><td colspan="5"></td><td>日期</td><td colspan="3"></td></tr>
<tr><td>督导者（签名）</td><td colspan="5"></td><td>日期</td><td colspan="3"></td></tr>
<tr><td>中心/项目负责人（签名）</td><td colspan="5"></td><td>日期</td><td colspan="3"></td></tr>
<tr><td colspan="11">注：请将评估工具（如评估问卷、评估量表、访谈提纲等）附后</td></tr>
</table>

在结束期,戒毒社会工作者应注意以下问题:一是明确回归小组中心的位置;二是注重肯定、鼓励、祝愿;三是强调评估者的角色。

第五节　戒毒未成年人司法保护社会工作评估

一、工作评估概述

(一)工作评估的概念

工作评估是指有关人员运用科学的评估方法对戒毒未成年人司法保护社会工作的实际效果进行评价的活动。工作评估的目的是评价司法保护社会工作是否达到目的。

戒毒未成年人司法保护社会工作评估主要包括两个方面的内容。

(1)戒毒措施对戒毒未成年人所产生的作用,具体是指强制隔离戒毒所、社区戒毒机构及社会工作者采取的教育矫正、监督管理以及帮困扶助措施,对戒毒未成年人的心理和行为等方面是否起作用及作用大小,从而衡量戒毒未成年人是否达到守法公民的标准。

(2)戒毒工作产生的效果,具体指强制隔离戒毒、社区戒毒工作对预防和减少吸毒、复吸,节约国家司法资源,维护社会稳定等是否起作用及作用大小,从而衡量戒毒工作是否达到司法保护的目的。

(二)工作评估的功能

工作评估的功能是指对面向戒毒未成年人的戒毒工作的评估所产生的作用。开展工作评估的作用主要有以下三个。

1. 促使戒毒未成年人正确认识自我

工作评估的结果是戒毒未成年人正确认识自我的重要依据。戒毒未成年人经过一段时间的戒治后,关心自身改造到什么程度、取得哪些收获、存在哪些不足。通过科学的工作评估,比对戒毒未成年人接受戒治前后在心理、行为以及社会适应方面的差异,戒毒社会工作者可以帮助戒毒未成年人认识戒治期间取得的成绩和存在的不足,指导他们进行自我鉴定和自我评价,使其正确认识自我,以便将来进一步自我矫正。

2. 提升戒毒社会工作者的工作质量

工作评估的结果是戒毒社会工作者发现自身不足、提高自身能力的重要依据。戒毒社会工作既是司法保护过程,也是社会工作过程。戒毒社会工作者通过工作评估,可以了解和调查教育矫正、心理矫治、监督管理、帮困扶助等矫正项目的实施情况及其效果,总结和反思戒治方案及具体措施的效果,发现戒治工作中的优势和不足,并提出相应的改进措施,有助于不断提高戒毒社会工作者的实践能力和服务品质。同时,在对戒毒工作的效果进行评估时,戒毒社会工作者获得了与戒毒、司法、公安、民政、社会保障和村(居)委会等部门交流和沟通的机会,能够对戒毒工作效果有一个新的认识,这种认识也能够促进其工作质量的提升。

3. 促进相关戒毒机构总结和改进工作

工作评估的结果是相关戒毒机构总结和改进工作的重要依据。戒毒未成年人矫治效果的好坏是强制隔离戒毒所、社区戒毒机构工作水平高低的直接体现。影响戒毒未成年人戒治效果的因素很多,如工作队伍是否专业、教育内容是否科学、心理矫治是否有效、监管措施是否有力、帮困扶助是否落实到位、社区资源是否得到充分开发和利用、社会环境是否利于矫正等,不管哪个环节出现问题,都会制约和影响戒治效果。通过戒毒未成年人戒治效果评估,强制隔离戒毒所、社区戒毒机构能够及时发现问题,总结经验,改进工作,提出相应的对策和措施,正确把握戒毒工作的重点及方向。

二、工作评估内容

工作评估的内容主要包括戒毒未成年人戒治效果评估和戒毒工作实施效果评估。因戒毒工作实施效果评估是从宏观层面研究戒毒工作的实际效果,与戒毒未成年人社会工作关联性不高,下面我们重点介绍戒毒未成年人戒治效果评估工作。

戒毒未成年人戒治效果评估是指戒毒社会工作者利用科学的评估方法对戒毒未成年人的戒治状况进行评价的活动。戒毒未成年人戒治效果评估的对象是戒毒未成年人,其评估内容主要包括戒毒未成年人的生理康复情况、心理健康状况、认知能力、行为方式以及社会适应性等,同时也涉及戒毒社会工作者的工作成效以及戒治项目的有效性。戒毒未成年人戒治效果评估既可以是戒治过程中的阶段性评估,也可以是戒治结束前的总结性评估。戒毒未成年人戒治效果评估是戒毒工作的一项重要内容,是检验戒毒工作成效的重要手段,但至今我国还没有形成一套统一、完备的戒毒未成年人戒治效果评估体系,评估工作滞后于实践。

(一)评估指标体系

戒毒未成年人戒治效果评估的指标体系,是指由对戒毒未成年人戒治状况进行评估的各项指标组成的体系。戒治效果评估的指标选择应当以戒毒未成年人再社会化为中心,以他们经过戒治后自身素质的改善状况为内容。矫治戒毒未成年人的不良心理及行为恶习,促进其再社会化是戒毒工作的根本目标,因此,戒治效果评估的指标应当围绕这一根本目标设定。同时,在戒毒期间,戒毒社会工作者通过教育矫正、心理矫治、监督管理以及帮困扶助等方式,影响或改变戒毒未成年人的个人素质、生理状态、思想观念、心理品质、认知能力、行为方式等。因此,戒治效果评估的指标应当以戒毒未成年人接受戒治后自身素质的改善状况为内容,衡量其再社会化程度。

确定一级评估指标群,是构建戒治效果评估指标体系的关键。从戒毒社会工作的实践经验来看,戒治效果评估指标体系应当包括戒毒未成年人的生理状况、心理健康状况、道德水平、认知能力、社会适应能力。它们是戒治效果评估的基本方面和主要方向。在确定基本框架后,再根据一级指标所包含的要素以及各要素之间的关系,对一级指标进行细化和具体化,形成二级指标和三级指标。

(二)评估指标内容

从戒毒社会工作的根本目标出发,戒毒未成年人戒治效果评估的主要内容包括以下几个方面。

1. 生理康复效果评估

生理康复是指戒毒未成年人生理及身体机能等方面的康复。众所周知,吸毒会影响身心健康,导致吸毒人员身体机能减退,甚至患上各种疾病,特别是传染病等。戒毒社会工作的首要目标是帮助戒毒未成年人戒除毒瘾,消除其对毒品的生理依赖,实现身体康复。因此,生理康复效果评估是戒治效果评估的一个十分重要的内容。本项评估主要是对戒毒未成年人毒品戒断情况和身体健康状况进行评价,具体内容及方法见表 4-13。

表 4-13 生理康复效果评估表

一级指标	二级指标	三极指标	评估方法
生理康复	毒瘾戒断情况	毒品检测结果呈阴性	尿检
		无疼痛、失眠、焦虑等稽延性症状	观察诊断
		无生理急性脱瘾反应	体检
	身体健康状况	体能运动指标正常	体测
		心、肺、肝、肾等身体器官健康	体检

2. 心理康复效果评估

心理康复是指戒毒未成年人心理状态的康复。不良心理,特别是好奇、寻求刺激的心理是导致未成年人吸食毒品的重要原因,意志薄弱是导致他们复吸的重要原因。因此,心理康复是戒治效果评估中的主要内容。本项评估主要是对戒毒未成年人心理健康状况及心理技能运用状况进行评价,具体内容及方法见表 4-14。

表 4-14 心理康复效果评估表

一级指标	二级指标	三级指标	评估方法
心理康复	心理健康状况	心理测验指标正常	心理测验
		掌握心理健康知识	考试
		心理依赖得到完全消除	模拟训练
		认知方式理性,思维方式具有逻辑性	心理测验
		能对自己的行为进行正确归因	心理测验
		有戒毒的意志力及抵制毒品诱惑的能力	心理测验
		不良心理得到矫治	心理测验
	心理技能运用状况	正确评价、控制自己	考试或问答
		正确认识他人评价,人际沟通情况良好	观察
		戒毒动机明确,掌握拒毒方法	考试
		积极参加心理健康矫治康复学习及活动的态度	考试与观察
		能积极进行自我认知、自我体验和自我探索	心理测验
		掌握自我心理调节的方法	心理测验

3. 认知能力效果评估

认知能力是指戒毒未成年人对毒品及吸毒行为形成正确认知的能力。戒毒未成年人的文化素质普遍偏低，这会在认知能力、道德素质、心理状况、守法观念、社会责任等方面对他们形成影响。文化素质低将会导致戒毒未成年人不能正确认识毒品、吸毒行为及其危害，这是引发其吸毒的重要原因。部分未成年人错误地认为，“吸毒是时尚”，“吸毒不会成瘾”，“吸毒能够减肥”，等等。因此，戒毒未成年人认知能力效果评估是戒治效果评估中的主要内容。本项评估主要是对戒毒未成年人在毒品、吸毒行为、文化知识、法律、道德及其他社会规范及社会责任等方面的认知能力进行评价，具体内容及方法见表4-15。

表4-15　认知能力效果评估表

一级指标	二级指标	三级指标	评估方法
认知能力	吸毒方面	了解吸毒危害，客观分析吸毒原因，明确戒毒目标	考试或问答
		正确认识并接受戒毒	日常观察
		有悔过决心和行动	日常观察
	文化知识	掌握毒品基本知识	考试
		掌握法律基本知识	考试
		了解自愿戒毒、强制隔离戒毒、社区戒毒、社区康复等戒毒措施	考试
		树立法律意识	日常观察
认知能力	规范责任	正确认识自身，对自己的行为负责	考试或问答
		正确认识家庭责任及义务，并愿意承担	考试或问答
		正确认识社会公德，并愿意承担社会责任	考试或问答
		正确认识金钱的作用	考试或问答
		正确认识是非善恶，并具有鲜明的立场	考试或问答
		正确认识人格尊严、权利及义务	考试或问答
		有爱国主义精神和集体主义观念	日常观察
		能尊重生命，有同情心	日常观察
		了解公民权利的内容和实现途径	考试或问答
		了解公民义务的内容，并有自觉履行的意愿	考试或问答

4. 行为方式效果评估

行为方式是指戒毒未成年人行为习惯和自律性方面的状态。吸毒是一种违法行为，吸毒未成年人应当自觉接受戒治，但在开放的社区环境中，加之远离毒品的引诱相当困难，特别是出现稽延性戒断症状后，他们需要坚强的意志及自律的行为，才能抵制复吸。戒毒未成年人在开放的环境中保持操守至关重要。因此，戒毒未成年人的行为方式是戒治效果评估的重要内容之一。本项评估主要是在遵规守纪、言行举止方面对戒毒未成年人进行评价。具体内容及方法见表4-16。

表 4-16 行为方式效果评估表

一级指标	二级指标	三级指标	评估方法
行为方式	遵规守纪	遵守国家法律	行为考核
		服从和配合戒毒工作小组的管理和监护	行为考核
		主动接受脱毒治疗	行为考核
		主动汇报戒毒治疗、家庭生活等情况	行为考核
		定期接受检测	行为考核
		主动报告行踪	行为考核
	言行举止	养成良好的生活、卫生习惯	行为考核
		举止端庄,语言文明,讲礼貌	行为考核
		在没有约束的情况下,自觉遵守道德规范	行为考核

5. 社会适应效果评估

社会适应是指戒毒未成年人对社会生活的适应能力及程度。社会不适应,遭遇社会排斥或歧视,不能正常融入社会群体,不能得到社会认同与尊重,进而滑向不良群体,习得越轨行为是部分未成年人吸毒的重要原因。未成年人社会适应能力越强,回归社会的可能性越大,产生复吸等偏差行为的可能性越小,因此社会适应效果评估是戒治效果评估体系中的主要内容之一。本项评估主要是对戒毒未成年人学习就业以及人际交往等进行评价。具体内容及方法见表 4-17。

表 4-17 社会适应效果评估表

一级指标	二级指标	三级指标	评估方法
社会适应	学习就业	掌握一定的劳动和就业技能	考试或查看资料
		有自食其力的愿望	观察询问
		有具体的学习计划和打算	观察询问
	人际交往	能适应不同的生活环境,具有抗挫折能力	心理测验
		正确处理人际关系,能够与他人和谐相处	观察询问
		家庭责任感强,能够主动与家庭成员沟通	观察询问

(三)权数确定

权数是表示指标重要程度的系数。在指标体系中,各项指标具有不同的地位和作用,为了使评估具有科学性,需要赋予不同的指标不同的权数。确定各项指标权数的根据主要有三个。其一,指标的信息含量。一般而言,指标所含的信息量越大,权数就越高;反之则越低。其二,指标的敏感性。一般而言,敏感度越大的指标,权数就越高;反之则越低。其三,指标的独立性[①]。在一般情况下,各项指标之间存在一定的相关性,在这种相关性前提下,有

① 张昱,费梅苹.社区矫正实务过程分析[M].上海:华东理工大学出版社,2005:277.

些指标的作用可以被其他指标所替代,此时,该项指标就应该剔除,不占有指标权数;反之,如果某些指标能够明显地增加评估的信息量,那么该项指标的权数就应增加。

权数分配的方法主要有经验判断法、比较法、德尔菲法、层次分析法等。经验判断法是依据专家理性、直观的认识来确定权数的一种方法。比较法是通过比较指标的重要性来确定指标权数的一种方法,其基本步骤是由专家根据重要性对指标进行排序,并将后面的指标与前一指标进行比较,计算其相对重要比,由此计算出各项指标的权数。德尔菲法是一种利用专家系统对指标权数进行确定的方法,其基本步骤①:把待定权数的指标和有关资料及统一的规则发送给选定的专家,由他们独立地给出各项指标的权数值;在此基础上计算各指标权数的均值和标准差;将计算结果及补充资料返还专家,要求他们在第一轮征询结果的基础上研究和思考,重新确定权数,并给出确定权数的理由。反复进行上面的步骤,直至专家们的意见趋于收敛、稳定或基本一致,然后计算出各指标的均值作为该指标的权数。层次分析法的基本思想是,先按要求建立一个有描述系统功能特征的层次结构,再通过两两比较评价因素的相对重要性,按照相应的比例标度,构成对应的因素判断矩阵,得出各因素权数。

在戒毒未成年人戒治效果评估中,可以根据立法规定、理论研究和实践情况,综合运用上述权数分配方法,给每个指标设定合理的权数,以便戒治效果评估能够真正揭示戒毒工作的实际情况,得出客观的评估结论。

三、戒治效果评估方法

戒治效果评估方法是指在评估戒毒未成年人戒治效果时使用的具体方法。评估方法的恰当选择和使用,是戒治效果评估工作顺利进行的必要条件。因为没有科学的、与评估对象相适应的评估方法,就不可能有客观的评估结果。在戒毒未成年人戒治效果评估中常用的评估方法有以下几个。

(一)观察法

观察法是指评估人员通过感官或者借助一定的科学仪器,有目的、有计划地考察、描述和评价戒毒未成年人行为表现的方法。

所谓观察,就是有意识地关注戒毒未成年人的言行举止的活动。科学的观察具有下列特点:①有一定研究目的或者研究方向;②预先有一定的理论准备和较系统的观察计划;③有较系统的观察或者测量记录;④观测结果可以被重复验证;⑤观察者受过一定的专业训练②。

在戒毒未成年人戒治效果评估中,评估人员可以使用观察法研究戒毒未成年人在学习、劳动、日常生活中的行为表现:①评估教育措施的效果,即评估人员可以通过观察戒毒未成年人在教育中的积极性、主动性与完成作业情况等行为表现,评估教育矫正内容或方法的有效性;②评估戒毒未成年人的道德自律性,即评估人员可以通过观察戒毒未成年人在日常生活中的行为表现,评估其遵守基本道德规范的能力;③评估戒毒未成年人的生活技能情况,即评估人员通过观察戒毒未成年人的言谈、举止、仪表以及待人接物方面的表现,评估其掌

① 张昱,费梅苹. 社区矫正实务过程分析[M]. 上海:华东理工大学出版社,2005:277-278.

② 袁方. 社会研究方法教程[M]. 北京:北京大学出版社,1997:334.

握生活技能的情况。

评估人员在观察中应当做好记录，手工记录应达到以下标准：①详细注明观察的时间、地点，这是表明其为原始观察记录的重要凭证；②观察内容应该具体、详细，应尽可能将观察内容数量化，这样可以使观察结果更具说服力；③评估人员必须签名，以明确责任，并备查[①]。同时，评估人员也可利用照相、摄像、录音等方式进行记录，但运用这些方式必须慎重。

评估人员在观察评估过程中要注意控制误差。评估人员的观察活动会产生一定误差，进而影响评估结果。从评估人员的角度讲，观察误差与他们的态度、主观倾向、经验以及责任心有关。评估人员应当保持中立，否则，观察的结果会偏重于其先前的假设。从评估对象的角度来讲，他们为获取满意的评估结果，往往会掩饰其真实想法，从而导致评估结果的失真。

（二）面谈法

面谈法是指评估人员通过面对面谈话了解有关情况的评估方法。

面谈法是一种很常用，也很难掌握的一种评估手段。面谈法可分为非结构性面谈和结构性面谈。在非结构性面谈中，评估人员可以自由地重复问题、引入新问题、改变问题顺序等，这种面谈对评估人员要求较高，评估人员需要有丰富的经验以及较高的技能水平。为了增强面谈的效果和降低非结构性面谈的不可靠性，人们发展出了结构性面谈。结构性面谈是根据标准化的问题清单进行的面谈。在编制问题清单时，评估人员可以根据面谈的侧重点，设计不同的问题。

在戒毒未成年人戒治效果评估中，评估人员可以使用面谈法了解戒毒未成年人在法治观念、道德水平、就业能力等方面的矫正效果。

（1）评估戒毒未成年人的法治观念。评估人员以与法治观念相关的题目为切入点，与戒毒未成年人进行面谈，进而对其法治观念进行评估。例如，“你被安排进行强制隔离戒毒是因为……”“通过学习你是否知道遇到麻烦要通过法律途径解决？”等等。

（2）评估戒毒未成年人的道德水平。评估人员可以向戒毒未成年人提出能够反映他们道德水平的问题，例如，“金钱的多少是成功的唯一标准吗？”“你认为‘善有善报，恶有恶报’吗？”“你觉得家庭是一种约束吗？”“如果没有外部强制，你会遵守社会规则吗？”等等。

（3）评估戒毒未成年人的就业能力。评估人员可以向戒毒未成年人提出一些与其就业能力相关的问题，对其就业能力进行评估。例如，“如何给自己找一份工作？”“你有什么能够解决自己生活问题的技术？”“你如何看待‘技多不压身’这句话？”等等。

（三）心理测验法

心理测验法是根据客观的、标准化了的程序来测量个体的某种行为，以便判定个别差异的一种方法[②]。

在戒毒未成年人戒治效果评估中，评估人员可以使用心理测验法评估戒毒未成年人的心理健康等状况及其变化情况。心理测验的内容主要包括智力测验、人格测验和心理健康

① 张昱，费梅苹. 社区矫正实务过程分析[M]. 上海：华东理工大学出版社，2005：93.

② 章恩友. 中国监狱心理矫治规范化运作研究[M]. 北京：中国市场出版社，2004：104.

状况测验，常用的测量工具主要有：韦克勒斯智力测验量表、艾森克个性问卷（EPQ）、卡特尔 16 项人格因素量表（16PF）、明尼苏达多项（相）人格调查表（MMPI）、症状自评量表（SCL-90）等通用量表。在国外，研究者根据矫正工作的需要，编制了一些专门的心理测验量表，例如，矫正态度测验、矫正行为测验、矫正人格评价测验、矫正环境评价测验等[①]。

为了实现测验标准化，应注意以下四个方面的内容：①选用的测验工具应当与所要评估的内容相一致；②主持测验的人应当具备进行测验的基本条件，如口齿清楚，了解测验的实施程序和指导语，有严格控制时间的能力，并严格按测验手册说明的实施程序进行测验等；③要严格按照测验手册规定的方法记分和处理结果；④对测验分数的解释应有一定的依据，不能随意解释。

① 吴宗宪. 国外罪犯心理矫治[M]. 北京：中国轻工业出版社，2004：112-115.

第五章 被害未成年人司法保护社会工作

从法律文件来看,我国《刑事诉讼法》《未成年人保护法》《最高人民法院 最高人民检察院 公安部 司法部关于依法惩治性侵害未成年人犯罪的意见》《检察机关加强未成年人司法保护八项措施》《人民检察院办理未成年人刑事案件的规定》等法律法规和司法解释规定了未成年人在诉讼中所享有的各种权利,包括名誉权、隐私权、知情权、参与权、赔偿请求权、获得法律援助的权利、国家救助权、法定代理人到场权等。虽然相对被告未成年人,有关对被害未成年人的保护的规定比较少,但这些都秉承着“对被害未成年人最高限度保护”“对侵害未成年人犯罪最低限度容忍”的基本宗旨,从“程序性权利”“避免二次伤害”“提供法律援助”等方面对保护被害未成年人作出了要求。另外,《关于依法处理监护人侵害未成年人权益行为若干问题的意见》《关于依法办理家庭暴力犯罪案件的意见》还确定了对受监护侵害、遭受家庭暴力的被害未成年人采取特殊保护的原则,进一步扩大了被害未成年人的保护覆盖面。总之,在持续推进未成年人双向、全面司法保护的进程中,要综合运用特殊诉讼程序、刑事被害人救助、司法救助、心理救助、社会救助等多种方式和手段,使被害未成年人得到平等保护。

第一节 被害未成年人司法保护社会工作对象与主体

一、被害未成年人司法保护社会工作对象

(一)被害未成年人的概念

“被害人”这一概念仅运用于刑事领域,民事领域通常将权益受到侵害的人称为“受害人”。在刑事领域内,刑事诉讼法学、犯罪学及被害人学中均涉及了被害人研究。在被害人定义的界定问题上,学者们虽然各有侧重,但对其基本内涵的界定却是统一的。在刑事诉讼法学中,被害人是指合法权益遭受犯罪行为侵害的人。在犯罪学中,被害人是指犯罪行为所造成的损失或损害结果的承担者。在被害人学中,被害人是指受到犯罪行为侵害而受损的自然人、团体、事业单位、法人、机关或者国家。因此,被害未成年人是指年龄未达18周岁且受到犯罪行为侵害的被害人。

将被害未成年人作为刑事被害人群体的一个特殊群体进行保护,主要考虑到未成年人的不独立性。《民法典》根据未成年人的年龄、身体与心智发育特征,将8周岁以下的未成年人界定为无民事行为能力人,其被认为是完全不成熟的个体,需要在监护人的看护下生活成长;把8周岁以上、18周岁以下[①]的未成年人界定为限制民事行为能力人,在此阶段中的

① 依据《民法典》的相关规定,16周岁以上的未成年人如果以自己的劳动收入为主要生活来源,则视为完全民事行为能力人。

未成年人虽然处于逐步成熟阶段,但尚不能脱离监护人的监护而独自生活。

(二)被害未成年人的特点

1. 被害未成年人对犯罪行为的即时应对能力有限

即时应对能力是指当犯罪行为发生时,被害人的反应和处理能力。未成年人由于年龄小、缺少社会阅历、缺乏辨识能力和防范心理,所以很容易成为犯罪分子的目标,但他们自身力量与犯罪分子存在较大的悬殊,反抗能力明显不足,在遭受犯罪行为侵害时很难靠自身力量脱险自救。

2. 被害未成年人在遭受侵害后处理能力很差

未成年人心智尚未成熟、对犯罪行为了解不够,在受到不法侵害后不会报警、不敢报警,甚至不敢告知家人,这就会导致执法机关难以取证,犯罪分子得不到应有的惩罚,甚至会让犯罪分子钻了空子,导致对未成年人的侵害持续时间较长。例如,最高人民法院于2013年公布的鲍某某强奸、猥亵儿童一案。鲍某某利用教师身份,在两年多时间里猥亵幼女,并将其中6人奸淫多达数十次。鲍某某就是利用幼女懵懂无知、不懂行为性质、不敢告知家里人的特点,反复实施侵害。

3. 被害未成年人身心发育不成熟,身心创伤更为严重

一方面,由于未成年人身体发育不成熟,所以他们在遭受犯罪侵害时身体的承受能力更差,也更容易出现残疾、死亡等严重后果;另一方面,由于未成年人年龄较小,自我调节能力很弱,因此犯罪行为对未成年人产生的心理创伤比成年人更严重。极端恶劣的犯罪行为会对被害未成年人的认知产生极大的冲击,使他们在遭受犯罪行为侵害后持续陷入噩梦当中。在犯罪行为结束后,被害未成年人会表现出情绪的极端不稳定、焦躁、惊恐、羞耻等,短期内无法顺利同其他人交往,时刻担惊受怕。在性侵害案件中,被害未成年人还会产生严重的自卑心理,并可能对自身产生厌恶感。如果对被害未成年人的短期心理问题不能进行及时调节,就很可能形成隐患,继而使短期心理问题演变为长期心理问题,产生心理病变,最终甚至导致自杀、恶逆变等严重后果。

二、被害未成年人司法保护社会工作主体

我国正在通过“一体化保护”、“一站式”办案机制、法律援助、司法救助、强制报告和教职员工准入查询等多种制度、多方力量,形成对被害未成年人的全面综合保护。工作主体涉及司法机关的专门办案组织和其他政府部门、人民团体、社会组织中承担保护未成年人工作的支持体系。

(一)公、检、法、司中的专门办案组织

基于未成年人的身心特点,未成年人案件的办理应该有别于成年人案件的办理,相关法律和司法解释都指出应该由熟悉未成年人身心特点的审判人员、检察人员、侦查人员办理相关案件,被害未成年人系女性的案件还应当有女性工作人员参与。《未成年人保护法》明确规定,公安机关、人民检察院、人民法院和司法行政部门应当确定专门机构或者指定专门人员,负责办理涉及未成年人案件,在刑事诉讼中建立相应的特殊程序和救助机制,对其诉讼

权益进行特别保护。

保障被害未成年人合法权益是少年司法保护社会工作的重要内容，少年司法制度由少年警务、少年检察、少年审判、少年法援四部分共同构成，在对被害未成年人侦查、询问、出庭等环节设置针对性的保护措施。

1. 少年警务

少年警务主要是指由公安机关专职机构或专职人员围绕未成年人犯罪预防及犯罪处置所展开的专门警务活动[①]。针对被害未成年人，少年警务主要发挥公安机关的保护职能。公安机关选择经过专业训练、有丰富办案经验的侦查人员，特别是有儿童保护经验、熟悉儿童身心发展特点的女干警，成立侵害未成年人案件专办小组，专门办理未成年人侵害案件。在性侵害案件或暴力伤害案件的侦查取证、询问环节，以一次询问为原则，尽量减少对被害未成年人的二次伤害[②]。少年案件专人专办是国外少年司法制度的一个重要特征，20 世纪以来，欧美国家和日本的警察机构纷纷设置少年部门，以专业的方法和态度来处理少年犯罪和少年问题。美国少年警务就以处理少年罪错案件为主，也负责保护受侵害少年、与少年相关的犯罪预防与被害预防及其他事务[③]。

我国少年警务发展相对滞后，尽管早在 1995 年颁布的《公安机关办理未成年人违法犯罪案件的规定》中就明确，公安机关应当设置专门机构或者专职人员承办未成年人违法犯罪案件，办理未成年人违法犯罪案件的人员应当具有心理学、犯罪学、教育学等专业基本知识和有关法律知识，并具有一定的办案经验。一些省市也带头实行少年刑事案件专人专办。如上海市长宁区公安分局于 1986 年建立了上海市第一个少年嫌疑犯专门预审组，1994 年成立少年案件审理科。北京市海淀区公安局于 2012 年与北京超越青少年社工事务所合作，在办理涉罪未成年案件中引入社会工作力量，并成立未成年人法制支队，由专门办案人员处理少年犯罪案件。2017 年，昆明市公安局盘龙分局启动少年警务试点，成立少年警务项目工作组。2018 年，上海市嘉定区成立嘉定区少年警务中心。江苏淮安市，广西钦州市钦南区，湖北利川、麻城，河南禹州，很多地方都在警局指定了专门的办案人员或者成立了专门的办案小组，或者成立了未成年人警务大队、预审中队等。但少年警务的发展并未达到少年法庭、未成年人检察机构等其他司法机关的完善程度[④]。公安机关专司未成年人工作的警察机构和警察队伍在我国大多数地区仍未建立[⑤]。况且少年警务与司法保护社会工作在衔接过程中主要针对罪错少年提供服务，缺乏对被害未成年人的保护。我国亟待建立专门负责未成年人合法权益保护的警察结构，配备专职处理少年事务的警察力量。

2. 少年检察

独立、专业的办案组织和机构的设置是推进少年检察工作不断发展的基础。上海市长宁区检察院于 1986 年 1 月在全国率先设立少年刑事案件起诉组，开启了我国少年刑事检察工作专业化发展的进程。截至 2016 年 3 月，全国共有独立建制的少年检察机构 1 027 个，其中省级检察机关 19 个，在公诉部门下设未检办案组 1 400 多个，专门的少年检察官达到

---

① 赵希. 少年警务的理念更新与制度阐释：以《预防未成年人犯罪法》修订为背景[J]. 预防青少年犯罪研究，2021(2):51.

② 王文慧. 性侵未成年人犯罪案件取证问题研究[J]. 绥化学院学报，2021，42(12):45.

③ 夏菲. 少年警务美国模式之审视与反思[J]. 青少年犯罪问题，2021(6):109.

④ 范瑞青. 少年司法社会工作文献综述[J]. 社会与公益，2020(1):24.

⑤ 王铁凡. 我国少年警务制度建构问题研究[J]. 统计与管理，2012(4):97.

7 000 余人[①]。截至 2018 年 10 月，我国 1 400 多个基层检察机关设立了未成年人刑事检察科，全国已有 24 个省级检察机关设立了未成年人检察专门机构。2019 年 1 月，最高人民检察院在新一轮的内设机构改革中，增设了第九检察厅，专门负责开展未成年人司法保护和预防未成年人犯罪工作[②]。2020 年《最高人民检察院关于加强新时代未成年人检察工作的意见》规定，涉及未成年人刑事、民事、行政、公益诉讼案件原则上可由未成年人检察部门统一集中办理，没有专设机构的，由未成年人检察办案组或独任检察官办理，其他部门予以全力支持配合，未成年人检察业务统一集中办理工作在全国检察机关全面推开。最高人民检察院未成年人检察工作办公室的职责之一就是“对侵害未成年人人身权利犯罪案件审查逮捕、审查起诉、出庭公诉”。

少年检察推进“一站式”办案机制建设。少年检察机构加强了与公安机关的沟通，努力实现性侵害未成年人案件提前介入、询问被害人同步录音录像全覆盖，切实提高一次询问的比例，避免和减少二次伤害；会同公安机关、妇联等部门积极推进集被害未成年人接受询问、生物样本提取、身体检查、心理疏导等于一体的“一站式”取证、救助机制建设。

少年检察加强被害未成年人关爱救助工作。为了认真落实《最高人民检察院关于全面加强未成年人国家司法救助工作的意见》等规定，实现符合条件对象救助全覆盖，少年检察机构重点加强了对孤儿、农村留守儿童、困境儿童、事实无人抚养儿童及进城务工人员子女等特殊被害未成年人群体的关爱救助；主动协调职能部门，借助社会力量，提供身心康复、生活安置、复学就业、法律支持等多元综合救助，帮助被害未成年人及其家庭摆脱困境；并会同司法行政部门，健全完善刑事案件被害未成年人法律援助制度。

3. 少年审判

1984 年 10 月，上海市长宁区人民法院设置了第一个少年法庭。基于发展少年法庭的考虑，最高人民法院于 2006 年选择 18 个中级人民法院开始全国性少年综合庭试点改革，2013 年又选择 32 个中级人民法院进行第二轮少年综合庭改革[③]。上海市还于 2009 年进行了建立少年法院的实质性论证工作，并在很多方面达成共识，其中包括在少年法院建立未成年人维权中心和未成年人法律援助中心等[④]。2021 年发布的《最高人民法院关于加强新时代未成年人审判工作的意见》强调，未成年人审判工作只能加强、不能削弱，要依法保护被害未成年人的权益，对各类侵害未成年人的违法犯罪依法严惩，既要加强对未成年人的刑事保护，又要加强对未成年人的民事、行政权益的保护，努力实现对未成年人权益的全方位保护。少年法庭包括专门审理涉及未成年人刑事、民事、行政案件的审判庭、合议庭、审判团队以及法官。各级人民法院根据未成年人审判工作的特点和需要，为少年法庭配备专门的员额法官和司法辅助人员。

有条件的人民法院根据未成年人案件审判工作需要，在机构数量限额内设立专门审判庭，审理涉及未成年人刑事、民事、行政案件。不具备单独设立未成年人案件审判机构条件的法院，指定专门的合议庭、审判团队或者法官审理涉及未成年人案件。人民法院在询问被

① 姚建龙. 中国少年司法的历史、现状与未来[J]. 法律适用，2017(19)：4.

② 狄小华，谭建宏. 少年刑事检察制度回顾与展望：兼谈以少年检察为中心的少年司法制度[J]. 人民检察，2019(Z1)：153.

③ 姚建龙. 中国少年司法的历史、现状与未来[J]. 法律适用，2017(19)：4.

④ 姚建龙. 少年法院试点对未检制度的影响：以上海市检察实践为例[J]. 法学，2010(1)：154-155.

害未成年人时，依法通知其法定代理人或者其成年亲属、所在学校的代表等合适成年人到场，并采取适当方式，在适当场所进行。办理性侵害或者暴力伤害案件，在询问被害未成年人时，采取同步录音录像等措施，尽量一次完成；被害未成年人是女性的，应当由女性工作人员进行询问。开庭审理涉及未成年人案件，被害未成年人一般不出庭作证；必须出庭的，采取保护其隐私的技术手段和心理干预等保护措施。此外，少年审判根据案件情况开展社会调查、社会观护、心理疏导、法庭教育、家庭教育、司法救助、回访帮教等延伸工作，提升案件办理的法律效果和社会效果。

4. 少年法援

由于被害未成年人兼具未成年人与被害人的双重特殊身份，身心不成熟性和所处弱势地位导致其在受到犯罪行为侵害时往往不知所措，而代为主张权利的法定代理人通常对法律规定也并不熟悉。因此，保障其合法权益的最佳途径无疑是法律援助。2007 年底，全国法律援助机构达 3 259 个，工作人员达 12 519 人，其中法律援助机构执业律师有 4 349 人，未成年人成为刑事法律援助的最主要对象，2007 年全国涉及未成年人刑事法律援助案件达 57 819 件，占刑事援助案件总数的 48.6%①。但受援人多是未成年嫌疑人、被告人或其近亲属，而没有被害未成年人。2017 年，全国法律援助机构共组织办理法律援助案件 130.7 万件，援助人数达 138.8 万，而获得法律援助的被害未成年人仅有 1.18 万，占所有受援人数的 0.8%②。

被害未成年人获得法律援助比率低的原因是多方面的，制度设计存在漏洞是其中之一。2003 年公布施行的《法律援助条例》规定，公诉案件中的被害人自案件移送审查起诉之日起，因经济困难没有委托诉讼代理人的，可以向法律援助机构申请法律援助。这虽然赋予了被害人申请法律援助的权利，但是因被害未成年人及其法定代理人不知道其享有该项权利、经济困难证明难以取得等，其权利往往无法得到落实。另外，被害未成年人只能在审查起诉时提出法律援助申请，侦查阶段援助律师无法介入，这也容易导致询问、取证中的“二次伤害”。

实现被害未成年人法律援助全覆盖、全面保障被害未成年人的合法权益是法治建设的应有之义。2020 年，司法部公共法律服务管理局、中华全国律师协会印发的《未成年人法律援助服务指引（试行）》中规定，法律援助机构指派未成年人案件时，应当优先指派熟悉未成年人身心特点、熟悉未成年人法律业务的承办人员。未成年人为女性的性侵害案件，应当优先指派女性承办人员办理。有条件的地区，法律援助机构可以建立未成年人法律援助律师团队。该服务指引的出台也标志着少年法援开始发展。未成年人法律援助工作坚持最有利于未成年人的原则，遵循给予未成年人特殊、优先保护，尊重未成年人人格尊严，保护未成年人隐私权和个人信息，适应未成年人身心发展的规律和特点，听取未成年人的意见，保护被害未成年人权益，避免被害未成年人受到二次伤害，加强跨部门多专业合作，积极寻求相关政府部门、专业机构的支持。

少年法援重点关注被害未成年人，对于性侵害、监护人侵害、学生伤害等行为中的被害未成年人，法律援助承办人保护被害未成年人隐私权和个人信息，不公开被害未成年人的姓

① 王波. 完善律师在少年司法中的作用探析[J]. 中国司法，2009（2）：48.

② 谢明钰. 未成年被害人法律援助之困境及出路[J]. 现代交际，2019（13）：37.

名、影像、住所、就读学校以及其他可能推断、识别出其身份信息的其他资料信息。采取和缓、科学的询问方式,以一次、全面询问为原则,尽可能避免反复询问。协助被害未成年人提起刑事附带民事诉讼,并根据被害未成年人的诉讼请求,指引、协助被害未成年人准备证据材料。建议办案机关对被害未成年人的心理伤害程度进行社会评估,辅以心理辅导、司法救助等措施,修复和弥补被害未成年人身心伤害;发现被害未成年人存在心理、情绪异常的,告知其法定代理人(监护人)为其寻求专业心理咨询与疏导。被害未成年人及其法定代理人(监护人)提出精神损害赔偿的,法律援助承办人应注意收集被害未成年人因遭受侵害导致精神疾病或者心理伤害的证据,将其精神损害和心理创伤转化为接受治疗、辅导而产生的医疗费用,依法向犯罪嫌疑人、被告人提出赔偿请求。对被害未成年人因遭受侵害而造成人身损害,不能及时获得有效赔偿,生活困难的,法律援助承办人应帮助被害未成年人及其法定代理人(监护人)、近亲属,依法向办案机关提出司法救助申请。

(二)主导性工作主体——检察机关

检察环节作为刑事诉讼的中间环节,前承侦查机关,后接审判机关,承上启下,是唯一参与未成年人司法保护全过程的机关,对被害未成年人的发现具有准确性、及时性、全面性等优势,在被害未成年人的保护工作中发挥“领头羊”作用。

1. 主导规范制定

最高人民检察院运用其司法解释权和法律监督权,推动完善关于被害未成年人的特殊诉讼程序,加强侵害未成年人犯罪的行业预防和社会治理。就各部门联合制定的涉被害未成年人保护的规范性文件而言,最高人民检察院是参与度最高的司法机关。同时,最高人民检察院还单独颁布了《检察机关加强未成年人司法保护八项措施》《未成年人刑事检察工作指引(试行)》《关于全面加强未成年人国家司法救助工作的意见》等工作文件,对检察环节适用于被害未成年人的特殊诉讼程序和工作制度作出了具体的规定。此外,最高人民检察院还关注到被害未成年人司法保护的综合性特点,不仅向教育部发出“一号检察建议”,还要求各级检察机关充分发挥法律监督职能,推动完善跨部门合作机制,积极参与犯罪预防和普法宣传工作。

2. 主导制度运行

各级人民检察院实际承担了刑事诉讼程序中被害未成年人的主要保护职责,并促进其他机关和社会组织的参与。从侦查伊始,“一站式”询问机制即要求检察引导侦查。在了解案件及被害未成年人信息的基础上,检察官根据起诉的要求对侦查询问的要点和取证工作进行指导。对被害未成年人的心理救助常常是检察官帮助联系社会工作者和心理咨询师进行,经济救助也大多在检察阶段得以实现。在未成年人受到监护人侵害的情形下,检察机关通过支持起诉、检察建议等方式,主动参与撤销监护人资格的民事诉讼。在办案过程中,检察机关若发现有关部门怠于履职,侵害未成年人权益的,通过检察建议、公益诉讼、移送行政处罚和犯罪线索等多种途径,督促有关部门履行其保护职责。此外,心理帮助、亲职教育、司法救助等特殊处遇措施在未成年人刑事检察中已经获得了广泛的适用。

3. 主导办案专业化(以性侵害案件为代表)

检察机关积极主动履行责任,推动建立未成年人司法保护“一站式”办案模式。最高人民检察院在《2018—2022年检察改革工作规划》中要求全面推行被害未成年人“一站式”询问、救助机制，并通过通报的形式督促各地加快推进“一站式”办案场所建设[①]。上海、云南、宁波等部分地方的检察机关已开始进行“一站式”询问机制的试点工作。

与其他案件相比，遭受性侵害的被害未成年人更为敏感，不当的询问用语、各诉讼阶段的反复核查、辩护人的“法庭战术”往往会对被害未成年人造成“二次伤害”。该类案件需要熟悉未成年人身心特点、具备心理学与精神医学等知识的专业人员及社会力量协同处理[②]。遭受性侵害的被害未成年人需要的救助时间跨度大，内容复杂多样，包括危机干预、身体康复、心理治疗、法律援助、司法救助、经济援助等。为保护性侵害案件中被害未成年人权益，许多国家和地区均采取了有别于一般犯罪被害未成年人案件的特别保护，并建立了完整的配套体系，确立了对性侵害案件被害未成年人的特殊诉讼保护措施。在最高人民检察院的推动下，各地检察机关普遍对性侵害案的被害未成年人适用“一站式”询问机制。自2010年起，上海市逐步将侵害未成年人犯罪案件（以性侵害案件为主）纳入各级检察机关未成年刑事检察部门受案范围，形成专业化办案机制和性侵害未成年人案件“一站式”调查取证机制，推动建立了性侵害案件被害未成年人“一站式”保护体系和“一站式”预防体系[③]。浙江省检察机关自2016年起，在全省14个基层检察院开展了“一站式”办案模式试点工作[④]。检察机关从专业化角度加大对性侵害案件被害未成年人保护救助的司法力度。

（三）其他有关政府部门、人民团体和社会组织

1. 未成年人国家司法保护支持体系

最大限度保护被害未成年人需要社会各界的共同关注和协作，“专业化办案与社会化救济相结合”是被害未成年人司法保护工作的重点，即由专业办案部门结合办案工作，整合社会资源，借助多方力量，共同开展全方位、多维度的被害未成年人保护与救济工作。保护被害未成年人除了需要司法机关的努力外，还需要其他有关政府部门、人民团体、社会组织共同推进，包括教育、民政、财政、人力资源和社会保障、卫健委等部门积极支持，共青团、妇联、关工委、工会、律协等群团组织和学校、医院、社区等相关单位紧密配合，尤其是未成年人保护组织、公益慈善组织、社会工作服务机构、志愿者队伍等社会力量共同参与，从而形成党委领导、政府支持、各有关方面积极参与的未成年人国家司法保护支持体系。

司法机关尤其是检察机关在长期的未成年人刑事案件办理工作中与相关政府职能部门及社会组织均建立了广泛和长期的联系，为更好地维护被害未成年人权益提供了保障和基础。2018年2月，最高人民检察院与共青团中央会签《关于构建未成年人检察工作社会支持体系合作框架协议》，完善未成年人司法保护、强化未成年人权益保护，建立检察机关、共青团组织保护未成年人联动机制，健全未成年人行政保护与司法保护衔接机制。各级共青团培育扶持青少年司法类社会工作服务机构，建设专业社会工作队伍，协助开展附条件不起

① 向燕. 未成年被害人保护制度的中国特色及改革方向[J]. 青少年犯罪问题，2021（5）：100.

② 樊荣庆，钟颖，姚倩男，等. 论性侵害案件未成年被害人“一站式”保护体系构建：以上海实践探索为例[J]. 青少年犯罪问题，2017（2）：33.

③ 樊荣庆，钟颖，姚倩男，等. 论性侵害案件未成年被害人“一站式”保护体系构建：以上海实践探索为例[J]. 青少年犯罪问题，2017（2）：32.

④ 王晓青，单旭丹，刘昊，等. 未成年被害人“一站式”办案模式专家论证会综述[J]. 青少年犯罪问题，2019（3）：114.

诉考察帮教、社会调查、合适成年人到场等工作；借助社会力量，解决涉罪未成年人、有严重不良行为未成年人、被害未成年人及民刑案件中未成年当事人帮教维权方面的实际困难[①]。

2. 未成年人司法保护社会治理体系

最高人民检察院及各级检察机关以监督落实"一号检察建议"为牵引，促使教育行政部门和学校加强校园安全建设、预防校园性侵犯罪。检察机关充分发挥法律监督职能，促使相关部门作出整改和调整，推动从源头做好未成年人权益保护和犯罪预防工作。对于遭受侵害和涉嫌犯罪的未成年人，检察机关通过开展家庭教育指导督促其父母依法履行监护职责。检察机关办案中发现尚未导致未成年人遭受侵害后果的案件，但未成年人父母或者其他监护人存在监护教育不当或失管失教问题，也会提供必要的家庭教育指导和帮助。最高人民检察院在12309中国检察网设立未成年人司法保护专区，各地检察机关联合职能部门建立未成年人权益保护检察监督信息平台，及时接收涉未成年人刑事申诉、控告和司法救助线索。为贯彻落实《未成年人保护法》规定，许多地方政府已经开通未成年人保护热线，由"12345"政务服务热线统一受理各类未成年人保护相关咨询、求助、投诉、举报。

一些试点地区（如上海）未成年人刑事案件公、检、法、司"司法一条龙"专办模式和"社会一条龙"支持模式已经形成且取得较好经验。司法专办一条龙包括公安部门的办案组、检察机关部门的未检科、法院的少年庭、司法局的援助律师队伍，社会支持一条龙包括专门的社工队、心理援助队伍、观护队伍等。虽然这些机构的工作对象大多是未成年犯罪嫌疑人，但是将被害未成年人保护纳入上述机构具有充分的合理性和便利性，能够更好地实现对被害未成年人的保护。上海市未成年人刑事"司法一条龙"队伍在长期发展过程中，注重司法专业能力，形成了一支兼具心理学、教育学、社会学知识，不仅深刻了解未成年人身心发育特点，十分熟悉未成年人权益法律法规，而且具有强烈维护未成年人合法权益意识的专业化警官、检察官、法官、律师队伍。相应的"社会一条龙"队伍中的人员也是长期与未成年人打交道的青少年社会工作者、心理专家，他们有丰富且专业的未成年人工作经验。

第二节 被害未成年人司法保护社会工作内容

为处于司法程序中的未成年人提供权益保护服务已经成为我国未成年人司法保护社会工作的主要内容之一[②]。2020年，第十三届全国人民代表大会常务委员会修订通过了《未成年人保护法》和《预防未成年人犯罪法》，标志着我国未成年人保护制度的发展进入新阶段。我国未成年人保护制度进入"双向保护"阶段，既注重保护涉罪未成年人的合法权益，也促使被害未成年人的权益获得平等保护。法律、司法解释及各地试点都确立了保护被害未成年人的多项措施，包括特殊诉讼程序、心理救助、法律援助、司法救助、社会救助、预防性保护等，"法律援助有保障、司法救助和心理救助相结合、社会救助来补充"的被害未成年人多元化救助体系正在构建，目的是解决被害未成年人法律、生活、教育、医疗等多方面的问题。

① 本刊编辑部，李海雁，闫薇. 两部门合作推进社会工作参与未成年人司法保护体系建设[J]. 中国社会工作，2019(1)：13.

② 李海龙. 未成年人司法社会工作服务之权益保护服务[J]. 中国社会工作，2021(21)：10.

一、特殊诉讼程序

落实特殊诉讼程序可以依法保障被害未成年人的参与权、知情权、名誉权、隐私权等各项诉讼权利及合法权利。担任合适成年人、科学询问、隐私保护等均是对被害未成年人采取的特别保护措施。

（一）担任合适成年人

合适成年人服务是指公安机关、检察院、法院讯问或询问涉案未成年人时，在其法定代理人无法联系到、不能到场或是共犯时，社会工作者在法定情形下担任合适成年人，参与讯问和询问过程，根据涉案未成年人的生理心理特征，开展监督、沟通、抚慰、教育、见证等工作的专业服务，目的是保护涉案未成年人在讯问和询问过程中的合法权益不受侵害[①]。

在被害未成年人接受询问时，合适成年人主要开展以下工作：一是发现办案机关存在诱导、暗示或其他侵害被害未成年人合法权益的情形，可以当场提出意见，也可以在笔录上载明自己的意见，并向办案机关主管部门反映情况；二是监督办案人员在询问的过程中是否有对被害未成年人造成伤害的行为，见证整个询问过程，维护被害未成年人基本权利；三是协助办案人员与被害未成年人进行有效的沟通，帮助被害未成年人理解询问程序；四是及时处理被害未成年人的不良情绪，保障询问工作的顺利开展。

（二）科学询问

询问被害未成年人，不仅为查明案件事实，还应当深入了解被害未成年人因犯罪行为在身体、心理、生活等方面所遭受的不良影响，以确保其健康成长的需求得到满足，并注重对其合法权益的保护。询问被害未成年人时要注意呵护其身心健康，维护其人格尊严。工作人员应当在询问前根据案件具体情况和被害未成年人身心特点、成长经历、家庭情况等制定详细的询问提纲或者询问方案。询问时对诉讼权利进行解释说明，重点告知被害未成年人及其法定代理人提起附带民事诉讼及获得赔偿的权利。

1. 询问被害未成年人时应当提供的法律文书

（1）被害未成年人诉讼权利义务告知书。

（2）法定代理人或者合适成年人到场通知书。

（3）法定代理人或者合适成年人权利义务告知书。

（4）询问通知书。

（5）根据案件具体情况需要准备的其他告知文书，如心理测评告知书等。

2. 询问时的注意事项

询问被害未成年人时要注意地点选择、时间要求、次数限制、语言方式，并录音录像。

询问被害未成年人时应当选择被害未成年人住所或者其他让被害未成年人感到安全的场所。经被害未成年人及其法定代理人同意，可以通知被害未成年人到检察机关专设的未成年人检察工作室接受询问。询问被害未成年人的时间应当以不伤害其身心健康为前提。询问不满 14 周岁的被害未成年人，应根据其生理、心理等表现确定时间，每次正式询问持续

① 李海龙. 未成年人司法社会工作服务之权益保护服务[J]. 中国社会工作，2021（21）：10.

时间一般不超过一小时，询问间隔可以安排适当的休息。询问过程中，应当根据被害未成年人的心理状态、情绪变化等实际情况，及时调整询问节奏，避免对其身心造成负面影响，保证询问活动顺利进行。询问被害未成年人应当以一次询问为原则，尽可能避免反复询问造成二次伤害。公安机关已询问被害未成年人并制作笔录的，除特殊情况外其他机关一般不再重复询问。对于性侵害等严重侵害未成年人人身权利的犯罪案件，社会工作者可以通过提前介入侦查的方式参与公安机关询问被害未成年人的工作。询问被害未成年人所使用的语言要符合未成年人的认知能力，能够被被害未成年人所充分理解。询问可以采取圆桌的形式或者座谈的方式。询问过程中要注意耐心倾听，让被害未成年人有充分的机会表达自己的观点，尽可能避免程式化的一问一答式的取证方式，确保其陈述的连贯性和完整性。对于被害未成年人提出的疑问或者法律问题，应当认真予以解释和说明。询问被害未成年人时，一般应当对询问过程进行录音录像，录音录像应当全程不间断进行，保持完整性，不得选择性录制，不得剪接、删改。

（三）隐私保护

2013 年发布的《最高人民法院 最高人民检察院 公安部 司法部关于依法惩治性侵害未成年人犯罪的意见》中规定的对性侵害被害未成年人的隐私保护，同样也适用于其他类型的侵害案件。办理性侵害未成年人犯罪案件时，对于涉及被害未成年人的身份信息及可能推断出其身份信息的资料和涉及性侵害的细节等内容，审判人员、检察人员、侦查人员、律师及其他诉讼参与人应当予以保密。对外公开的诉讼文书，不得披露被害未成年人的身份信息及可能推断出其身份信息的其他资料，对性侵害的事实注意以适当的方式进行叙述。

相关人员到被害未成年人及其亲属所在学校、单位、居住地调查取证的，应当避免驾驶警车、穿着制服或者采取其他可能暴露被害未成年人身份、影响被害未成年人名誉与隐私的方式。

人民法院开庭审理性侵害未成年人犯罪案件时，被害未成年人确有必要出庭的，应当根据案件情况采取不暴露外貌、真实声音等保护措施。有条件的，可以采取视频等方式播放被害未成年人的陈述，播放视频亦应采取保护措施。

二、心理救助

在自身合法权益受到犯罪行为的侵犯后，许多被害未成年人会逐渐萌生消极情绪，进而出现越轨行为，这样一种由不良心理及其他因素推动所导致的逆向变化，即从被害人向犯罪者方向的转化，通常被称作“恶逆变”。基于此，就必须对被害未成年人的心理创伤进行定期且科学的疏导和安抚，将犯罪侵害所造成的心理伤害降至最低。心理疏导不仅应当贯穿刑事诉讼程序的全过程，更应在诉讼终结后长期跟踪进行①。

目前，我国尚无关于被害未成年人心理救助的单独规定。但已公布施行的各项相关制度，几乎无一不包含对未成年人的心理救助。尤其是针对遭受性侵害的被害未成年人，心理救助更是必要的工作。对于因监护侵害以及其他犯罪侵害而严重影响心理健康的被害未成年人，也要进行心理救助。各级法院、检察院、公安机关和司法行政部门应主动联系民政、教

① 孔祥伟. 刑事案件中未成年被害人的救济：解构与展望[J]. 河北青年管理干部学院学报，2020，32(3)：81.

育、妇联、共青团等部门及未成年人权益保护组织，加强协作，共同做好被害未成年人的心理救助工作，从有利于被害未成年人身心健康的角度，给予其必要的帮助。

（一）工作内容

心理救助的工作内容包括心理测评、心理疏导与心理危机干预。发现被害未成年人存在严重心理障碍的，应当及时进行心理疏导。必要时，经被害未成年人及其法定代理人同意，可以对被害未成年人进行心理测评。心理测评由具有心理咨询师资质的人员或者委托具有执业资质的心理咨询师进行。对于遭受性侵害的被害未成年人，尤其要做好心理疏导工作。在工作中发现被害未成年人有自杀、自残倾向或者相关行为表现的，应及时指派或者委托具有专业知识的人员对其进行心理危机干预。

（二）流程步骤

开展心理测评前，应当告知被测评人员测评的原则、目的，消除其紧张情绪。

心理测评完成后，及时出具心理测评报告，由测评人员签字，为进一步开展心理疏导、心理危机干预提供依据。

（三）资料管理

对于心理测评、心理疏导工作记录，应连同相关表格、报告等资料单独建档，妥善保存，并严格执行保密制度。

（四）保障机制

各级法院、检察院、公安机关和司法行政部门鼓励本部门工作人员积极参加心理学专业知识培训以及考取心理咨询师专业资格，并按规定解决相关费用。

三、法律援助

法律援助制度是国家对因经济困难或其他因素而难以通过一般意义上的救济手段保障自身基本社会权利的弱势群体，减免费用、提供法律帮助的一项保障性法律制度。《最高人民法院关于适用〈中华人民共和国刑事诉讼法〉的解释》《最高人民法院 最高人民检察院 公安部 司法部关于刑事诉讼法律援助工作的规定》《最高人民法院 最高人民检察院 公安部 司法部关于依法惩治性侵害未成年人犯罪的意见》《未成年人刑事检察工作指引（试行）》《未成年人法律援助服务指引（试行）》等法律文件都对被害未成年人的法律援助工作作出了统一安排。根据规定，人民法院、人民检察院负有告知被害未成年人有权委托诉讼代理人的法定义务，被害未成年人及其法定代理人或者近亲属，因经济困难而没有委托诉讼代理人的，可以向与办理案件的人民法院、人民检察院同级的司法行政部门下属的法律援助机构申请指派法律援助律师，办案机关应当协助被害未成年人申请法律援助。法律援助机构应当及时指派熟悉未成年人身心特点的律师为被害未成年人提供法律帮助。遭受性侵害的女性被害未成年人，一般应由女性律师提供法律援助。被害未成年人法律援助工作应坚持最有利于被害未成年人的原则，给予被害未成年人特殊、优先保护，尊重被害未成年人人格尊严，保护被害未成年人隐私权和个人信息，适应被害未成年人身心发展的规律和特点，听取被害未成年人的意见，避免被害未成年人受到二次伤害，同时应加强跨部门、多专业合作，积极寻求相关政府部门、专业机构的支持。

(一)性侵害被害未成年人法律援助

1. 避免二次伤害，保护隐私

办理性侵害未成年人案件时，被害未成年人法律援助承办人员需要询问被害未成年人的，应当采取和缓、科学的询问方式，以一次、全面询问为原则，尽可能避免反复询问，可以建议办案机关在办理案件时，推行全程录音录像制度，在避免反复询问的同时保证被害未成年人陈述的完整性、准确性和真实性。

在被害未成年人确有必要出庭的案件中，法律援助承办人员应当建议人民法院采取必要保护措施，不暴露被害未成年人的外貌、真实声音，有条件的可以采取视频等方式播放被害未成年人的陈述，避免被害未成年人与被告人接触。

2. 协助申请立案，协助收集证据

发现公安机关在处理性侵害未成年人犯罪案件时应当立案而不立案的，可以协助被害未成年人及其法定代理人(监护人)向人民检察院申请立案监督或协助其向人民法院提起自诉。

办理利用网络对儿童实施猥亵行为的案件时，法律援助承办人员应指导被害未成年人及其法定代理人(监护人)及时收集、固定能够证明行为人出于满足性刺激的目的，利用网络采取诱骗、强迫或者其他方法要求被害未成年人拍摄、传送暴露身体的不雅照片、视频供其观看等相关事实方面的电子数据，并向办案机关报告。

3. 寻求心理救助

法律援助承办人员可以建议办案机关对被害未成年人的心理伤害程度进行社会评估，辅以心理辅导、司法救助等措施，修复和弥补被害未成年人身心伤害，发现被害未成年人存在心理、情绪异常的，应当告知其法定代理人(监护人)为其寻求专业心理咨询与疏导。

4. 建议及时安置

发生在家庭内部的性侵害案件，为确保被害未成年人的安全，法律援助承办人员可以建议办案机关依法对被害未成年人进行紧急安置，避免其再次受到侵害。对于监护人性侵害未成年人的案件，法律援助承办人员可以建议人民检察院、人民法院向有关部门发出检察建议或司法建议，建议有关部门依法申请撤销监护人资格，为被害未成年人另行指定其他监护人。

发生在学校的性侵害未成年人案件，在被害未成年人不能正常在原学校就读时，法律援助承办人员可以建议其法定代理人(监护人)向教育主管部门申请为其提供教育帮助或安排转学。未成年人在学校、幼儿园、教育培训机构等场所遭受性侵害，在依法追究犯罪人员法律责任的同时，法律援助承办人员可以帮助被害未成年人及其法定代理人(监护人)要求上述单位依法承担民事赔偿责任。

5. 协助提起民事诉讼

法律援助承办人员应当向被害未成年人及其法定代理人(监护人)释明刑事附带民事

诉讼的受案范围,协助被害未成年人提起刑事附带民事诉讼。法律援助承办人员应当根据被害未成年人的诉讼请求,指引、协助被害未成年人准备证据材料;被害未成年人及其法定代理人(监护人)提出精神损害赔偿的,法律援助承办人员应当注意收集被害未成年人因遭受性侵害导致精神疾病或者心理伤害的证据,将其精神损害和心理创伤转化为接受治疗、辅导而产生的医疗费用,依法向犯罪嫌疑人、被告人提出赔偿请求。对被害未成年人因性侵害犯罪造成人身损害,不能及时获得有效赔偿,生活困难的,法律援助承办人员可以帮助被害未成年人及其法定代理人(监护人)、近亲属,依法向办案机关提出司法救助申请。

(二)监护侵害被害未成年人法律援助

1. 代为告诉

办理监护人侵害未成年人权益案件时,法律援助承办人员发现监护侵害行为可能构成虐待罪、遗弃罪的,应当告知未成年人及其他监护人、近亲属或村(居)民委员会等有关组织有权告诉或代为告诉。被害未成年人没有能力告诉,或者因受到强制、威吓无法告诉的,法律援助承办人员应当告知其近亲属或村(居)委员会等有关组织代为告诉或向公安机关报案。

2. 申请社会观护

办案过程中,法律援助承办人员发现未成年人身体受到严重伤害、面临严重人身安全威胁或者处于无人照料等危险状态的,应当建议公安机关将其带离实施监护侵害行为的监护人,就近护送至其他监护人、近亲属、村(居)民委员会或者未成年人救助保护机构。法律援助承办人员根据实际需要可以向人民法院申请聘请适当的社会人士对被害未成年人进行社会观护,引入心理疏导和测评机制,组织专业社会工作者、儿童心理问题专家等专业人员参与诉讼,为被害未成年人提供心理辅导和测评服务。

3. 申请人身保护令

未成年人遭受监护侵害行为或者面临监护侵害行为的现实危险,法律援助承办人员应当协助其他监护人、近亲属,向被害未成年人住所地、监护人住所地或者侵害行为地基层人民法院,申请人身安全保护令。

4. 申请更换监护人

监护人有下列情形之一的,法律援助承办人员可以建议其他具有监护资格的人、居(村)民委员会、学校、医疗机构、妇联、共青团、未成年人保护组织、民政部门等个人或组织,向人民法院申请撤销原监护人监护资格,依法另行指定监护人:性侵害、出卖、遗弃、虐待、暴力伤害未成年人,严重损害未成年人身心健康的;将未成年人置于无人监管和照看的状态,导致未成年人面临死亡或者严重伤害危险,经教育不改的;拒不履行监护职责长达6个月以上,导致未成年人流离失所或者生活无着的;有吸毒、赌博、长期酗酒等恶习无法正确履行监护职责或者因服刑等原因无法履行监护职责,且拒绝将监护职责部分或者全部委托给他人,致使未成年人处于困境或者危险状态的;胁迫、诱骗、利用未成年人乞讨,经公安机关和未成年人救助保护机构等部门3次以上批评教育拒不改正,严重影响未成年人正常生活和学习的;教唆、利用未成年人实施违法犯罪行为,情节恶劣的;有其他严重侵害未成年人合法权益行为的。

(三)学生伤害事故案件被害未成年人法律援助

学生伤害事故是指在学校、幼儿园或其他教育机构(以下简称“教育机构”)实施的教育教学活动或者组织的校外活动中,以及在教育机构负有管理责任的校舍、场地、其他教育教学设施、生活设施内发生的,造成在校学生人身损害后果的事故。

1. 相关事实审查

法律援助承办人员可以审查被害未成年人与学校、幼儿园或其他教育机构之间是否存在教育法律关系;是否存在人身损害结果和经济损失,教育机构、被害未成年人或者第三方是否存在过错,教育机构行为与被害未成年人损害结果之间是否存在因果关系;是否超过诉讼时效,是否存在诉讼时效中断、中止或延长的事由。

法律援助承办人员应当调查了解教育机构是否具备办学许可资格,教师或者其他工作人员是否具备职业资格,注意审查和收集能够证明教育机构存在过错情形的证据。

2. 告知责任承担原则和诉讼风险

法律援助承办人员应当根据以下不同情形,告知被害未成年人及其法定代理人(监护人)相关的责任承担原则:不满 8 周岁的无民事行为能力人在教育机构学习、生活期间受到人身损害的,教育机构依据《民法典》第一千一百九十九条的规定承担过错推定责任;已满 8 周岁不满 18 周岁的限制民事责任能力人在教育机构学习、生活期间受到人身损害的,教育机构依据《民法典》第一千二百条的规定承担过错责任;因教育机构、学生或者其他相关当事人的过错造成的学生伤害事故,相关当事人应当根据其行为过错程度的比例及其与损害结果之间的因果关系承担相应的责任。

办理学生伤害事故案件,法律援助承办人员应当如实告知被害未成年人及其法定代理人(监护人)可能存在由其承担法律责任的诉讼风险。教育机构已经履行相应职责或行为并无不当的,法律援助承办人员应当告知被害未成年人及其法定代理人(监护人),案件可能存在教育机构不承担责任的诉讼风险。被害未成年人在教育机构学习、生活期间,受到教育机构以外的人员人身损害的,法律援助承办人员应当告知被害未成年人及其法定代理人(监护人)由侵权人承担侵权责任,教育机构未尽到管理职责的,承担相应的补充责任。

3. 及时报告

办理涉及教育机构侵权案件,法律援助承办人员可以关注被害未成年人的受教育权,发现被害未成年人因诉讼受到教育机构及教职员工不公正对待的,及时向教育行政主管部门和法律援助机构报告;根据案情需要,可以和校方协商,或者向教育行政主管部门申请调解,并注意疏导家属情绪,积极参与调解,避免激化矛盾;可以调查核实教育机构和被害未成年人各自参保及保险理赔情况。

涉及校园重大安全事故、严重体罚、虐待、学生欺凌、性侵害等可能构成刑事犯罪的案件,法律援助承办人员可以向公安机关报告,或者协助被害未成年人及其法定代理人(监护人)向公安机关报告,并向法律援助机构报备。

四、司法救助

国家司法救助是对遭受犯罪侵害或者民事侵权,无法通过诉讼获得有效赔偿,生活面临急迫困难的当事人采取的救济措施。被害未成年人比较符合这类当事人特征，自然成为国家司法救助的重点。从《中央政法委 财政部 最高人民法院 最高人民检察院 公安部 司法部关于建立完善国家司法救助制度的意见（试行）》《人民检察院国家司法救助工作细则（试行）》《未成年人刑事检察工作指引（试行）》，到《最高人民检察院关于全面加强未成年人国家司法救助工作的意见》，这些文件对未成年人司法救助从基本原则、救助对象、救助方式、救助程序等各方面进行了全面规定。

（一）基本原则

（1）坚持辅助性救助。国家司法救助是对遭受犯罪侵害或民事侵权，无法通过诉讼获得有效赔偿的当事人，采取的辅助性救济措施[①]，重点解决符合条件的特定案件中的当事人生活面临的急迫困难。国家司法救助对同一案件中的同一当事人只进行一次性救助。对于能够通过诉讼获得赔偿、补偿的，一般应当通过诉讼渠道解决。

（2）坚持公正救助。严格把握救助标准和条件，兼顾当事人实际情况和同类案件救助数额，做到公平、公正、合理救助，防止因救助不公引发新的矛盾。

（3）坚持及时救助。对符合救助条件的当事人，办案机关应根据当事人申请或者依据职权及时提供救助，确保及早化解社会矛盾。

（4）坚持属地救助。对符合救助条件的当事人，不论其户籍在本地或外地，原则上都由案件管辖地负责救助。

（二）救助对象

对下列未成年人，办案机关应当给予救助。

（1）受到犯罪侵害致使身体出现伤残或者心理遭受严重创伤，因不能及时获得有效赔偿，造成生活困难的。

（2）受到犯罪侵害急需救治，其家庭无力承担医疗救治费用的。

（3）抚养人受到犯罪侵害致死，因不能及时获得有效赔偿，造成生活困难的。

（4）家庭财产受到犯罪侵害遭受重大损失，因不能及时获得有效赔偿，且未获得合理补偿、救助，造成生活困难的。

（5）因举报、作证受到打击报复，致使身体受到伤害或者家庭财产遭受重大损失，因不能及时获得有效赔偿，造成生活困难的。

（6）追索扶养费、抚育费，因被执行人没有履行能力，造成生活困难的。

（7）因道路交通事故等民事侵权行为造成人身伤害，无法通过诉讼获得有效赔偿，造成生活困难的。

（8）其他因案件造成生活困难，认为需要救助的。

（三）救助方式

国家司法救助以支付救助金为主要方式，同时与思想疏导、宣传教育相结合，与法律援助、诉讼救济相配套，与其他社会救助相衔接。有条件的地方，应积极探索建立刑事案件伤

① 曹海军，梁赛. 信访还是信法：新时代基层信访法治化的困境呈现、情境逻辑和路径构建[J]. 理论与现代化，2023（3）：75.

员急救“绿色通道”、对遭受严重心理创伤的被害未成年人实施心理治疗、对行动不便的被害未成年人提供社会工作帮助等多种救助，进一步增强救助效果。

1. 支付救助金

办案机关决定对未成年人支付救助金的，应当根据被害未成年人家庭的经济状况，综合考虑其学习成长所需的合理费用，以案件管辖地所在省、自治区、直辖市上一年度职工月平均工资为基准确定救助金，一般不超过36个月的工资总额。对身体重伤或者严重残疾、家庭生活特别困难的被害未成年人，以及需要长期进行心理治疗或者身体康复治疗的被害未成年人，可以突破救助限额，并依照有关规定报批。相关法律文书需要向社会公开的，应当隐去被害未成年人及其法定代理人、监护人的身份信息。

2. 心理治疗

对遭受性侵害、监护侵害以及其他身体伤害的，进行心理安抚和疏导；对出现心理创伤或者精神损害的，实施心理治疗。

3. 生活帮助

生活帮助包括协助开展生活安置、帮助重返学校、协调有关部门提供技能培训、帮助落实医疗康复机构等。对没有监护人、监护人没有监护能力或者原监护人被撤销资格的，协助开展生活安置、提供临时照料、指定监护人等相关工作。对未完成义务教育而失学辍学的，帮助重返学校；对因经济困难可能导致失学辍学的，推动落实相关学生资助政策；对需要转学的，协调办理相关手续。对适龄未成年人有劳动、创业等意愿但缺乏必要技能的，协调有关部门提供技能培训等帮助。对因身体伤残出现就医、康复困难的，帮助落实医疗、康复机构，促进身体康复。

4. 帮助获得法律援助

对因身体伤害或者财产损失提起附带民事诉讼的，帮助获得法律援助；对单独提起民事诉讼的，协调减免相关诉讼费用。

5. 协调相关社会救助

对符合社会救助条件的，给予政策咨询、帮扶转介，帮助协调其户籍所在地有关部门按规定纳入相关社会救助范围。

（四）救助程序

使用国家司法救助资金应当严格遵循以下程序。

（1）告知。人民法院、人民检察院、公安机关、司法行政机关在办理案件、处理涉法涉诉信访问题过程中，对符合救助条件的被害未成年人及其法定代理人或者其他近亲属，应当告知其有权提出救助申请。对于符合救助条件但被害未成年人及其法定代理人或者其他近亲属未提出申请的，相关办案机关可以主动启动救助程序，收集相关材料，提出救助意见。

（2）申请。救助申请由当事人向办案机关提出；刑事被害未成年人死亡的，由符合条件的近亲属提出。申请一般采取书面形式。确有困难，不能提供书面申请的，可以采用口头方式。申请人应当如实提供本人真实身份、实际损害后果、生活困难、是否获得其他赔偿等相关证明材料。

（3）审批。办案机关应当认真核实申请人提供的申请材料，综合相关情况，在10个工作日内作出是否给予救助和具体救助金额的审批意见。决定不予救助的,及时将审批意见告知当事人,并做好解释说明工作。

(4)发放。对批准同意的,财政部门应及时将救助资金拨付办案机关,办案机关在收到拨付款后2个工作日内,通知申请人领取救助资金。对急需医疗救治等特殊情况,办案机关可以依据救助标准,先行垫付救助资金,救助后及时补办审批手续。

五、社会救助

办案机关可以根据被害未成年人的特殊困难及本地实际情况,协调有关部门按照社会救助相关规定对其进行救助。

被害未成年人家庭符合最低生活保障条件或者本人未满16周岁,符合特困供养人员条件的,办案机关可以帮助被害未成年人向有关部门提出社会救助申请。

被害未成年人的监护人无法履行监护职责、生活无着的,办案机关可以征询其本人意见,协调有关部门安置或者将其妥善送交其他愿意接收的亲属。

第三节 被害未成年人司法保护社会工作方法

被害未成年人司法保护社会工作方法包括社会工作的一般工作方法和符合被害未成年人身心、地位特征的特殊工作方法。

一、一般工作方法①

社会工作的服务方法分为直接服务方法和间接服务方法,即个案社会工作、小组社会工作、社区社会工作三种直接服务方法,以及社会工作行政、社会工作督导、社会工作咨询和社会工作研究四种间接服务方法。面向被害未成年人的社会工作服务适用上述社会工作服务方法,司法保护社会工作者对被害未成年人本人或其重要家庭成员提供个案服务、对一个或多个家庭开展小组服务等直接服务,同时向服务对象提供介绍政策等方面信息,协助服务对象获得其他政府部门、企事业单位的帮助等间接服务。考虑到被害未成年人身心特点与保护其隐私等客观因素的要求,相比较而言,直接服务方法中的个案社会工作方法是最常见的。

个案社会工作是社会工作三大传统工作方法之一。它最早被提出并在实际工作中得到广泛应用,相对于其他社会工作专业方法而言,个案社会工作方法理论基础更加完备,方法技术更加健全。个案社会工作以个人或家庭为工作对象,注重调动各方面资源,特别是社会资源,帮助个人或家庭摆脱困境,达到良好适应社会的目的。社会工作者在应用个案社会工作方法时,能与被害未成年人一对一直接讨论问题,寻求解决办法,能够建立起比较密切的专业关系,有利于问题的解决,特别适用于服务被害未成年人。

1. 个案社会工作的实施原则

要做好个案社会工作,社会工作者必须建立并维持与案主之间良好的专业关系。以满足被害未成年人需求、激发被害未成年人力量为主要目的建立专业关系,在个案社会工作中

① 李迎生. 社会工作概论(第二版)[M]. 北京:中国人民大学出版社,2010:185-209.

至关重要。要建立并维持专业关系，社会工作者在工作中必须坚持一些基本原则。

1）个别化原则

个别化原则就是注重个别差异的原则，社会工作者要重视被害未成年人在生理上、心理上和社会环境上的独特性，要关注不同被害未成年人所遭受的侵害行为、所拥有的社会资源，要相信每个被害未成年人对其遭遇到的情境、问题或困难皆有独特的看法和感受。

2）接纳原则

接纳是一种中性的、客观的态度取向，即不赞同与不反对。社会工作者应尽量创造自由的气氛，让被害未成年人抒发自身感受，表达个人观点。这样便于社会工作者确定问题的症结，以便对症下药。

3）有效沟通原则

在与被害未成年人沟通的过程中，社会工作者应尽量理解被害未成年人的意思，不是表面地、肤浅地了解，而是帮助被害未成年人深入探索自己的情绪、想法及行为上的问题。年龄、侵害行为等主客观因素使被害未成年人与外界沟通可能存在障碍，所以社会工作者需要与其进行有效的沟通。

4）尊重案主自决原则

社会工作者应秉持案主（被害未成年人）自决原则，每个人都有自我决定的能力，虽然被害未成年人处于弱势地位，但社会工作者也应该鼓励他培养自决能力，引导他参与剖析问题和解决问题的整个过程。坚持这一原则，可以培养被害未成年人的独立性，有助于其成长。

5）保密原则

社会工作者要尊重被害未成年人的隐私权，对所取得的资料严加保密。为被害未成年人保密是社会工作者应当遵守的基本原则，这是社会工作者与被害未成年人建立良好关系的第一步，也是针对被害未成年人开展工作时特别注意的地方。

2. 个案社会工作的技术技巧

运用个案社会工作方法开展实际工作时，涉及许多技术技巧的灵活使用，对被害未成年人而言，个案会谈、家庭会谈、个案记录等技术技巧比较常用。

1）个案会谈

在个案社会工作中，会谈是经常用到的一个基本技术手段，建立专业关系、有效沟通、诊断问题等都需要与被害未成年人会谈，注重会谈的技术技巧将有助于提升助人服务的成效。

作为一种专业技巧，个案会谈与一般谈话是有区别的。虽然二者都是用语言或非语言的方式交换意见、态度与感觉，但个案会谈的目的性、计划性更强，其内容、程序、时间、地点都要经过周密的设计和选择。在会谈过程中，社会工作者要主动担负推动进程的责任，凭借对会谈规律的理论认识，对整个过程的详细计划，向被害未成年人提供专业服务。

在会谈开始阶段，被害未成年人可能会由于犹豫、害怕等心理而有所保留，社会工作者应以坦诚、接纳和开放的态度，鼓励、启发被害未成年人充分表达自己，要让被害未成年人了解社会工作者所能提供的服务的范围以及其对处理自身问题的责任，通过双方努力建立良好的专业关系，共同寻求问题的解决。

在会谈中间阶段，社会工作者要注意会谈内容不宜过于分散，对于关键问题应引导被害未成年人做深入陈述，用停顿或其他动作避免跑题，始终控制会谈方向，维持良好互动。

在会谈结束阶段，社会工作者应引导被害未成年人情绪由进行时的高亢状态逐渐趋向平缓；为会谈做摘要，提示会谈主要事项的完成情况及取得的成果，以便对被害未成年人形成鼓励，使其对下次会谈有所期待。总之，会谈结束时双方应处于一种合作的状态。

2）家庭访谈

社会工作者在被害未成年人家庭中进行的会谈称为"家庭访谈"。家庭访谈的功能在于证实被害未成年人提供材料的真实性，实际了解被害未成年人的家庭生活和社会关系，以利于全面掌握被害未成年人资料，从而对被害未成年人所面临的问题作出准确的分析、诊断，进而协助被害未成年人解决问题。与被害未成年人的会谈应有其家长或监护人参与，家庭会谈不可避免。

进行家庭会谈时要注意时间、着装等要求，最好提前约定，尽量不要对被害未成年人及其家庭造成干扰，着装应整洁、大方、得体。会谈目标应当明确，否则，难以取得实际效果。会谈态度要严谨，社会工作者代表社会工作机构行事，其态度和言行应当合乎当地风俗习惯和会谈对象的社会背景。但家庭访谈只作为个案会谈的辅助或补充手段使用，社会工作者不可被被害未成年人家庭成员的意见左右而忽视被害未成年人本人的真实感受。

3）个案记录

个案记录是对社会工作者与被害未成年人接触、了解并诊断问题及协助解决问题的整个过程的记载。记录内容包括：一般性资料，如被害未成年人姓名、年龄、性别等；被害未成年人的心理及社会关系状况；被害未成年人所面临问题的表现及特征；被害未成年人本人对自身所面临问题的陈述及感受；社会工作者对被害未成年人所面临问题的分析诊断；处理问题的经过与方法等。

个案记录的意义在于：帮助社会工作者总结经验，以改进工作；转介时帮助新的社会工作者了解被害未成年人；为社会工作研究与教育提供丰富案例。

记录方式有流水式、对话式和分段式，社会工作者应根据实际需要灵活运用。流水式即将被害未成年人的资料及其诊断治疗经过全部记录下来，优点是详尽、具体，缺点是费时、费力，没有重点。对话式是记录社会工作者与被害未成年人会谈时彼此之间的互动、沟通的内容，对全部语言与非语言信息进行记录，以便清楚地了解被害未成年人的内在感受和面临的问题、社会工作者的会谈技巧以及双方的互动过程。分段式是按事情发生的先后顺序分段记录，且给每段加上标题，使内容更清晰。

二、特殊工作方法①

被害未成年人司法保护社会工作服务的总目标是协助被害未成年人尽可能从侵害事件的创伤中康复，回归正常的社会生活。具体目标包括：有效安抚被害未成年人情绪，减少或消除侵害事件对被害未成年人的负面影响；保障被害未成年人安全，关注其健康状况，避免其持续或再次受到创伤；协助被害未成年人家长稳定情绪，减少或消除侵害事件对家庭的负面影响；支持被害未成年人家长提升应对突发事件的能力，协助其家长在家庭内帮助被害未成年人恢复；为被害未成年人链接相关资源，以支持其恢复社会功能或规避被侵害风险等。

① 席小华，李涵. 社会工作参与未成年被害人救助服务模式研究[J]. 青少年犯罪问题，2020（4）：38-41.

为此,被害未成年人司法保护社会工作需要以下特殊工作方法:医疗、司法、生活等陪伴服务;情绪疏导及认知改善服务;教育服务;家长综合服务;经济援助服务;政策及社会倡导服务等。

(一)医疗、司法、生活等陪伴服务

未成年人在被侵害后,其生活便处于危机状态,此时需要外界及时的跟进和陪伴。社会工作者对被害未成年人的陪伴体现在各种生活情境中,比如陪同被害未成年人去医院及时接受检查和救治,在司法询问过程中陪伴被害未成年人以给予其情绪支持,有的被害未成年人在被侵害后,失去安全的生活环境,此时其需要社会工作服务机构提供临时庇护场所,由社会工作者提供全天候生活陪伴。可以说,社会工作者的陪伴对于处于危机状态的被害未成年人而言弥足珍贵,可以帮助被害未成年人平复恐惧情绪,得到心理支持,为被害未成年人顺利渡过难关提供保障。

被害未成年人年龄较小,认知和行为能力有限,面对突如其来的司法流程带来的压力,会不知所措,不知该如何更好地维护自己的权利,无论是生活、就医还是接受司法询问等,都需要专业的陪伴和及时的指导。因此,陪伴是针对被害未成年人的最基础也是最重要的服务方法之一。

(二)情绪疏导及认知改善服务

针对可以深入开展个案服务的被害未成年人,首先需要开展情绪疏导服务,未成年人在被侵害后,情绪往往处于极其不稳定状态,消极的情绪状态甚至会导致严重的健康问题。此时,社会工作者需要利用理性情绪疗法逐渐减少被害未成年人的消极情绪,使其能够理性面对侵害事件。另外,未成年人被侵害后,往往会产生多种错误认知,如过度自责,甚至会产生滥用私力救济的想法,这些错误认知倘若未能得到积极引导,极易再次产生消极情绪,甚至会使被害未成年人通过加害行为发泄自己的情绪,导致恶逆变的发生。因此,情绪疏导及认知改善服务是被害未成年人司法保护社会工作服务的重要方法。

很多未成年人在被侵害后陷入消极情绪不能自拔,此时急需有人在陪伴的基础上对其消极情绪给予及时疏导。众所周知,消极情绪既会影响被害未成年人的身体健康,也会对其认知和行为方式产生重要影响,这时就需要社会工作者及时给予关注和引导。

(三)教育服务

教育服务是针对被害未成年人及其家庭开展的重要服务。其中既涉及被害未成年人性健康教育等服务,也包括针对被害未成年人开展的有效监护教育服务。未成年人之所以被侵害有很多原因,一些遭受性侵害的未成年人因为不了解基本的性健康知识而被侵害,倘若这种状况不能得到改善,被害未成年人可能再次遭受侵害而不能自护。此外,未成年人被侵害,与其父母未能有效履行监护职责也有关,此时社会工作者则需要督促被害未成年人的父母有效承担监护职责,以避免被害未成年人再次遭受侵害。

（四）家长综合服务

司法保护社会工作针对被害未成年人家长开展的服务的内容非常复杂，每位家长的服务需求各不相同，社会工作者需要根据评估结果制定不同的服务计划。比如有的家长因孩子被侵害处于极度激动的状态，需要社会工作者给予疏导；有的家长因孩子被侵害产生错误认知，迁怒于孩子，认为孩子不自尊、不自爱，需要社会工作者给予正确引导；有的家长则对孩子被侵害产生深深自责感，甚至会影响自身的身心健康，需要外界给予支持；还有的家长尽管关注自己的孩子，但因生活所迫无暇照料孩子，需要社会工作者链接资源给予帮助；等等。总之，在未成年人合法权益受到侵害的事件中，受害人不仅包括孩子本人，还包括其家长，被害未成年人家长服务同样是司法保护社会工作需要跟进的重要内容。

未成年人被侵害不仅仅是其一个人的灾难，还是整个家庭的负面事件。因此，相关被害人理论研究认为，被害人是指一切因侵害事件而受到伤害的人，既包括直接被害人，也包括间接被害人，孩子的家长是被害人的重要组成部分。在有些案例中，被害未成年人的家长处于极端情绪之中，甚至表现出比直接被害人（被害未成年人）更需要关注的消极状态，这种情绪状态如果不能得到及时改善，不仅会对被害未成年人产生负面影响，还会增加社会工作者对被害未成年人开展服务的难度，同时家长本人很可能还会成为社会的“破坏因素”。所以，社会工作者需要树立“系统化服务”的基本理念，将被害未成年人救助服务放在整个系统中去推动，既关注被害未成年人个体，也关注环境，尤其是关注其家长，并针对家长的需求及时开展服务。

此外，家事案件观护服务也是针对被害未成年人开展的。家事案件观护服务是指由法院委托的社会观护员在涉及未成年人的离婚纠纷、抚养权纠纷、探望权纠纷等民事案件审理中，对未成年人的家庭教养条件、家庭照料环境等背景情况进行调查了解，参与矛盾化解，案件审结后对生效裁判文书执行情况跟踪考察，对未成年人权益受侵害情况及时干预等一系列工作。具体服务内容包括：调查未成年人及其主要社会关系的基本情况及权益保护现状，协助双方当事人进行有效沟通、化解矛盾，跟踪考察生效裁判文书的履行情况，协助双方当事人顺利履行生效裁判文书，为双方当事人提供法律教育、开展亲职教育，为有需要的未成年人链接资源等。

（五）经济援助服务

大多数被害未成年人及其家庭处于低资源状态。原本生活状态并不乐观，再加上侵害事件所带来的误工、治疗等相关费用，很多困顿的家庭更是雪上加霜。在这种状况下，他们需要社会工作者动员、链接多种社会资源帮助其渡过难关。

被害未成年人及其家庭的低资源往往既是未成年人被侵害的原因，也是被侵害后社会工作者重点关注的内容。在开展服务的过程中，社会工作者需要了解未成年人保护的相关政策以及可能链接到的资源，从而满足被害未成年人的基础性需求。

（六）政策及社会倡导服务

政策和社会倡导是社会工作服务的重要组成部分，这项服务对被害未成年人尤为重要。

首先，在社会观念上，一些人潜意识里会将被害人被侵害的原因归结于其本人，由此便产生漠视的社会情绪，此时社会工作者需要倡导建立公平的社会环境，动员社会民众关注和理解被害人的处境和权利。其次，鉴于目前我国缺少被害未成年人救助的专门性法律，社会工作者需要在一线服务的基础上，根据社会实践特征倡导建立符合国情的相关法律，从而从法律制度上实现对被害未成年人的全方位保护。

第四节　被害未成年人司法保护社会工作流程

被害未成年人司法保护社会工作服务是司法保护社会工作服务中最难的一类，在发达国家和地区，只有具备丰富服务经验的社会工作者在经过专业训练后才能开展此类服务，否则可能给被害未成年人带来“二次伤害”。社会工作者需要在实践中不断总结经验，谨慎评估被害未成年人的服务需求，科学实施相关服务内容，并灵活运用社会工作流程，只有这样才有能帮助被害未成年人改善偏差的情绪和认知，调整失衡的社会关系，从而使其重新过上健康的生活。

司法保护社会工作流程有各种不同的划分标准，“三阶段说”包括探索预估、计划执行、结案；“四阶段说”包括预估、诊断、计划、评价；“五阶段说”包括申请与接案、调查与研究、诊断与分析、治疗与服务、评估与结案等。另外，个案、小组、社区社会工作方法的流程也不尽相同。一般来说，被害未成年人司法保护社会工作流程可以分为五个阶段。

一、接案

接案是指社会工作者与被害未成年人及其家庭进行接触，了解其需求与困难，对面临的问题做初步判断，决定是否向其提供服务。如果决定向其提供服务，该被害未成年人即成为案主，随之便是社会工作者与案主建立专业关系。

（一）接触

被害未成年人司法保护社会工作大多是通过政府购买服务或者项目委托等方式进行的，当被害未成年人及其家庭向社会工作服务机构求助，或社会工作服务机构接到任务后，社会工作服务机构会对被害未成年人的有关信息进行初步评估，主要看自身能否提供满足被害未成年人需求的服务，评估后再确定是否接受该项任务。

（二）建立专业关系

社会工作的有效进行依赖于社会工作者与案主之间专业关系的建立。专业关系与普通的人际关系不同，它是为专业目的而建立的，不以社会工作者的自身利益为前提，且专业关系的建立应避免受个人偏好的影响。或者说，社会工作专业关系是社会工作者为实现其计划而和案主有意识地建立起来的、情感无涉的专业社会关系。在初步接触中，被害未成年人的心理通常是比较复杂的，其可能持有怀疑、焦虑的态度，对社会工作者的言行比较敏感，甚至有抗拒、抵触的情绪。因此，在接案时，社会工作者需要尊重、接纳和关心被害未成年人，让他们能敞开心扉，以便与其建立良好的专业关系。

1. 接纳

接纳意味着社会工作者主动理解被害未成年人作为一个独特个体和人的价值，相信并尊重其人格，不以自身的价值观评判对方，时刻保持一种接受的态度。接纳反映出中立的价值观，有助于创造和谐、自由、轻松的气氛，消除被害未成年人的抵触情绪，使被害未成年人产生安全感，可以帮助其恢复信心，调动其积极性，从而有助于提高工作效率。

2. 期望

期望是指一种预期或希望，即一种关于行为付出能够得到某种形式的行为反应的希望。期望有时是明白表达的，有时是隐含的或模糊的。期望是双方的，包括社会工作者对被害未成年人的期望和被害未成年人对社会工作者的期望。社会工作者的期望会影响被害未成年人及其作出的目标决定。同时，被害未成年人对社会工作者的期望也是影响专业关系的重要方面。社会工作者提供的服务与被害未成年人的期望的差距如果太大，会导致失望与不满，可能导致工作关系中断。社会工作者在决定提供服务之前，一定要询问案主的期望。一般来说，双方期望的一致性越强，工作成效也越显著。

3. 共情

共情又称“同感”或“同理心”，是指社会工作者设身处地去体会被害未成年人的内心感受，用被害未成年人的参照系去理解其心理活动。共情是社会工作中常用的技术，不仅用于建立专业关系，在社会工作的整个过程中也会经常使用。共情是一种温暖的传递，不仅可以降低案主的抗拒感、减少冲突，还有助于专业关系的建立，还能够协助案主释放被压抑的情绪，增强其自我了解和解决问题的能力，促进案主有效成长和改变。

二、预估

社会工作者与案主建立专业关系后，预估工作便开始了。社会工作者在这一阶段的关键任务是收集和分析与案主所面临问题有关的各方面资料，了解案主情况，为下一步制定干预计划做准备。

（一）收集资料

收集的资料包括案主的经济状况、家庭结构与互动关系、成长的历程、社会适应力、可用的资源以及当前所面临问题的实际情况等。由于每个案主都有其独特性，案主所面临的问题和需要满足的需求也各不相同，因此，在收集资料之前，社会工作者通常应先对案主所面临的问题加以思考和探讨，以便找出收集资料的方向和重点。

收集资料的方法包括与案主直接会谈，以了解其对自己所面临问题的看法和感受，也可以在会谈中观察案主的态度和行为；家庭访谈，实地考察和了解案主的家庭状况、家庭关系和生活环境，并通过向案主家人收集资料来印证案主本人的陈述；对与案主相关的人士进行访问了解，如亲戚、朋友、同学等。

（二）诊断

综合与案主有关的所有资料，仔细推究案主所面临问题的真相、特点、原因及症结，探讨问题与案主人格之间的交互关系，以了解案主的能力、态度和改变的可能性；同时研判社会资源及其可利用的范围，初步筹划未来策略。诊断的要点涉及案主的生理功能、心理功能、社会功能及社会环境等不同方面。被害未成年人在这些方面都处于弱势，社会工作者应进行较准确的诊断。

（1）生理功能。从案主性别、年龄、教育背景、健康状况等基本资料来分析诊断。

（2）心理功能。从案主的智力状态、人格特点、自我意识、防御机能等方面加以判断。

（3）社会功能。从案主的人际关系状况、社会角色与地位状况来分析研究。

（4）社会环境。从案主所处的社会文化环境，如种族、语言、宗教信仰、社会阶层等因素来作出判断。

三、计划

计划即社会工作服务机构或社会工作者为了解决问题或达到目标而进行的一系列思考、计算、比较与抉择的过程。该阶段主要有两项工作，一是设定目标；二是选择方案。

（一）设定目标

改变案主的目标可具体分为近期目标和远期目标。就近期目标而言，其主要着眼于较易实现的目标，如改变案主的某种行为，澄清案主一些不切实际的想法，化解案主一时面临的危机或压力，克服某个问题等。就远期计划而言，社会工作者应通过计划的设计，实现提高或增强案主的能力和信心，以使案主彻底摆脱困境的目标，如使案主强化自己的正确认知，建立自信心，改善人际关系，增强社会适应能力，发挥潜在能力，等等。

如前文所述，被害未成年人司法保护社会工作服务的总目标是协助被害未成年人尽可能从侵害事件的创伤中康复，回归正常的社会生活。具体目标包括有效安抚被害未成年人情绪、保障被害未成年人安全、关注被害未成年人健康状况、协助被害未成年人家长稳定情绪、支持被害未成年人家长提升应对突发事件的能力、为被害未成年人链接相关资源等。

（二）选择方案

社会工作者在了解、掌握案主所面临的问题的实质、主要需求及可调配的资源的基础上，着手拟订比较周全的治疗方案，注意要与案主一起讨论解决问题的具体方法和途径，然后设计可行性方案，以便于案主的配合和参与。

四、干预

干预又称“介入”“实施”或“治疗”。该阶段是实际采取行动的阶段。社会工作者通过在各种备选方案中反复比较而确定最佳方案后，付诸实施，实际促使案主发生改变，解决案主问题，如协助案主发泄情绪，澄清其疑虑，修正其偏差行为，改善其所处环境，增强其自信心，帮助其调整社会关系等。

这一阶段是整个社会工作服务过程的关键，能否取得预期结果，主要取决于这一阶段是否能够顺利推进。因此，社会工作者对方案的实施应当加以科学的协调和控制，主要工作包括分解服务任务、明确人员分工、控制服务进度及应对服务风险等。

五、结案与评价

结案是指社会工作者为终止和案主的专业关系所做的一切准备工作。由社会工作者和案主共同检讨过去工作的成效，评价干预的实际效果。这种评价是全面的，包括评估服务项目或治疗的目标是否达到、工作方式是否适当、案主方面对改变的进度是否满意等。评价的结果有助于调整服务计划，使服务达到满意的结果而最终结案。结案后，为了确保案主能够适应良好，社会工作者通常需要在一定时限内进行追踪服务。

第五节 被害未成年人司法保护社会工作评估

社会工作评估也称“社会服务评估”，是评估活动的一种，是针对社会工作服务或项目而进行的评估，是用科学的研究方法对社会工作服务或项目的设计、策划、实施和效果等方面进行测度、诊断和评价的活动。社会工作评估属于应用性研究成果，可以改善社会工作服务或项目，间接提升案主福利，实现社会工作的使命；还可以帮助进行工作总结判断，以此决定服务或项目的存废及发展方向，优化资源的使用[①]。

社会工作评估的主体包括社会工作者（社会工作服务机构）、社会工作服务机构的相关上级及第三方。社会工作服务机构或社会工作者是社会工作服务的提供者，会在各类评估中成为评估主体。社会工作服务机构的相关上级主要是指对社会工作有管理权、检查权的政府部门，如司法机关。政府有关部门常常是社会工作服务的出资者，要对社会工作服务机构的运行及服务状况进行检查、监督和管理，包括评估。第三方评估是由与社会工作服务机构及其资助者无关的机构对社会工作服务进行的评估。第三方与社会工作服务机构和出资的政府相关部门没有利益关系，在社会工作评估中经常成为评估主体。第三方评估一般是由专门评估机构或专门组成的专家组实施，具有独立性、科学性和客观性的特点。另外，社会工作服务对象在某种程度上也可能成为评估的主体。因为在现代评估中比较注重服务对象在整个服务中的地位，而且社会工作特别强调以服务对象为本，因此社会工作评估主体也包括服务对象。

一、社会工作评估的一般过程

社会工作评估作为社会工作的一部分，其过程大致分为三大阶段：开始准备阶段、实施阶段和总结应用阶段。每个阶段都有不同的任务。

（一）开始准备阶段

1. 接受委托和明确评估目的

社会工作评估一般源自委托方的评估需求。委托方包括社会工作服务或项目的出资者、购买者和执行者等多类主体。独立评估是由被评估项目的出资者和执行者之外的第三方或机构外评估者在接受委托后，全权负责的评估设计、实施和报告撰写的活动。独立评估有较强的客观性，可信度高，其评估结论容易获得各方承认。合作评估是评估者与被评估的

① 顾东辉. 社会工作评估[M]. 北京：高等教育出版社，2009：5.

项目方合作完成评估设计，共同实施评估的活动。评估者在评估中还承担着项目方顾问的角色，提出项目改进的建议。合作评估对于以评促改、在评估过程中改善服务具有重要作用。赋权评估是一种特殊的合作评估。评估者不仅与被评估的项目方共同合作进行评估，还支持项目方发展和提升自身评估能力以改善服务，赋予一般在评估中处于弱势的项目方权能，表达他们的利益诉求，促进他们参与决策。赋权评估对于被评估项目方的权能提升具有重大促进作用，较好地体现了社会工作"助人自助"的精神。

被害未成年人司法保护社会工作多是经侦查、检察、审判、司法行政机关或共青团组织委托专业社会工作组织进行。随着政府购买服务的兴起，针对被害未成年人司法保护社会工作的独立评估快速发展，评估目的包括总结服务经验、提高服务质量、提升服务能力等。

2. 明确评估焦点和问题

被害未成年人司法保护社会工作评估有五个评估焦点：一是评估被害未成年人需求，作为社会工作项目或服务的设计基础；二是评估项目的理论与设计，判断其是否有效，是否具有经验证据支持，用于指导项目设计；三是评估项目过程，即评估社会工作项目的执行是否按照预先的设计进行，用于过程控制；四是评估项目结果，即评估社会工作项目是否具有影响，被害未成年人在行为、态度和认知等方面是否发生了预期改变；五是评估项目的效率，即对社会工作项目的投入产出比进行评估，以判断项目是否善用资源。

评估问题与评估焦点紧密相连，多数是对评估焦点的平铺直叙，较少是由理论演绎出来的假设。在实践中，常见的评估问题如被害未成年人的需求是什么；服务或项目能否满足被害未成年人需求；服务或项目目标是什么，是否已实现，实际实施过程如何，是否按计划进行，结果或效果如何；等等。

3. 制定评估计划

一项评估计划中要涉及评估研究策略、评估具体计划、时间进度和经费预算等。

社会工作评估属于应用性社会研究，可以采用社会研究的各种研究策略，如定量研究、定性研究或混合设计研究，尤其是定性研究的情境性、解释性、互动性与社会工作的尊重、接纳等本质相符，这种微观研究适合对被害未成年人个体行为进行评估分析。具体评估计划相当于社会研究中的研究设计，是开展研究的具体计划，包括如何收集资料、如何测量变量、如何组织分析、如何运用等内容。评估计划中还应该考虑如何协调人力、物力、财力以及规定时限等问题。时间进度表、经费预算及人力资源分配是评估计划中必须要有的。

4. 签订评估协议

一般情况下，在开始准备阶段还要签订评估协议，以进一步明确评估的类型、焦点和问题，并明确评估委托方和评估者之间的权利义务。

（二）实施阶段

1. 进入现场

为成功进入现场，评估者要与项目各方建立信任关系，最好获得被害未成年人的接受，与其建立信任关系。进入现场以后，再进一步了解项目信息，重新评估在开始准备阶段确立的评估计划，确认是否需要修改和完善，然后对项目信息资料进行阅读分析，进一步了解项目目标、理论基础、实施计划等。

2. 收集和分析资料

进入现场以后,评估者要依照评估计划着手收集资料和分析资料。首先,选取资料收集对象。在一些评估中,评估者可能不是向所有项目方成员或被害未成年人收集资料,而必须从中选择部分人作为样本,所以会用到抽样技术。其次,明确资料收集方法。在确定资料收集对象后,评估者可以用观察、访谈等手段收集资料。最后,细化资料分析方法。对量化资料可以采用统计分析方法,对质性资料则采用质性研究中的分析方法。

(三)总结应用阶段

1. 撰写评估报告

社会工作评估的最终结果是形成一份评估报告。评估报告一般会包括标题、摘要、目录、导言、评估方法、评估发现、结论与对策建议等若干部分。评估报告不仅要结构完整,还要语言清晰流畅。

2. 应用评估结果

首先,评估者可以与评估委托方或项目方共同讨论评估结论和对策建议,在达成共识的基础上依据评估建议改善社会工作服务或项目。这在合作评估和赋权评估中尤为重要。其次,在一些第三方独立评估的情况下,评估者还可以通过公开发表评估报告的方式进行政策倡议,形成舆论,最终推动政策变革,产生对社会工作服务有利的资源分配制度和宏观环境。

二、社会工作评估的种类

围绕社会工作服务,被害未成年人司法保护社会工作评估可分为需求评估、方案评估、过程评估和结果评估四种。

(一)需求评估

需求评估是社会工作者或社会工作服务机构对被害未成年人的需求进行的评判。在接案或预估阶段,社会工作者接到机构分派的任务后,就要对被害未成年人的处境和困难进行调查了解,确定其需求以提供服务,这就是需求评估。需求评估是有效开展社会工作服务的前提。人的需求是复杂的,只有进行科学评估,才能确定服务的任务和方向。

1. 需求评估的内容

社会工作中的需求是服务对象在所处环境中经由客观比较或主观感受,察觉在某些方面有所匮乏,需要依托社会工作满足的需求。被害未成年人具有急迫的服务需求。一般而言,社会工作者要做的需求评估的内容及其顺序如下:被害未成年人创伤程度;被害未成年人有可能面临的安全、健康等方面的风险;被害未成年人家庭支持能力;被害未成年人及其家人的最大困扰或担忧;对被害未成年人的恢复与正常生活目标达成有利的因素等。需求评估的内容需不断根据个案工作的进展而调整和推进,干预计划也要根据需求评估的变化而调整。

2. 测量方法

1)发现需求不足或问题的类型

需求测量是社会工作者基于关键需求信息而进行的调查,从而作出需求表述,目标在于发现需求不足。这里的需求包括生理需求、安全需求、归属与爱的需求、尊重的需求、认知需求及自我实现需求等。被害未成年人由于生理或心理创伤，一般缺乏安全感，其情绪表达能力、自我疏解能力不足，如果监护条件差、家庭功能不健全或朋辈支持缺失，则急需心理辅导、亲职教育、学校或社区帮助等。

2）梳理不同原因变量之间的关系

造成被害未成年人需求不足的个人原因在于其年龄较小、技能不足、意外事故等，环境原因包括经济方面的资源短缺、社会方面的歧视偏见、政策方面的保障政策不完善、自然或人为灾难等。根据“人在环境中”的内涵，个人要与环境进行互动，环境也应该根据社会成员的实际情况调整相应对策。如果造成被害未成年人需求不足的个人因素与外在环境因素没有得到很好的互动，个人与环境的适应性平衡就难以达成，从而被害未成年人的需求就得不到充分满足。

3）发现关键原因

把握原因机制中的关键原因极其重要，满足需求和解决问题都依赖于关键变量，该变量就是达成每个结果所需的关键活动，数量不多，易于理解，可监控，利于预期效果的实现，并能形成一种驱动力。也就是说，在被害未成年人需求不足或问题的原因机制中，要发现关键原因，针对这个关键原因进行干预，继而解决后续问题。

4）把握可变原因

关键原因的改善是否具有操作价值，还要根据具体情况作出判断，有时理论上确定的关键原因是很难改善的，甚至是不可改变的。如性侵害案件中的身体伤害虽然是各种问题形成的关键原因，但它不能被修复。因此，只有关键原因是可以改变的，其价值才能体现。

当关键原因不可改变时，社会工作者就要去寻找次关键原因。如在性侵害案件中精神伤害就属于次关键原因，而且其是可以改变的，精神伤害在治疗后一般是可以修复的。那么，这个次关键原因就是社会工作者的重要关注点。

5）抓住可控原因

关键原因和次关键原因能发生变化，但只有社会工作者能促成这些变化，这些原因才具有真正的实践意义，这时，这些关键原因或次关键原因就转化为可控原因。可控和可操作是社会工作服务的核心原则，涉及两个方面：一是社会工作者的知识、能力、资源、时间；二是工作场景中的服务机构、利益集团、社会政策等。当这两个方面都具有可行性时，原因机制中的可变原因才能演化为可控原因，社会工作服务才得以针对此原因而展开。少年司法机构综合保护理念与相关制度的确立和社会工作者积累的丰富实践经验使原因机制中的可变原因变为可控原因成为可能。

（二）方案评估

方案评估是服务方案开发的重要基础，是根据科学性、可行性、有效性等原则，对众多方案进行评价并从中选优的过程。服务方案是为满足被害未成年人需求，社会工作者和社会工作服务机构对自己提供的服务活动的预先设计。个案社会工作还包括个性化服务方案。设计合理的服务方案是实现服务目标的保证。因为社会工作过程涉及社会工作者与被害未成年人的合作，在合作过程中又涉及经费、人力、时间等多种资源，所以要合理设计并选择最适用的方案。

1. 方案种类

根据干预层次进行划分，服务方案有补救性服务方案、预防性服务方案和发展性服务方案。补救性服务方案是针对被害未成年人及其家庭最基本的温饱、陪伴、健康、教育等需求满足为目标的方案。预防性服务方案包括完善保障政策、危机管理等内容。发展性服务方案包括认知行为训练、能力开发培养等内容。

2. 方案目标

宏观方案目标涉及社会效益和长期影响，如预防被害未成年人辍学和犯罪。微观方案可以增强被害未成年人自信、改善其心理问题、缓解其家庭矛盾及压力等。目标要经过反复酝酿，以便在宏观目标与微观目标之间找到最佳结合点。社会工作者一定要重点关注被害未成年人的改变。

3. 方案结构和内容

方案一般包括资源（人力、资金、组织支持和其他可用资源）投入、活动内容、服务提供（次数、形式、水平、人数等）、服务对象改变和社会影响五部分。方案内容要服务于方案目标，并选择有实证基础的干预方法，如行为治疗、认知治疗、人际关系调整、心理健康教育、放松训练、个案管理等。社会工作者在设计干预方法时还要考虑被害未成年人的文化水平及社会特征，向其说明和解释干预方法的成效，充分发现被害未成年人的主观能动性，并整合专业人士的意见和判断，作出决定。社会工作者要动态把握方案的五部分内容，形成合适的工作方案。

（三）过程评估

过程评估是在服务提供过程中进行的，是针对服务过程中若干细项的评估。社会工作是一个过程，它既依据预先设计展开，又要根据情况变化适时调整。服务方案确定后，在保证有效执行的同时还要对各种不适用的地方进行修订。为保障干预服务向着既定方向发展而实现目标，社会工作者等评估主体必须了解各个环节的实际状况，评价实际状况与方案设计的吻合程度，并根据需求制定或调整具体的行动方案。

1. 主要类型

按照评估执行者分类，过程评估可分为内部评估和外部评估；按照评估焦点划分，过程评估可分为服务对象改变的过程评估和服务计划执行的过程评估。

内部评估是内部评估者作出的过程评估，是由服务机构的内部人员对服务执行过程进行的评价。优点是评估者对服务机构非常熟悉，了解其作出某些决策的原因，能改进服务计划，并监督和跟进评估后的实施建议。缺点是评估者可能带有主观偏见，可能会遇到伦理问题和权威性问题。外部评估是由外来人员完成的对服务过程的评价。优点是评估技术比较专业，会保持客观性，以使服务计划具有更好的问责性。缺点是外来评估者对服务机构了解不多，对某些信息和关键人物的接近途径有限，没有能力进行服务跟进。在实践中，评估主体可以内外结合，取长补短，综合运用两种方法完成评估工作。

服务对象改变的过程评估关注服务提供过程中社会工作者通过什么手段和途径提供服务，社会工作者采用了什么技术导致了服务对象怎样的改变。因此，它关注服务对象的变化过程是怎样产生的。服务计划执行的过程评估强调确认方案执行过程中的长处和劣势，并适时提出改进的建议。它关注方案实施中服务对象对服务的利用以及服务机构的服务送达系统的情况。这种评估可以发现服务计划是否能满足服务对象需求、是否能有效传递服务、服务过程中存在的问题及服务方案应如何修订等方面的问题。

2. 工作步骤

被害未成年人司法保护社会工作的过程评估除了遵照社会工作评估的一般过程外，还要注意在面向被害未成年人确定评估时间、确定研究问题以及收集资料等方面的特殊性。

1）确定评估时间

过程评估时间点的选择非常重要，因为过程评估是一种进行式过程，不是某个时间点上的分析。委托方或机构自身需要决定在什么时候进行过程评估。要评估正在进行的服务计划是非常困难的任务，因为服务计划执行过程本身就处在持续的改变之中，测量服务计划的影响就要持续测量提供的服务类型和服务水平。因此确定评估时间需要考虑两方面因素：一是能否提供初步评估报告给服务机构人员，以便改进服务和发展其他服务；二是根据干预结果的性质来决定，以便确定评估是否提供了最大的可能性让干预发挥功效。

2）确定研究问题

过程评估的研究问题应该涉及服务或项目的整个运作过程，确定的研究问题必须能提供足够信息判断下列内容：服务计划是否完成，服务内容的质量如何，服务计划是怎样顺利实施的，服务是否传递给了既定目标人群，外部因素怎样影响服务传递。社会工作者只有获得这些评估问题的答案，才能对服务项目作出准确评价，并发现项目哪些方面做得好以及哪些方面需要进一步改进。

3）资料收集

过程评估的资料来源是多元的，其既需要第一手资料，又需要现存资料（第二手资料）。第一手资料包括：通过问卷调查、小组访谈、实地观察等方式，针对服务计划的管理者、工作人员、受益人群等而收集的原始资料。第二手资料包括：服务计划书、工作计划、年度总结、相关新闻报道、服务计划活动记录、内部会议记录等。资料收集方式与需要回答的评估问题有关，如果回答服务计划是怎样发展出来的，可采用文件阅读和回顾等方法。要回答项目的运作的相关问题，可采用文件阅读和回顾、实地观察、问卷、访谈等方法。要回答项目是否按计划进行，可采用文件阅读与回顾、实地观察、访谈等方法。要回答项目受益人群情况，可采用实地观察、问卷、焦点小组等方法。评估者尽量参与司法流程，配合司法人员取证，保护被害未成年人权益，降低二次伤害风险，可以通过游戏等形式在互动过程中收集评估资料。

（四）结果评估

结果是社会工作者干预所带来的服务对象改变，结果评估是以测量和判断这种改变为焦点的一种评估模式。结果评估是社会工作者与被害未成年人共同确认服务成效的要求，是社会服务机构向政府、社会、支持者进行交代的要求，也是社会工作者总结反思自己工作的基本要求。结果评估对全面评价社会工作干预的成效、改善服务方式、提升服务质量、确保服务达到预期目标都有重要意义。

1. 结果评估的分类

结果评估是服务项目结束之后对服务结果的评估，可分为效果评估、影响评估和收益—成本评估等。

1）效果评估

效果评估的目的是评价项目结果是否达到设计的预期目的，如果项目结果达到甚至超过了预期目的，就说这个项目是有效果的。一般需要通过前后测的方法测量被害未成年人在与项目相关的特定方面或一般福利方面的改变，如生理伤害的治疗、心理创伤的修复、精神面貌的改变、家庭功能的完善、朋辈支持的增强等。被害未成年人司保护社会工作评估中的结果评估主要是效果评估。

2）影响评估

影响评估是要评估某项目结果与对照组或替代项目结果之间的差异。被害未成年人在参加完社会工作项目或服务后会发生改变，但这些改变中可能只有一部分是项目或服务本身带来的，影响评估就是要评估项目或服务本身带来的净结果。

3）收益—成本评估

收益—成本评估是用收益除以成本或用收益减去成本来计算比率或差值，以观察项目是赚钱还是赔钱或不赔不赚的评估。

2. 测量方法

被害未成年人司法保护社会工作评估的结果评估是以被害未成年人为中心的评估，往往把被害未成年人在知行意或一般幸福感、安全感方面的改变视为社会工作项目或服务的结果，科学的测量方法很重要。

1）计数法

将评估结果进行二分，如变化与无变化、达到目标与没有达到目标等，计算一部分人数，或一部分人数在总数中的比率。计数法是结果评估中最简单的一种测量方法，属于定类测量。它成本较低、简便易行，但不足以全面反映社会工作干预的效果。

2）标准化测量法

在被害未成年人司法保护社会工作评估的结果评估中，如果需要测量一些比较抽象和复杂的概念，可以采用标准化的测量工具，即各类量表，如症状自评量表、自测健康评定量表等。量表一般属于定序或定距测量，相对于计数法的定类测量，可以反映出干预的程度，因而被广泛采用，尤其适用于测量诸如焦虑、抑郁、自尊感、生命意义等抽象的心理学和行为学概念。

3）满意度

被害未成年人对社会工作干预结果的满意度是结果评估的一个重要方面。评估者可通过问卷调查等方法询问被害未成年人对特定服务或项目效果的主观判断，让其从“非常满意”到“非常不满意”等选项中，进行评定选择。评估者计算出作出不同主观判断的人数及其比例，通过比较评估社会工作干预的结果。

附录　未成年人司法保护社会工作调研报告

【摘要】社会力量参与未成年人司法保护工作的规范化程度既是国家法治文明进程的重要表征,又是衡量社会综合治理正当性的基本指标。在当前全面依法治国和社会治理法治化的背景下,围绕未成年人司法保护社会工作的议题,本报告依托国内多家未成年犯管教所、社会工作事务所、志愿者组织以及全国31个省(自治区、直辖市)的部分地区的司法局中小学,从服刑未成年人司法保护社会力量参与、在校未成年人法治教育与社会支持、青年志愿者参与未成年人司法保护社会工作等三个维度进行较为系统的问卷调查、个案追踪,并与相关人员展开深度访谈,以点带面地审视未成年人司法保护社会工作中存在的主要问题。在此基础上,提出构建政府主导下"四位一体"的未成年人司法保护格局,推广亲职教育制度,关注未成年人不良行为的转化边界,落实与深化分类干预、梯度帮扶的全链条体系,加大宣传力度,吸收专业人士参与未成年人司法保护,建立未成年人司法保护社会组织培育与扶持机制,充分发挥青年志愿者在其中的模范引领作用,以期构建以一体化的司法制度为准绳、以联动化的组织管理为载体、以专业化的社会工作队伍为依托、以精准化的服务项目为支撑、以最优化的社会资源为保障的未成年人司法保护体系。

【关键词】未成年人;合法权益;违法犯罪;司法保护;社会工作

一、选题背景与意义

(一)选题背景

侵害未成年人权益的问题以及未成年人违法犯罪的问题不仅是扰乱国家安定、污染社会风气的顽疾痼病,更是阻碍民族发展进步的当今之患、未来之忧。未成年人作为社会弱势群体,其基本权益已经受到国家政策法规的特殊保护和社会公众的高度重视。近年来,国内外学者在未成年人保护研究领域构建了较为完备的理论框架,进行了较为全面的实践探索,但在司法保护社会工作领域中对有严重不良行为的未成年人、违法犯罪未成年人、被害未成年人以及其他相关困境未成年人的社会调查、心理疏导、教育矫治、司法救助、社会帮扶等方面的体系性、指导性、规范性探索相对薄弱,相关内容尚待深入研究与实践检验。

未成年人司法保护工作离不开社会力量的参与。社会力量可以协助人民法院、检察院、公安机关、司法行政部门开展多项工作,例如未成年犯罪嫌疑人附条件不起诉考察帮教,社会调查,合适成年人到场,未成年犯管教所内的教育改造、心理咨询等。然而,目前社会力量参与未成年人司法保护的专业化水平较低。虽然高校培养的社会工作专业人才已源源不断地走向社会、开展实践工作,但与社会需求还有一定差距。再加上人才流失、待遇保障等问题,专业社会工作人才相当缺乏。由高校师生、退休人员等组成的志愿者队伍,其从事未成年人司法保护工作的稳定性受到质疑,专业性也有待提高。所以,组建专业化的未成年人司法保护社会工作队伍,培养专业人才是急需解决的问题。最高人民检察院与共青团中央联合签订的《关于构建未成年人检察工作社会支持体系合作框架协议》，拉开了两部门合力推进社会力量参与未成年人司法保护体系建设的帷幕。于是，各地纷纷落实，尝试培育青少年司法类社会工作服务专门机构，逐步吸收专业社会工作力量参与未成年人司法保护实践，为社会支持体系的各个层面提供专业化服务，并建立相应的绩效评估制度与工作激励机制。

（二）研究意义

社会力量参与未成年人司法保护的规范化程度既是国家法治文明进程的重要表征，又是衡量社会综合治理正当性的基本指标。本报告从传统与现代、本土与异域、理论与实践三个维度出发，主要探索系统化、专业化、规范化的未成年人司法保护社会工作的适用对象、指导思想、组织机构、实施原则、运作体系、操作流程、效果评估以及专业保障，从而最大限度提高司法保护社会工作效率、减少司法矫正资源浪费。

具体而言，本报告所进行的研究的学术意义和应用价值体现在四个方面。第一，开展未成年人司法保护社会工作的循证研究，为后续研究提供方法论支撑；第二，深入地了解利益相关者的基本需要与利益诉求，谋求有效的保护渠道与方式；第三，探索形成条分缕析的未成年人司法保护社会工作指南，为司法保护社会工作增效减负；第四，构建罪错未成年人特质编码的分类干预机制，合理配置司法保护社会工作资源。

二、调查对象与说明

本报告将实证量化支撑与理论质性推演相结合、群体横向对比与个案纵向调查相结合的方式运用于未成年人司法保护社会工作的研究中，尤其是对服刑未成年人司法保护社会力量参与现状、在校未成年人法治教育与社会支持现状、青年志愿者参与未成年人司法保护社会工作的情况进行了定量与定性的调查分析。

（一）调查设计说明

1. 调查问卷的设计

研究人员为服刑未成年人、在校未成年人、青年志愿者分别编制了“未成年人社会帮教与司法救助情况的调查问卷（服刑未成年人用）”“未成年人法治教育与社会支持现状的调查问卷（在校未成年人用）”“未成年人司法社会志愿服务工作情况的调查问卷（青年志愿者用）”，其中的题项设计在结合文献研究、部分研究人员以往的未成年人司法保护社会工作与法律援助经历的基础上，充分考虑了被调查对象与周围重要他人（例如服刑未成年人与未成年犯管教所民警、在校学生与教师、青年志愿者与服务对象）对有关情况的互证性。

2. 调查访谈的设计

未成年人司法保护社会工作的利益相关者不仅包括服刑未成年人、戒毒未成年人、被害未成年人、在校未成年人、社会工作者、志愿者等，而且也涉及中央政府、地方政府、公检法司、社会工作组织、民间团体、社区、学校、家庭等。研究人员为其中的部分利益相关者设计了“未成年人司法保护社会力量介入情况的访谈提纲”。

访谈对象主要包括检察院、人民法院、公安机关、司法机关、社区居委会、乡村村民委员会的工作人员以及学校教师、家长等。访谈主要涉及五个方面的内容：第一，近年来，所在区域的涉罪未成年人总体数量、犯罪类型、社会力量介入比例与基本情况(包括附条件不起诉考察帮教、社会调查、合适成年人到场等),以及社会帮教的需求(包括社会帮教主体、内容、方式、资源等);第二,近年来,所在区域中有严重不良行为未成年人总体数量、发生严重不良行为的主要类型与基本情况,以及应对措施、社会帮教的需求(包括社会帮教主体、内容、方式、资源等);第三,近年来,所在区域中有不良行为未成年人数量、发生不良行为的主要类型与基本情况,以及应对措施、社会帮教的需求(包括社会帮教主体、内容、方式、资源等);第四,近年来,所在区域中被害未成年人、被父母或者其他监护人遗弃或虐待的未成年人的数量与基本情况,以及应对措施、社会救助的需求(包括社会救助主体、内容、方式、资源等);第五,近年来,所在区域开展未成年人法治教育的主体、对象、内容、形式、频次、效果等基本情况,以及社会力量参与普法宣传的需求度。

(二)主要调查对象

1. 服刑未成年人

在各领域或各类型的未成年人当中,服刑未成年人的司法保护社会力量参与工作应该是最困难、最复杂的。一是服刑未成年人是未成年人当中问题最大的一个群体;二是在未成年犯管教所内引入社会力量有诸多限制。因此,本次对服刑未成年人司法保护社会力量参与状况进行的调查与分析可以在一定程度上代表涉罪未成年人、涉案未成年人以及戒毒未成年人[①]等在内的未成年人群体的相关状况。为了揭示当前社会力量参与未成年人司法保护工作的内容、现状及需求,使未来社会力量参与司法保护工作的路径与方向更具针对性和科学性,从根本上落实针对未成年人的特殊保护,构建具有中国特色的未成年人司法保护社会工作体系,研究人员深入全国多个未成年犯管教所,面向服刑未成年人发放问卷,与民警访谈,收集第一手资料进行分析。

社会力量参与未成年人司法保护与一个地区的经济发展水平、社会发展程度有关。2019 年 6 月至 12 月,研究人员根据判断抽样的原则选取了四个地区的未成年犯管教所进行调查[②],分赴不同未成年犯管教所内对服刑人员进行问卷发放与回收,发放 310 份问卷,剔除无效问卷,共收集有效问卷 304 份,有效回收率为 98.06%,用 SPSS 20.0 进行统计分析。

样本以男性居多,占 91.8%,女性占 8.2%。他们的平均年龄为 17.07 岁,最高年龄 22 岁的服刑人员占 1%,属未成年犯管教所内的少数特例,因入所时未成年,故也在调查范围之内。74.1%的人员为非独生子女,拥有农村户口的人员占比达 73%。从学业情况看,有 69.7%的人未完成初中学业(没有上过学的占比 0.3%、小学未毕业的占比 8.2%、小学毕业的占比 5.6%、初中未毕业的占比 55.6%),30.3%的人完成了初中学业(初中毕业的占比 17.4%、普通高中未毕业的占比 2.3%、普通高中毕业的占比 0.3%、职业高中未毕业的占比 8.6%、职业高中毕业的占比 1.0%、其他人员占比 0.7%)。有 43.8%的人曾加入少先队,只有 7.2%的人曾加入共青团。罪名主要是抢劫(38.2%)和强奸(22.4%),其他包括盗窃、诈骗、

① 值得一提的是,本次调查的服刑未成年人有一部分属于涉毒类犯罪者。研究人员向一家未成年人强制隔离戒毒所和三家强制隔离戒毒所的戒毒人员发放了 80 份调查问卷,在回收的 75 份问卷中仅有 6 份问卷的填写者为戒毒未成年人。究其原因主要在于当前所内戒毒的未成年人数量极少。此外,尽管绝大多数正在戒毒的未成年人主要在社区戒毒机构或戒毒医院接受戒毒,但因其个人隐私信息受到保护,对这类群体的访谈计划未能实施。

② 为保护未成年犯管教所信息安全,发表或出版本报告时省去这些地区的名称。

抢夺、绑架、贩毒、赌博、故意伤害、故意杀人、聚众斗殴、寻衅滋事、敲诈勒索、猥亵、强迫卖淫等，合计 39.4%（详见表 1）。

表 1 样本服刑未成年人基本状况

性别（n=304）	男	女	合计
	91.8%	8.2%	100%
年龄（n=304）	最大值/比重	最小值/比重	平均值/标准差
现在年龄	22 岁/1%	15 岁/8.2%	17.07 岁/1.292
入所年龄	18 岁/1.3%	14 岁/4.6%	16.09 岁/0.900
是否为独生子女（n=301）	独生子女	非独生子女	合计
	25.9%	74.1%	100%
户籍状况（n=304）	城市	农村	不知道
	25.7%	73%	1.3%
文化程度（n=304）	未完成初中学业	完成初中学业	合计
	69.7%	30.3%	100%
是否加入少先队（n=304）	是	否	不知道
	43.8%	39.5%	16.8%
是否加入共青团（n=304）	是	否	不知道
	7.2%	72%	20.7%
罪名（n=304）	抢劫	强奸	其他各项合计
	38.2%	22.4%	39.4%

注：误差由计算时的四舍五入所致。

2. 在校未成年人

在各领域或各类型的未成年人当中，在校未成年人的司法保护社会工作介入是相对较少的，却又是必要的。从检察机关办理的案件情况看，对在校未成年人的司法保护尤其是事前多级预防确实需要给予高度重视。相关数据显示，“2019 年 1 至 11 月，检察机关共批捕未成年犯罪嫌疑人 28 915 人，同比上升 7.6%；提起公诉 38 207 人，同比上升 10.2%。共批捕侵害未成年人权益的犯罪嫌疑人 43 844 人，上升 19.4%，起诉 56 427 人，上升 25.9%。其中性侵未成年人等犯罪案件上升幅度更大”①。最高人民检察院发布的《未成年人检察工作白皮书（2014—2019）》中的数据显示，与 2017 年相比，2019 年在检察机关对侵害未成年人犯罪提起公诉的罪名中，居前 3 位的分别是强奸、寻衅滋事、猥亵儿童，其中猥亵儿童犯罪人数呈大幅上升趋势②。上述案件中涉及的未成年犯罪嫌疑人、被害未成年人绝大多数是在校生。

为了把握当前在校未成年人接受法治教育、领悟社会支持以及社会力量参与司法保护

① 林平. 最高检：询问未成年被害人应以一次为原则 防止二次伤害[EB/OL].（2019-12-30）[2020-06-02].http://news.eastday.com/c/20191230/u1ai20268005.html.

② 最高人民检察院网上发布厅. 未成年人检察工作白皮书（2014—2019）[EB/OL].（2020-06-01）[2020-06-02].https://www.spp.gov.cn/spp/xwfbh/wsfbt/202006/t20200601_463 698.shtml#2.

工作的内容、现状及需求,研究人员在 2019 年 12 月至 2020 年 6 月深入全国 31 个省(自治区、直辖市)的中小学,通过现场、邮寄或在线问卷调查方式,向在校未成年人发放问卷,同时与部分中小学教师就相关议题进行现场访谈或视频访谈,并将收集到的第一手资料加以汇总、整理与分析。本项调查共发放 3 005 份问卷,剔除其中无效问卷 11 份以及成年人自填问卷(非成年人代在校未成年人填写的问卷)258 份,共收集来自全国 231 个城市或农村的有效问卷 2 736 份,有效回收率达到 91.05%。

从表 2 可以看出,样本中男女生比例相当,其中男生有 1 252 人(占比 45.76%),女生有 1 484 人(占比 54.24%)。样本学生的平均年龄为 15.29 岁,最小的学生为 6 岁(3 人,占比 0.11%),最大的是 18 岁(437 人,占比 15.97%)。鉴于我国法律把 18 周岁作为未成年人与成年人的年龄界限,所以在调查问卷的题干中要求填写者填写自己的周岁,但考虑到个别样本学生可能会按虚岁年龄填写(如将"17"周岁填为"18"周岁),因此本次调查将年龄填为"18"的问卷纳入了调查范围,只在统计问卷时剔除了"19"岁及以上的问卷。样本中, 987 人(占比 36.07%)为独生子女, 1 749 人(占比 63.93%)为非独生子女。从户籍状况来看,拥有城市户口的有 1 224 人(占比 44.74%),拥有农村户口的有 1 439 人(占比 52.60%),不知道自己户籍状况的有 73 人(占比 2.67%)。从文化程度来看,小学生有 418 人(占比 15.28%),初中学生有 810 人(占比 29.61%),普通高中学生有 1 144 人(占比 41.81%),职业高中学生有 103 人(占比 3.76%)。从样本学生所在学校的属地来看(见图 1),在 31 个省(自治区、直辖市)中样本学生数居前 10 位的是河北(402 人,占比 14.69%)、湖南(208 人,占比 7.60%)、甘肃(186 人,占比 6.80%)、广东(180 人,占比 6.58%)、安徽(154 人,占比 5.63%)、湖北(133 人,占比 4.86%)、江苏(117 人,占比 4.28%)、广西(99 人,占比 3.62%)、陕西(93 人,占比 3.40%)、吉林(88 人,占比 3.22%)。总之,从样本所涉及的在校未成年人的性别、年龄、家庭状况、户籍状况、学校类型、文化程度来看,样本的覆盖面较广,具有一定的层次性、典型性和代表性。

表 2　样本在校未成年人基本状况

性别(n=2 736)	男	女	合计
	45.76%	54.24%	100%
年龄(n=2 736)	最大值/比重	最小值/比重	平均值
	18 岁/15.97%	6 岁/0.11%	15.29 岁
是否为独生子女(n=2 736)	独生子女	非独生子女	合计
	36.07%	63.93%	100%
户籍状况(n=2 736)	城市	农村	不知道
	44.74%	52.60%	2.67%
文化程度(n=2 736)	小学	普通高中	其他
	15.28%	41.81%	9.54%
	初中	职业高中	合计
	29.61%	3.76%	100%

注:误差由计算时的四舍五入所致。

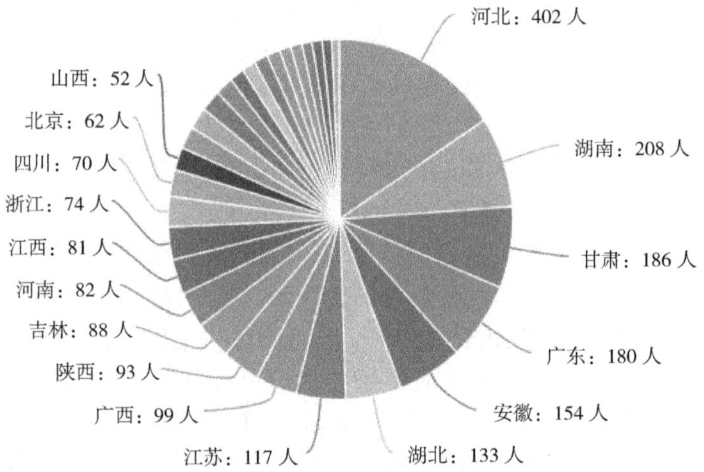

图 1　样本学生所在学校的属地分布（前 16 位）

3. 青年志愿者

青年志愿者作为参与未成年人司法保护社会工作的新生力量，其作用和发展前景应引起高度重视。其中，大学生志愿者是青年志愿者队伍中最活跃、最积极、最集中、最有影响力的一个群体，正在全国高校特别是公安、司法类院校中蓬勃发展。他们秉持“团结友爱、助人为乐、见义勇为、无私奉献”的鲜明宗旨，希望在校学习期间能够参与一系列有意义的社会实践，为社会贡献自己的力量。为了更好地了解青年志愿者对未成年人司法保护志愿服务的认知、参与司法保护社会工作的动机与需求以及相关组织管理情况，探求培育青年志愿者和开展未成年人司法保护志愿活动更为有效的途径，研究人员在 2020 年 6 月通过在线问卷调查的方式，对河北省保定未成年人司法社会服务中心的青年志愿者进行了问卷调查，发放 200 份问卷，回收 193 份问卷，剔除无效问卷 2 份，收集有效问卷 191 份，有效回收率达到 95.5%。

从表 3 可以看出，样本中男性所占比例稍高，为 116 人、占比 60.73%，女性 75 人、占比 39.27%。样本青年志愿者[①]的平均年龄为 19.37 岁，最小的为 15 岁（3 人，占比 1.57%），最大的是 24 岁（1 人，占比 0.52%）。从政治面貌来看，有 1 人（占比 0.52%）加入了中国共产党，175 人（占比 91.62%）是共青团员，15 人（占比 7.85%）为群众。在青年志愿者样本中，有 118 人来自城市，占总人数的 61.78%；有 73 人来自农村，占总人数的 38.22%。从文化程度来看，具有高中、中专或以下学历的有 6 人（占比 3.14%），大学本科生有 184 人（占比 96.34%），研究生有 1 人（占比 0.52%）。从青年志愿者所学专业来看，监狱学和法学两个专业的样本人数排在前两位，分别为 132 人、33 人，占比分别为 69.11%、17.28%（见表 4）。

① 当今，世界各国对青年的年龄划分并不一致。在我国，青年的年龄通常为 14 周岁到 35 周岁，且只有 14 周岁到 28 周岁的青年才可以入团。

表 3 样本青年志愿者基本状况

<table>
<tr><td rowspan="2">性别（n=191）</td><td>男</td><td>女</td><td>合计</td></tr>
<tr><td>60.73%</td><td>39.27%</td><td>100%</td></tr>
<tr><td rowspan="2">年龄（n=191）</td><td>最大值/比重</td><td>最小值/比重</td><td>平均值</td></tr>
<tr><td>24 岁/0.52%</td><td>15 岁/1.57%</td><td>19.37 岁</td></tr>
<tr><td rowspan="2">政治面貌（n=191）</td><td>党员</td><td>共青团员</td><td>群众</td></tr>
<tr><td>0.52%</td><td>91.62%</td><td>7.85%</td></tr>
<tr><td rowspan="2">户籍状况（n=191）</td><td>城市</td><td>农村</td><td>合计</td></tr>
<tr><td>61.78%</td><td>38.22%</td><td>100%</td></tr>
<tr><td rowspan="2">文化程度（n=191）</td><td>高中、中专及以下</td><td>本科</td><td>研究生</td></tr>
<tr><td>3.14%</td><td>96.34%</td><td>0.52%</td></tr>
</table>

注：误差由计算时的四舍五入所致。

表 4 样本青年志愿者所学专业情况

<table>
<tr><th>专业</th><th>人数</th><th>合计</th><th>百分比</th></tr>
<tr><td>监狱学（矫正教育方向）</td><td>49</td><td rowspan="4">132</td><td rowspan="4">69.11%</td></tr>
<tr><td>监狱学（心理矫治方向）</td><td>41</td></tr>
<tr><td>监狱学（政治工作方向）</td><td>32</td></tr>
<tr><td>监狱学</td><td>10</td></tr>
<tr><td>法学（司法行政方向）</td><td>12</td><td rowspan="7">33</td><td rowspan="7">17.28%</td></tr>
<tr><td>法学（知识产权方向）</td><td>6</td></tr>
<tr><td>法学（调解方向）</td><td>5</td></tr>
<tr><td>法学（律师方向）</td><td>3</td></tr>
<tr><td>法学</td><td>3</td></tr>
<tr><td>法学（戒毒工作方向）</td><td>2</td></tr>
<tr><td>法学（社区矫正方向）</td><td>2</td></tr>
<tr><td>社会学（司法社会工作方向）</td><td>6</td><td>6</td><td>3.14%</td></tr>
<tr><td>信息管理与信息系统（司法信息安全方向）</td><td>4</td><td>4</td><td>2.09%</td></tr>
<tr><td>教育学</td><td>3</td><td>3</td><td>1.57%</td></tr>
<tr><td>汉语言文学（法制宣传与法制文学方向）</td><td>3</td><td>3</td><td>1.57%</td></tr>
<tr><td>行政管理（警察管理方向）</td><td>3</td><td>3</td><td>1.57%</td></tr>
<tr><td>心理学</td><td>2</td><td>2</td><td>1.05%</td></tr>
<tr><td>医学</td><td>1</td><td>1</td><td>0.52%</td></tr>
<tr><td>侦查学</td><td>1</td><td>1</td><td>0.52%</td></tr>
<tr><td>其他</td><td>3</td><td>3</td><td>1.57%</td></tr>
</table>

注：误差由计算时的四舍五入所致。

此外，研究人员在 2019 年 8 月、10 月、11 月分别到北京、上海、天津等地的司法局、社区矫正机构、社会工作事务所，采用半结构式访谈法分别对3位相关研究领域的学者、3位负责未成年人司法社会工作的老师进行了个别访谈，与4位社区矫正工作者进行了集体座谈。此外，河北省保定未成年人司法社会服务中心的青年志愿者在2020年1月初到辽宁、河南、山西、四川、江苏、安徽、广东等地的公安局、检察院、人民法院、司法局进行调查访谈，重点了解“党委政府主导、社会力量支持、公检法司多部门联合的未成年人关护一体化机制”中社会工作的资格认定、服务项目、工作对象、核心目标、组织机构、操作流程、主要内容、介入方法、档案管理、工作督导、评估指标与质量监控以及典型案例，尤其注意把握突出问题，听取访谈对象的意见和建议。

三、调查结果与分析

（一）服刑未成年人司法保护社会力量参与现状①

研究人员通过对服刑未成年人司法保护社会力量参与现状的调研发现：服刑未成年人心理认知、行为各方面存在诸多问题；司法保护社会参与的个体支持情况不乐观；司法保护社会参与的频率不高，干预的广度与深度明显不足，教育改造效果亦不明显。

1. 服刑未成年人认知、行为问题与需求

调查发现，服刑未成年人的心理认知、行为各方面都存在问题，如幸福感偏低，对幸福的认知有误，缺乏正确的信任与归属感；不了解法律，不能拿起法律的武器维护自身权益；缺乏主动寻求社会力量帮助的意识；各种不良行为频发等。

1）对幸福的感觉与认识有误，缺乏正确的信任与归属感

表5显示，只有21.3%的服刑未成年人在入所前总是感到幸福，甚至有6.0%的人从未感到过幸福，幸福感偏低。让他们感到幸福的具体事情则集中在家庭方面和娱乐方面，应答比分别为41.6%和35.8%。“和家人生活在一起”“家庭氛围和谐”“得到父母认可”和“家人身体健康”的应答百分比分别为10.4%、10.0%、8.3%和12.9%，共41.6%；在娱乐方面，他们的幸福感来自“不劳而获”“自由自在”“不用上学”“不必工作”“有吃有喝”“网络聊天或游戏”“有穿有玩”。幸福感来自工作方面（在社会上打工、找到满意工作、同事关系融洽、有丰厚收入）和学习方面（在学校读书、学习成绩好、得到老师认可、同学关系融洽）的应答比最低，分别为16.1%（1.9%+4.8%+1.1%+8.3%）、6.6%（2.6%+0.8%+0.9%+2.3%）。认为“与家人生活在一起”是幸福的，这是正确认知，但从各种不思进取的娱乐形式中获取幸福体验说明服刑未成年人认知有误，在需要积极奋进的年龄却表现出了消极与颓废。

在最信任的人与最有归属感的群体选项中，9.5%的人表示没有最信任的人，8.2%的人表示没有让其感到有归属感的群体。还有12.6%的人选择信任社会上结识的朋友（11.6%）和网友（1.0%），有37.9%的人对社会朋友圈（31.0%）和网络朋友圈（6.9%）有归属感（见表5）。这说明有些服刑未成年人缺乏正确的信任与归属感。据马斯洛的需要层次论，信任与归属是在生理、安全需要得到满足以后个人所追求的精神需要。如果精神需要不能得到满足或发生偏差，势必引发不良行为及犯罪。

① 李晓娥，宋秋英，章恩友. 未成年服刑人员司法保护社会力量参与状况调查[J]. 中国人民公安大学学报（社会科学版），2020（4）：11-17.

表 5 服刑未成年人心理认知特点统计

入所前的幸福感程度（n=300）	总是感到幸福	有时感到幸福	偶尔感到幸福	从未感到幸福	合计
	21.3%	36%	36.7%	6.0%	100%
入所前认为幸福的事情（n=302）	学习方面	家庭方面	工作方面	娱乐方面	合计
	6.6%	41.6%	16.1%	35.8%	100.1%
入所前最信任的人（n=303）	家人	老师与同学	朋友与网友	没有	合计
	74.7%	3.3%	12.6%	9.5%	100.1%
入所前最有归属感的群体（n=303）	家庭	学校、社区、单位	社会和网络朋友	没有	合计
	49.5%	4.3%	37.9%	8.2%	99.9%

注：误差由计算时的四舍五入所致。

2）不了解法律，法律权益认知存在障碍

未成年人犯罪不外乎与家庭、学校、社会和其自身等方面的因素有关。在“你认为自己犯罪的主要原因”题干下的选项包含了个人、家庭、学校、社会等方面的全部原因。从回答结果看，服刑未成年人把犯罪的原因主要归结为个体自身因素和社会风气不良，个体自身因素中又以“根本不了解法律”占比最高，应答百分比为 18.3%，其次依次是“自控力差”17.7%、“看重朋友义气”15.9%、“好奇心强”11.6%、“受坏人教唆”8.6%，此外，认为原因是社会风气不良”的有 8.2%。其余 8 项包括“明知故犯”“报复社会”“家庭教育问题”“学校教育问题”“深受影视作品影响”“沉溺于网络虚拟世界”“自以为懂法实际上没有掌握法律知识”“其他”，应答百分比依次为 3.5%、0.6%、3.3%、1.0%、3.1%、5.9%、1.8%、0.3%，共 19.5%（见表 6）。从中可以看出，未成年人犯罪的主要原因是不了解法律、意气用事，又正值青春期，自控力差、好奇心强，极易受到坏人教唆，作出犯罪行为。

从对法律作用的理解和维权方式的选项中也能得到上述结论。未成年人关注法律赋予其的权利而忽视了义务。法律既有维护社会秩序、保障公民权利及惩罚违法犯罪行为的作用，同时也规定了公民的义务和行为规范，可是调查发现，服刑未成年人更多关注的是权利（26.6%），而忽略了义务（8.3%）。

当合法权益受到侵害时，一些未成年人可能会盲目维权。未成年人属于社会中的弱势群体，其合法权益容易受到侵犯。青少年维权应当通过合法正当途径或请求相关社会组织的帮助。调查发现，约有一半服刑未成年人维护合法权益时选择的路径不正确，有的人私下调解解决，有的人以牙还牙地反击，也有的不知道向谁报告、谁可帮助他，或表示无所谓。正常通过法律维权的占 39.4%，求助社会组织的只占 9.2%，这也说明社会力量参与未成年人权益维护的比重较低（见表 6）。

表 6 服刑未成年人认为导致其犯罪的主要原因、对法律作用的理解和维权方式选择应答统计

单位：%

犯罪原因	应答比	法律作用（单选）	应答比	维权方式（单选）	应答比
根本不了解法律	18.3	保障公民权利	26.6	通过法律维权	39.4
自控力差	17.7	规定公民义务	8.3	私下调解解决	26.6

续表

犯罪原因	应答比	法律作用(单选)	应答比	维权方式(单选)	应答比
看重朋友义气	15.9	规范公民行为	10.7	以牙还牙地反击	12.4
好奇心强	11.6	惩罚违法犯罪	20.6	求助社会组织	9.2
受坏人教唆	8.6	维护社会秩序	33.5	不知道向谁报告	6.6
社会风气不良	8.2	其他	0.3	无所谓	5.9
其余 8 项合计	19.7	合计	100	合计	100.1

注:误差由计算时的四舍五入所致。

3)缺乏寻求社会力量帮助的意识

家庭教育的弱化和失灵是导致未成年人犯罪的重要原因。服刑未成年人渴望得到家庭的支持。调查显示,入所后,有 91.4%的服刑未成年人渴望得到来自家人朋友的支持、鼓励和帮助。但渴望社会人士支持、鼓励和帮助的却不多,总是、经常这样想的人占比 18.8%(9.1%+9.7%),不到两成(见表 7)。这说明服刑未成年人还没有意识到可以寻求社会力量的支持与帮助。

表 7 “渴望得到支持、鼓励和帮助”的来源统计 单位:%

入所后,是否渴望得到来自家人朋友的支持、鼓励和帮助	是			否	
	91.4			8.6	
入所后,是否渴望得到来自外界社会人士的支持、鼓励和帮助	总是这样	经常这样	有时这样	偶尔这样	从来没有
	9.1	9.7	25.0	22.7	33.5

注:误差由计算时的四舍五入所致。

4)不良行为频发是普遍特征

一般情况下,犯罪行为是由不良行为发展而来的。在服刑未成年人入所前的各种不良行为中,发生频率以吸烟、进入营业性歌舞厅和夜不归宿最高,回答“总是”的占比分别为 45.6%、24.5%、22.6%,其次是旷课、逃学、辱骂他人、酗酒和打架,回答“总是”的占比分别为 15.1%、13.5%、13.4%、11.8%、10.4%,而对于其他不良行为的发生频率,回答“总是”的占比都低于 10%(见表 8)。未成年人正处于身体发育期,不良生活习惯可能是其犯罪的诱因。吸烟、进入营业性歌舞厅等这些本是成年人才有的行为,却过早地发生在未成年人身上。调查结果显示,服刑未成年人日常过分重视娱乐、逃避学习,普遍伴有各种不良行为。

表 8 入所前一年不良行为发生频率统计 单位:%

行为内容	总是	经常	有时	偶尔	没有	合计
吸烟	45.6	23.5	9.1	10.4	11.4	100
进入营业性歌舞厅等场所	24.5	22.1	21.1	13.1	19.1	99.9
夜不归宿	22.6	23.0	16.6	19.9	17.9	100
旷课	15.1	18.8	17.1	23.8	25.2	100

续表

行为内容	总是	经常	有时	偶尔	没有	合计
逃学	13.5	14.1	18.5	21.9	32.0	100
辱骂他人	13.4	13.8	22.8	25.8	24.2	100
酗酒	11.8	17.5	14.5	19.9	36.4	100.1
打架	10.4	15.4	24.2	25.2	24.8	100
对赌博、吸毒、携带管制刀具、故意毁坏财物、偷拿别人东西、强行索要财物、观看收听色情制品等 7 项行为内容发生频率回答“总是”的占比最高者为携带管制刀具（7.4%），最低者为强行索要财物（1.3%）						

注：误差由计算时的四舍五入所致。

另外，未成年人本应该与父母共同居住生活。调查发现，有 53.3%的服刑未成年人在入所前是与父母共同居住生活的，与父母一方住在一起（只与父亲或只与母亲住在一起）的占 10.9%，与其他亲戚住在一起的占 20.1%，自己住的占 12.2%，父母存在戒毒、服刑、离世及其他情况的占 3.6%。这说明有约一半的未成年人在进入未成年犯管教所以前并未与父母共同居住生活，这可能与不良行为的发生有一定的关系。

2. 社会参与的个体支持现状

调查显示，服刑未成年人的社会支持状况不容乐观，部分人回答没有任何社会支持来源。大多数人的社会支持主要来自父母，其他社会力量参与很少，入所前少，入所后更少。

1）部分人员社会支持状况堪忧

社会支持是个体维持交往与沟通的渠道，每一位个体都需要一定的社会支持，而弱势群体更是如此。尤其是在遇到一些急难情形时，他们更需要有人伸出援手，帮其渡过难关。但是调查发现，服刑未成年人的社会支持状况不容乐观，在遇到急难情形时，有 7.3%的人无任何实际的支持来源，有 2.3%的人甚至连安慰与关心也没有，进入未成年犯管教所后的情况更甚（见表 9）。这与研究人员在调查其他类型群体时的结果不同，选择无任何社会支持来源的人几乎没有。

2）总体上支持以初级群体为主，其他社会力量参与较少

在以需求为导向的社会支持体系分析中，青少年社会支持系统包括初级群体、社区、社会和制度，即微观、中观与宏观层面[①]。调查发现，服刑未成年人的支持主要来自初级群体家庭，且以父母为主要力量。从父母那里曾得到实际帮助和安慰关心的服刑未成年人样本的占比分别为 40.8%、36.7%，入所后分别为 45.2%、32.1%，都是最高的。其他社会力量参与未成年人社会支持的比重很低，在服刑未成年人入所前遇到急难情形时，曾经得到来自非官方组织或社会人士的实际帮助和安慰关心的占比分别为 5.6%、3.0%，应答比较低，入所后更低，分别为 2.2%、1.4%（见表 9）。

① 刘梦琴. 以需求为导向的青少年社会支持体系：建构和评估[J]. 青年发展论坛，2018，28（5）：38-40.

表 9　服刑未成年人进入未成年犯管教所前一年内、进入未成年犯管教所后社会支持来源统计

单位:%

支持来源	入所前,遇到急难情形时曾得到的		入所后,遇到急难情形时曾得到的	
	经济支持或解决实际问题的帮助	安慰和关心	经济支持或解决实际问题的帮助	安慰和关心
无任何来源	7.3	2.3	6.9	7.6
有下列来源	92.7	97.7	93.1	92.4
合计	100	100	100	100
父母	40.8	36.7	45.2	32.1
其他家人	11.0	12.9	8.4	7.9
朋友	33.6	34.3	9.3	9.3
学校(入所前)、未成年犯管教所(入所后)等官方组织	0.2	0.3	8.7	8.8
老师(入所前)、管教民警(入所后)	0.9	3.3	14.7	23.0
同学(入所前)、所内同伴(入所后)	8.0	9.4	11.5	17.6
非官方组织或社会人士	5.6	3.0	2.2	1.4
合计	100.1	99.9	100	100.1

注:误差由计算时的四舍五入所致。

3)入所后社会支持水平虽有提升,但来自父母以外的其他社会力量支持却减少

服刑未成年人在入所前后的社会支持来源有一些变化,此消彼长以后,总体水平有所提升。均值从33.43上升为35.47,且相关分析显著,皮尔逊相关系数为0.502,P值为0.000,说明当前未成年犯管教所的管理工作是有效的(见表10)。

尽管有不少未成年人信任社会上结交的朋友,认为社会朋友圈能提供归属感,但进入未成年犯管教所以后,来自朋友的支持大幅减少,朋友提供实际帮助与安慰关心的占比分别从33.6%、34.3%下降为9.3%,这在一定程度上说明未成年人在社会上结交的朋友并不一定可靠。相反,来自未成年犯管教所等官方组织、管教民警、所内同伴的支持比曾经的学校、老师、同学的支持要高得多,尤其是得到的安慰与关心,有23%的人得到过管教民警的安慰与关心,只有3.3%的人曾得到过老师的安慰与关心,入所后比入所前高约20%。因此,总体上社会支持水平提升的原因是未成年犯管教所内民警、所内同伴和父母的关怀增多,父母以外其他社会力量的参与水平反而下降了。

表 10　入所前后的社会支持得分均值及相关性统计

社会支持	入所前一年	入所后	相关系数与显著性
主观支持	23.58	25.54	$t=0.407\quad P=0.000$
客观支持	4.02	3.85	$t=0.486\quad P=0.000$
对支持的利用度	5.70	6.16	$t=0.389\quad P=0.000$
总分	33.43	35.47	$t=0.502\quad P=0.000$

3. 社会力量参与教育改造的基本现状

对于未成年犯管教所内的教育改造活动，社会人士参与的并不多，他们的有些改造内容和改造方式不被认可，未能发挥对服刑未成年人的启发与影响作用，社会力量参与的效果不明显。

1）各项改造活动中，社会人士参与的频率不高

社会力量可以参与未成年犯管教所内服刑未成年人的心理辅导、法治教育、思想教育、行为矫正等[①]。详细来看，未成年犯管教所内的各项教育改造活动曾经有外界社会人士参与的并不多。对于集体上课，有 44.2%的人回答曾经有社会人士参与，对于法治教育，有 39.1%的人回答曾经有外界社会人士参与，不过都不足半数（见表 11），这说明外界社会人士参与未成年犯管教所内的活动的频率不高。

表 11　各种教育改造活动中"是否曾经有外界社会人士参与"统计　　单位：%

教育改造活动	是否曾经有外界社会人士参与		合计
	是	否	
所规纪律	23.6	76.4	100
法治教育	39.1	60.9	100
前途教育	28.3	71.7	100
劳动改造	26.5	73.5	100
思想道德教育	35.2	64.7	99.9
国学知识教育	36.8	63.2	100
科技知识教育	23.6	76.4	100
艺术审美教育	29.2	70.8	100
生活技能指导	24.8	75.2	100
心理咨询辅导	32.2	67.8	100
职业技术培训	35.7	64.3	100
后续就业辅导	22.1	77.9	100
个别谈话	26.0	74.0	100
集体上课	44.2	55.8	100
团体活动	32.9	67.1	100
视频学习	23.6	76.4	100
网络学习	17.1	82.9	100
亲情规劝	29.5	70.5	100
同伴教育	20.5	79.5	100
自己看书学习	20.5	79.5	100

注：误差由计算时的四舍五入所致。

2）有些改造内容和方式不能满足需求

虽然所内改造活动曾经有过外界社会人士的参与，但有些项目的参与效果并没有得到

① 张善根. 司法社会工作的功能定位及其范畴：以未成年人的司法保护为中心[J]. 青少年犯罪问题，2011（5）：45-49.

认可，如生活技能指导、国学知识教育、后续就业辅导等内容，服刑未成年人认为从中受到很大启发的比例较低，应答百分比分别为9.9%、6.7%和3.4%。从改造方式来看，网络学习不受欢迎，只有5.5%的服刑未成年人认为这样的改造方式可以产生潜移默化的影响和发挥感化作用。有14.7%的人认同社会帮教的影响和感化作用，应答比例虽高于网络学习（5.5%）和自己读书（14.0%），但与其他形式的认同比例还有差距（见表12）。这说明目前未成年犯管教所内的教育改造活动并不能全部满足服刑未成年人的需求。

表12 "改造内容有启发、改造方式有影响和感化作用"的应答比统计 单位：%

改造内容	哪种改造内容使你受到很大启发	改造方式	哪种改造方式可以产生潜移默化的影响和发挥感化作用
法治教育	21.2	集体上课	18.7
思想道德教育	18.2	团体辅导	15.2
国学知识教育	6.7	个别谈话	16.1
劳动观念教育	17.9	亲情规劝	15.8
职业技术培训	11.5	网络学习	5.5
心理咨询辅导	11.2	自己读书	14.0
后续就业辅导	3.4	社会帮教	14.7
生活技能指导	9.9	其他	0.1
合计	100	合计	100.1

注：误差由计算时的四舍五入所致。

3）社会力量发挥的作用有限

调查显示，社会人士帮教的具体内容以法律援助最高，应答比为33.2%。但服刑未成年人入所后了解法律知识和法规案例的途径却不是主要来自社会帮教，而是所内教育。入所后通过社会帮教了解法律法规的途径的占比为10.4%，远低于所内教育41.8%（见表13）。这说明在未成年犯管教所内社会力量发挥的帮教作用有限，工作效果并不明显。

表13 "曾得到过的来自社会人士的帮教"与"入所后了解法律法规的途径"统计 单位：%

社会人士帮教	应答比	途径	应答比
法律援助	33.2	所内教育	41.8
人格教育	12.2	阅读书籍	16.7
国学教育	13.1	视频学习	14.2
就业培训	13.9	社会帮教	10.4
心理辅导	25.9	同伴聊天	8.6
其他	1.7	家长说教	8.2
合计	100	合计	99.9

注：误差由计算时的四舍五入所致。

（二）在校未成年人的法治教育与社会支持现状

研究人员通过对在校未成年人的法治教育与社会支持现状的调研发现：多数在校未成年人普遍接受过学校的法治宣传教育，总体上具有良好的法律认知、维权意识与法律态度，但法律情感不够强烈、对自身合法权益范畴的认识明显不足且维权方式总体情况并不理想，学校法治教育的主体、内容与方式单一，亟待对法治教育加以整体规划并切实引入社会力量参与其中，同时持续打击非法不良网站、尽快净化青少年的网络文化环境；多数在校未成年人与父母居住在一起，有正确的信任对象与归属群体，但来自老师的社会支持较弱；在校未成年人自身不良行为与周围严重不良行为偶发的问题需要得到重视。

1. 在校未成年人的法律意识与法治教育现状

未成年人的法律意识是指其对法律作用、法律规范、法律现象等的观点与态度的总和。“未成年人的法律意识是一个多要素、多层次的复杂系统，它既具备社会主义现代法律意识的基本内容和特征，又有自己的特征，同时还区别于一般社会群体的法律意识。”① 结合在校未成年人的特点，本项调查主要从法律认知、法律态度、法律情感、维权意识等方面对在校未成年人群体的法律意识与学校的法治教育现状加以了解、分析。

1）具有良好的法律认知、维权意识与法律态度，但法律情感不够强烈

从在校未成年人对法律作用、法律规范、法律现象的理解，可以看出他们普遍接受过学校的法治宣传教育且总体上具有良好的法律认知、维权意识与较为正确的法律态度。在 2 736 名在校未成年人应答“法律的作用”时（见表 14），选择“保障公民权利”的有 2 495 人（应答比 22.31%），选择“维护社会秩序”的有 2 377 人（应答比 21.25%），选择“规范公民行为”“惩罚违法犯罪”“规定公民义务” 3 项的应答比也均在 17%以上。调查显示，当前未成年人维权意识较强，当自己的合法权益受到侵害时，有 2 226 人（应答比 23.89%）能够主动通过法律维权。

法律情感是社会主体对法律规范、法律现象表现出来的关切、喜爱、信赖、漠不关心、怀疑、疏远等不同的思想感情。当被问及平时是否关注违法犯罪事件时，仅有 600 人（占比 21.93%）选择“非常关注”，选择“一般”“没什么兴趣”的分别占 67.73%、10.34%（见表 14）。由此可见，多数在校未成年人对法律规范、法律现象尚未培养出较为强烈的主观心理态度或心理反应。未成年人的法律情感在其法律意识体系中具有十分重要的意义和价值，它是未成年人主张权利、为合法权益和法律正义而斗争的内在心理动力。

表 14　在校未成年人对法律作用、法律现象的理解和维权方式选择的应答统计　单位：%

法律作用	应答比	法律现象（单选）	应答比	维权方式	应答比
保障公民权利	22.31	非常关注	21.93	通过法律维权	23.89
维护社会秩序	21.25			求助公安机关	15.04
规范公民行为	19.47	一般	67.73	寻求家人的帮助	14.70
惩罚违法犯罪	19.07			寻求朋友的帮助	11.06
规定公民义务	17.73	没什么兴趣	10.34	寻求老师的帮助	11.03
其他	0.17			求助社会组织	10.38
各项合计应为	100	合计	100	其余 6 项合计	13.91

① 涂敏霞，邱服兵. 广州青年发展状况研究报告（蓝皮书）2009-2010[M]. 广州：广东人民出版社，2010：260.

2）对自身合法权益范畴的认识明显不足且维权方式总体情况并不理想

尽管在校未成年人具有良好的维权意识，但对自身合法权益范畴的认识明显不足（见图 2），且维权方式总体情况并不理想。如前所述，青少年维权切忌盲目维权，应当通过法律或求助公安机关等合法正当途径，或寻求家人、老师或相关社会组织的帮助。从图 3 可以看出，有相当一部分在校未成年人在维护自身合法权益时选择的方式不正确或不明确。有 880 人（占比 32.16%）试图“私下调解解决”，有 184 人（占比 6.73%）会考虑选择“以牙还牙地反击”，还有 93 人（占比 3.4%）“不知道谁可以帮助解决”，另有 74 人（占比 2.7%）“不知道向谁求助”，甚至还有 45 人（占比 1.64%）表示“无所谓”。当然，求助社会组织的有 967 人（占比 35.34%，），说明社会力量在参与未成年人维权方面的作用开始显现。

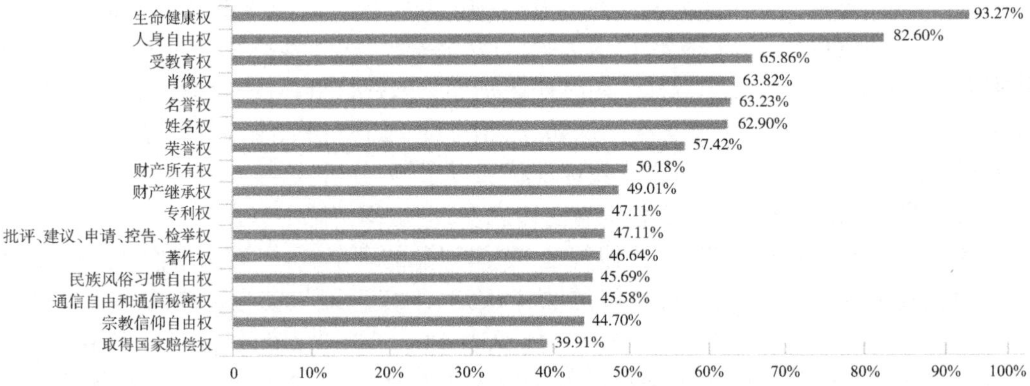

图 2 在校未成年人对自身合法权益范畴的认识

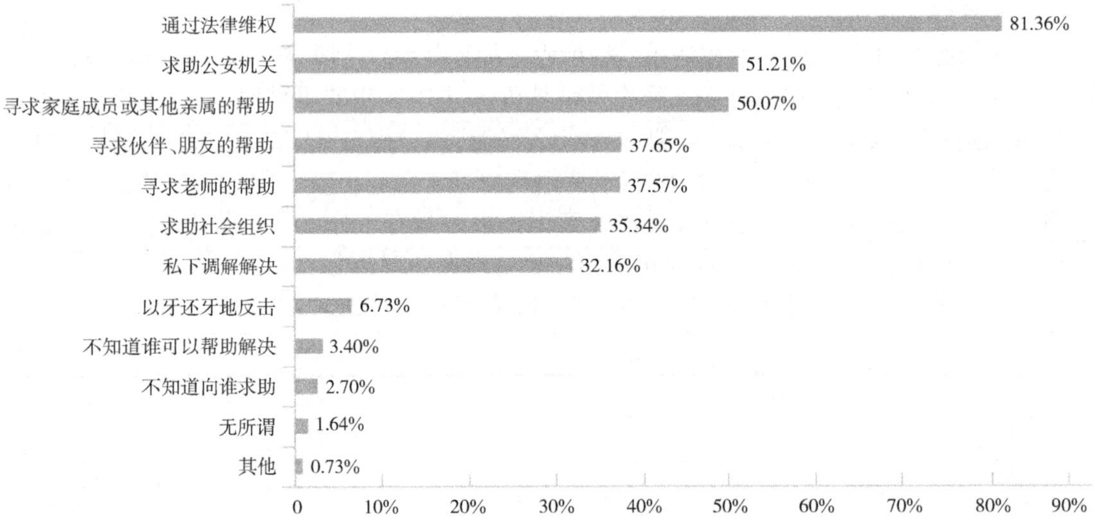

图 3 在校未成年人的维权方式

当具体被问到“如果在校期间，您的手机等贵重物品被盗时，您会如何做”时，“报告老师”“告知家长”“向当地派出所报案”“向学校保卫部门反映”的应答比分别为 25.57%、

22.24%、21.80%和21.11%,另有449人(应答比5.68%)、224人(应答比2.84%)分别选择“自己想办法解决”“自认倒霉”;在回答“如果您遭受欺凌(欺凌是指任何故意在肢体、语言或心理上攻击伤害他人的行为)时,您会如何做”,“报告老师”“告知家长”“向当地派出所报案”“向学校保卫部门反映”的应答比分别为26.51%、24.66%、20.66%和18.66%,另有575人(应答比7.29%)、87人(应答比1.10%)分别选择“自己想办法解决”“自认倒霉”;在回答“如果您遭受异性骚扰(或者严重的胁迫行为)时,您会如何做”,“告知家长”“向当地派出所报案”“报告老师”“向学校保卫部门反映”的应答比分别为24.60%、24.60%、23.98%和18.23%,另有512人(应答比6.37%)、88人(应答比1.10%)分别选择“自己想办法解决”“自认倒霉”(见表15)。可见,还有相当一部分学生尽管学习了法律知识,但还没有学会运用法律武器来维护自己的合法权益、保护自己的身心健康。

表15 在校未成年人遇到贵重物品被盗、遭受欺凌、遭受异性骚扰时的应答统计 单位:%

贵重物品被盗	应答比	遭受欺凌	应答比	遭受异性骚扰	应答比
报告老师	25.57	报告老师	26.51	告知家长	24.60
告知家长	22.24	告知家长	24.66	向当地派出所报案	24.60
向当地派出所报案	21.80	向当地派出所报案	20.66	报告老师	23.98
向学校保卫部门反映	21.11	向校保卫部门反映	18.66	向校保卫部门反映	18.23
自己想办法解决	5.68	自己想办法解决	7.29	自己想办法解决	6.37
自认倒霉	2.84	其他	1.12	其他	1.11
其他	0.77	自认倒霉	1.10	自认倒霉	1.10

3)学校普遍开展法治宣传教育,但法治教育的主体、内容与形式单一

党的十八届四中全会提出,把法治教育纳入国民教育体系,推动中国特色社会主义法治理论进教材进课堂进头脑。青少年法治教育需要调动各方面参与合作的积极性。教育部门和司法、综治、共青团、关工委等部门应利用公检法、社区等资源共建法治教育基地,聘请法治专门工作人员、律师、高校法学教师等作为学校法治副校长或法治辅导员。时至今日,全国各中小学基本已开展法治宣传教育。在关于在校未成年人法律知识来源的调查中,回答“书本上”“学校法治教育课”“观看学校法治宣传图板”“法律知识竞赛”的人分别占总人数的63.23%、63.23%、29.31%和12.83%。接着,研究人员通过随机的电话访谈了解到,目前部分中小学法治教育存在教材不配套、教师法律专业化程度不高、教育方式方法比较单一以及社会和家庭参与度仍然较低等问题,亟待对法治教育加以整体规划并切实引入社会力量参与其中。

国家非常重视开展网络普法教育活动,提升青少年法治教育的体验性、生动性、实效性,学校、家庭和社会各方面齐心协力,开辟青少年法治教育的新局面。在互联网时代,媒介的作用是巨大的,未成年人更善于利用网络获取新知。调查显示,有2 095人(占比76.57%)、1 371人(占比50.11%)、524人(占比19.15%)表示自己还通过“新闻媒体”“上网学习或了解”“法治讲座”进一步掌握关于法律的知识。研究人员进一步调查发现(见表16),每天、

经常进行网络聊天的在校未成年人共有 1 164（600+564）人，占总数的 42.54%（21.93%+20.61%）；每天、经常玩网络游戏的在校未成年人共有 718（230+488）人，占总数的 26.25%（8.41%+17.84%）；每天、经常进行网络购物的在校未成年人共有 595（67+528）人，占总数的 21.75%（2.45%+19.30%）；每天、经常网络贷款的在校未成年人共有 43（27+16）人，占总数的 1. 57%（0.99%+0.58%）。由此可见，持续打击非法不良网站、尽快净化青少年的网络文化环境、交流平台与阅读空间势在必行。其中，校园网贷作为网络时代背景下产生和发展起来的新兴事物，发展迅猛，存在着诸多法律监管盲点与社会安全隐患。防范和解决校园网贷问题，只依靠传统的学生工作办法是远远不够的，而通过社会工作介入，运用专业的社会工作理论和方法，可以有效解决和预防校园网贷与相关法律问题。

表 16 在校未成年人网络聊天、网络贷款、网络购物和网络游戏的情况统计 单位：%

网络行为内容	每天	经常	有时	偶尔	没有	合计
网络聊天	21.93	20.61	20.69	24.27	12.50	100
网络贷款	0.99	0.58	0.77	2.49	95.18	100.01
网络购物	2.45	19.30	20.94	16.19	41.12	100
网络游戏	8.41	17.84	22.51	30.01	21.24	100.01

注：误差由计算时的四舍五入所致。

2. 在校未成年人幸福感与个体社会支持情况

调查显示，多数在校未成年人与父母居住在一起，有正确的信任对象与归属群体，社会支持状况总体良好，但对家人有疏离感的部分未成年人以及个别留守、流浪及其他困境未成年人的亲情缺失不容忽视，他们对幸福的认识有误区，需要及时的正向引导，来自老师的客观社会支持与主观社会支持较弱，参与团体组织活动积极性不高。

1）部分在校未成年人对家人的疏离感以及个别留守儿童的亲情缺失不容忽视

通过调查在校未成年人与家人的居住情况得知，2 171 名（占比 79.35%）在校未成年人与父母共同居住生活，199 人（占比 7.27%）与母亲一起居住而父亲在外生活或离世，43 人（占比 1.57%）与父亲一起居住而母亲在外生活或离世（见图 4）。这些在校未成年群体中有一部分人尽管与自己的家人生活在一起，但对家人有疏离感。例如，331 人（占比 12.10%）表示在自己遇到烦恼时“从来没有”主动向家人、亲友倾诉；198 人（占比 7.24%）表示在自己遇到困难时“从来没有”主动向家人、亲友寻求帮助（见表 18）。

另外，值得关注的是个别留守、流浪及其他困境未成年人的亲情缺失问题。调查样本中有 175 位（占比 6.40%）在校未成年人的父母在外地打工、自己单独或跟随其他亲戚留在老家，67 人（占比 2.45%）的父母都在老家、自己单独或跟随其他亲戚在外地生活，尤其还有 12 人（占比 0.44%）、6 人（占比 0.22%）、3 人（占比 0.11%）、2 人（占比 0.07%）分别表示“自己离家出走，在外流浪”“父母都已离世”“父亲或母亲在监狱服刑”“父亲或母亲在强制隔离戒毒所接受戒治”（见图 4）。通过对收回的有效问卷进行交叉分析发现，在维护合法权益时选择“以牙还牙地反击”方式的在校未成年人中，与父母共同居住生活的仅占 5.90%，而父母在外地打工、自己单独或跟随其他亲戚留在老家的占 13.43%，父母都在老家、自己单独或跟随其他亲戚在外地生活的占 9.14%，自己离家出走、在外流浪的占 50.00%，父亲或母亲在监狱服刑的占比高达 6.67%。在现实中，此类困境未成年人仍面临着社会普遍性关注不够、救助有效性不足、缺乏微观性介入研究等问题，在面对合法权益受到侵害时，他们就会采取错误的方式加以解决，结果可能导致侵犯行为、问题行为和反社会行为频发。

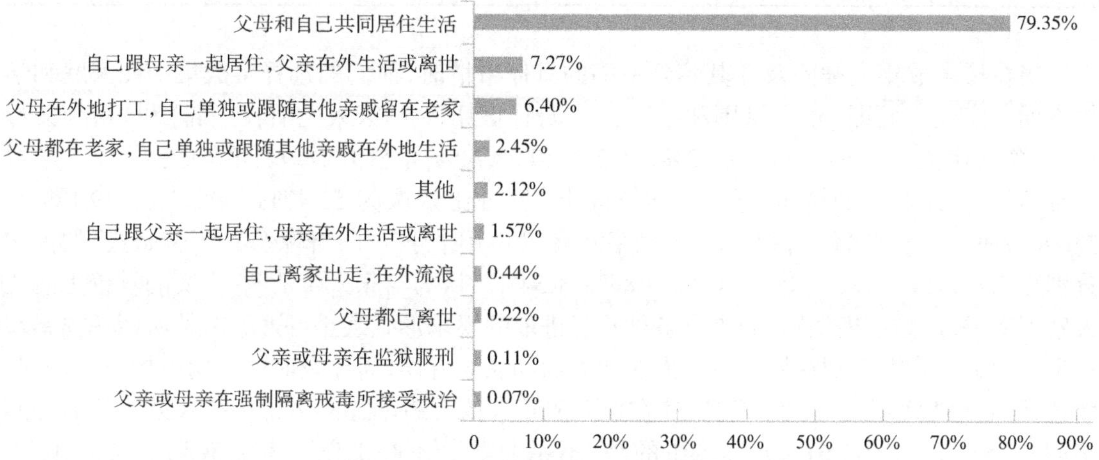

图 4 在校未成年人与家人的居住情况

2）有正确的信任对象与归属群体，但对幸福的认识有误区而需要正向的引导

未成年人的信任感是其进行人际交往和形成纯真感情的思想基础，而良好的人际交往是未成年人归属感、安全感和稳定感的重要来源。从表 17 中可以看出，多数在校未成年人具有正确的信任对象与归属群体。在最信任的人的选项中，选择家人（包括母亲、父亲、兄弟姐妹、祖父母、外祖父母）的在校未成年人共有 1 907 人（1 131 人+523 人+162 人+74 人+17 人），占总数的 69.70%（41.34%+19.12%+5.92%+2.70%+0.62%），选择老师和同学的共有 372 人（190 人+182 人），占总数的 13.59%（6.94%+6.65%），选择朋友和网友的共有 38 人（24 人+14 人），占总数的 1.39%（0.88%+0.51%），而没有信任对象的则为 155 人，占总数的 5.67%。在最有归属感的群体的选项中，选择家庭、学校的分别有 1 971 人、428 人，分别占总数的 72.04%、15.64%，而少数选择"没有""社会朋友圈""网络朋友圈""街道社区""村委""其他"，分别为 121 人（占比 4.42%）、95 人（占比 3.47%）、65 人（占比 2.38%）、13 人（占比 0.48%）、6 人（占比 0.22%）、37 人（占比 1.35%）。通过交叉分析发现，选择"没有"归属感群体的在校未成年人很少有自己信任的人。其中，有 59 人（占同类人群的 48.76%）认为自己"没有"最信任的人，仅有 35 人（占同类人群的 28.93%）、9 人（占同类人群的 7.44%）、2 人（占同类人群的 1.65%）分别选择"家人""老师与同学""朋友与网友"为自己最信任的人。如果未成年人长时间没有信任的人、没有让其有归属感的群体，就很容易受到妨害其健康成长的消极因素的影响，并最终偏离正向的人生轨迹，甚至误入歧途。

表 17　在校未成年人最信任的人与最有归属感的群体统计

最信任的人（n=2 736）	家人	老师与同学	朋友与网友	没有	其他	合计
	69.70%	13.59%	1.39%	5.67%	9.65%	100%
最有归属感的群体（n=2 736）	家庭	学校	没有	朋友圈	后三项	合计
	72.04%	15.64%	4.42%	5.85%	2.05%	100%

当在校未成年人被问及让其感到幸福的具体事情时，他们的选择多数集中在家庭和学校方面。家庭方面即“家庭氛围和谐”“家人身体健康”“和家人生活在一起”和“得到父母认可”的占比依次为 57.05%、50.33%、45.29%和 28.73%；学校方面即“同学关系融洽”“学习成绩好”“得到老师的认可”和“在学校读书”的占比依次为 53.47%、48.32%、39.18%和 32.38%；而“有吃有喝”“有穿有玩”“网络游戏”“不用上学”“网络聊天”“不劳而获”的占比分别为 5.77%、4.50%、4.31%、2.63%、1.86%、1.54%。认为与家人生活、有充实的学校生活让人感到幸福，这是正确认知，而来自各种不思进取的娱乐形式甚至好逸恶劳的所谓幸福感在一定程度上反映出个别在校未成年人在此方面的认知有误，需要及时的正向引导。此外，前面选择“自己离家出走，在外流浪”的在校未成年人认为最幸福的事情中排在第一位的是网络游戏（5 人，占比 41.67%），第二位的是“不用上学”“不必工作”“有吃有喝”（各有 4 人，占比均为 33.33%），而对于“和家人生活在一起”“家庭氛围和谐”“家人身体健康”等选项几乎视而不见。2 736 名在校未成年人中，仅分别有 1 人把“为公平正义而奋斗一生”“国家强大”视为幸福的事情。

3）社会支持状况总体良好，但来自老师的客观社会支持与主观社会支持较弱

前期对服刑未成年人的相关调查研究表明，未成年人的偏差行为与其所获得的客观社会支持、所感受到的主观社会支持呈现显著的负相关关系。未成年人的社会支持主要来自家庭、学校、老师、同伴，其中家庭支持尤为重要。调查显示，在校未成年人来自家庭、学校、老师、同伴等方面的社会支持的状况总体良好。从表 18 可以看出，“总是”“经常”两项加在一起超过半数的情况包括“大多数同学都很关心我”“我能得到家人、亲友的照顾和支持”“我能得到同学、朋友的照顾和支持”等 13 种。然而，来自老师的客观社会支持与主观社会支持较弱。例如，56.07%（24.27%+31.80%）的在校未成年人当自己有烦恼时，偶尔、甚至从来不主动向老师倾诉，42.80%（25.99%+16.81%）的在校未成年人当自己遇到困难时，偶尔、甚至从来不会向老师寻求帮助。

表 18　在校未成年人社会支持状况统计　　单位：%

社会支持状况	总是	经常	有时	偶尔	没有	合计
大多数同学都很关心我。	20.10	31.18	28.18	13.67	6.87	100
面对两难的选择时，我会主动向他人寻求帮助。	16.96	28.84	30.70	15.50	8.00	100
当遇到麻烦时，我会主动向他人寻求帮助。	16.74	28.22	30.85	16.37	7.82	100
当有烦恼时，我会主动向家人、亲友倾诉。	18.31	24.74	24.96	19.88	12.10	99.99
当有烦恼时，我会主动向同学、朋友倾诉。	17.65	27.19	27.56	18.20	9.39	99.99

续表

社会支持状况	总是	经常	有时	偶尔	没有	合计
当有烦恼时，我会主动向老师倾诉。	11.33	12.24	20.36	24.27	31.80	100
我能得到家人、亲友的照顾和支持。	27.30	34.14	20.18	12.06	6.32	100
我能得到同学、朋友的照顾和支持。	22.08	35.20	24.78	12.10	5.85	100.01
我从家人、亲友那里获得情感上的关心和帮助。	26.75	33.04	20.98	13.05	6.18	100
我从同学、朋友那里获得情感上的关心和帮助。	23.61	33.88	23.61	13.19	5.70	99.99
当遇到困难时，我经常会向家人、亲友寻求帮助。	22.37	29.61	24.56	16.23	7.24	100.01
当遇到困难时，我经常会向同学、朋友寻求帮助。	19.96	29.57	27.56	16.08	6.83	100
当遇到困难时，我经常会向老师寻求帮助。	14.55	17.80	24.85	25.99	16.81	100
我周围有许多关系密切、可以给予我支持和帮助的人。	23.87	32.09	23.98	14.55	5.52	100.01
在我遇到问题时，家人、亲友会出现在我身旁。	28.14	30.99	22.08	12.87	5.92	100
在我遇到问题时，同学、朋友会出现在我身旁。	21.82	32.75	25.37	14.47	5.59	100
在遇到困难的时候，我可以依靠家人或亲友。	29.24	31.54	22.04	11.22	5.96	100
需要时，我可以从家人、亲友那里得到经济支持。	32.27	32.46	19.55	10.01	5.70	99.99
需要时，我可以从同学、朋友那里得到经济支持。	14.58	20.25	24.96	21.89	18.31	99.99
当我生病时，总能得到家人、亲友的照顾。	40.72	30.23	17.62	7.31	4.13	100.01
当我生病时，总能得到同学、朋友的照顾。	21.49	30.37	25.22	14.77	8.15	100

注：误差由计算时的四舍五入所致。

对于团体（如班级团组织、学生会等）活动，仅有 559 人（占比 20.43%）愿意主动并积极参与，1 240 人（占比 45.32%）、176 人（占比 6.43%）分别选择“偶尔参加”“从不参加”。未成年人作为祖国的未来、民族的希望，要有强烈的团队意识和集体荣誉感，应该感受到学校生活的幸福并体会团结的力量。而未成年人司法保护社会工作也不仅仅是助人自助的专门职业，更是以生命影响生命、以思想唤醒思想的高尚事业。

3. 在校未成年人常见的不良行为及相关情况

1）在校未成年人不良行为时有发生

未成年人在成长的过程中或多或少会存在着一些不良行为，但这些不良行为习惯如果不能得到及时矫正，就会对他们身心健康成长产生消极的影响，甚至导致其走上违法犯罪的歧路。从表 19 中可以看出，在校未成年人的不良行为发生频率以辱骂他人最高，回答“总是”“经常”的有 57 人（36 人+21 人），占总数的 2.09%（1.32%+0.77%）；其次为吸烟、酗酒、观看收听色情制品、旷课，回答“总是”“经常”的占比分别为 2.05%（1.39%+0.66%）、1.68%（0.88%+0.80%）、1.61%（0.99%+0.62%）、1.49%（0.91%+0.58%）。通过交叉分析进一步发现，“总是”“经常”有不良行为的在校未成年人在自己的合法权益受到侵害时更多地选择“自己想办法解决”“自认倒霉”等不正当的维权方式。

表 19 在校未成年人不良行为状况的统计

单位:%

行为内容	总是	经常	有时	偶尔	没有	合计
旷课	0.91	0.58	1.86	10.64	86.00	99.99
逃学	0.91	0.40	0.66	3.80	94.23	100
赌博	0.69	0.15	0.62	1.64	96.89	99.99
酗酒	0.88	0.80	4.71	14.88	78.73	100
吸烟	1.39	0.66	1.43	3.76	92.76	100
吸毒	0.51	0.07	0.33	0.37	98.72	100
辱骂他人	1.32	0.77	3.47	17.51	76.94	100.01
打架斗殴	0.69	0.18	1.57	6.21	91.34	99.99
夜不归宿	0.77	0.18	1.35	7.02	90.68	100
携带管制刀具	0.66	0.18	0.51	1.83	96.82	100
故意毁坏财物	0.69	0.07	0.40	1.61	97.22	99.99
偷拿别人东西	0.66	0.04	0.29	1.57	97.44	100
强行索要财物	0.62	0.11	0.29	0.69	98.28	99.99
观看收听色情制品	0.99	0.62	1.06	3.69	93.64	100
进入营业性歌舞厅等场所	0.58	0.29	1.06	6.65	91.41	99.99

注:误差由计算时的四舍五入所致。

2)周围环境中的严重不良行为偶发

调查显示,在校未成年人周围环境中严重不良行为偶发的问题也需要引起重视。例如,尽管国家三令五申、严厉打击传播网络淫秽色情内容等违法犯罪活动,但网患、黄毒等仍以更隐蔽的形式侵扰着未成年人的日常生活。当被问及“在2019年里,您接触过有下列行为的人吗”(见表20),选择“总是”能接触到传播淫秽读物或者音像制品等的应答比最高,即1.28%(35人),接着选择“总是”的行为的应答比从高到低的依次是“辍学”“网络暴力”“纠集他人结伙滋事,扰乱治安”“在社会上游荡”“进行淫乱或者色情、卖淫活动”,分别为1.24%(34人)、1.21%(33人)、0.91%(25人)、0.91%(25人)、0.88%(24人)。通过交叉分析发现,那些“总是”“经常”有不良行为的未成年人,其周围环境中严重不良行为出现的频率相对较高。

表 20 在校未成年人周围环境中存在不良行为及严重不良行为状况统计

单位:%

行为内容	总是	经常	有时	偶尔	没有	合计
辍学	1.24	0.51	3.33	12.06	82.86	100
网络借贷	0.77	0.22	1.43	4.61	92.98	100.01
网络暴力	1.21	0.84	2.34	5.63	89.99	100.01
在社会上游荡	0.91	0.55	2.96	10.67	84.90	99.99
在校园内遭受欺凌	0.84	0.29	0.91	3.51	94.44	99.99

续表

行为内容	总是	经常	有时	偶尔	没有	合计
纠集他人结伙滋事，扰乱治安	0.91	0.33	1.90	5.56	91.30	100
携带管制刀具	0.84	0.48	1.68	4.46	92.54	100
拦截殴打他人	0.84	0.26	2.01	5.92	90.97	100
强行索要他人财物	0.73	0.37	1.21	3.55	94.15	100.01
传播淫秽读物或者音像制品等	1.28	0.58	1.39	3.33	93.42	100
进行淫乱或者色情、卖淫活动	0.88	0.40	0.73	2.01	95.98	100
偷窃	0.69	0.40	1.28	5.45	92.18	100
参与赌博	0.73	0.18	0.91	2.23	95.94	99.99
吸食、注射毒品	0.62	0.18	0.33	0.80	98.06	99.99
其他严重危害社会的行为	0.69	0.11	0.51	1.94	96.75	100

注：误差由计算时的四舍五入所致。

构建和谐校园是全面推进社会主义现代化建设的重要部分，关系到学生健康成长和未来发展。近年来，我国校园恶性欺凌事件屡有发生，并逐渐呈现出低龄化、暴力化、成年人化等新特点。许多学生因为遭受欺凌而出现抑郁、焦虑、失眠等情况，导致学习成绩下降、逃学，严重者会出现自残、甚至自杀现象，严重影响了学生身心健康的发展[①]。从表 20 可以看出，“总是”“经常”“有时”“偶尔”遭受校园欺凌的在校未成年人的占比分别为 0.84%（23 人）、0.29%（8 人）、0.91%（25 人）、3.51%（96 人），共占总数的 5.55%（152 人）。尽管这个数量与占比不大，但此类现象不容小觑。校园欺凌的发生，对于欺凌者和受欺凌者都将产生长远甚至是终生的负面影响。一方面，校园欺凌会夺去中小学生年少时的快乐时光，带给受欺凌者终生的心灵创伤，不仅可能会导致他们出现学业适应困难、社会化障碍等问题，而且可能会使他们形成消极的人格特征、错误的世界观和人生观。另一方面，欺凌行为也会给欺凌者自身心理健康带来不良影响，影响其人格发展和正常社会化进程。当然，欺凌行为除对欺凌者和受欺凌者心理发展造成严重的消极影响之外，还会蔓延影响到其他学生或群体，会使其他学生以某种方式推动甚至效仿欺凌行为，同时也会使广大学生感到攻击和暴力是解决问题的有效方式，会催生出更多的欺凌者。另外，欺凌行为的发生对整个校园环境也有严重的消极影响，会使学生产生一种不安全感，影响他们在学校的学习和生活[②]。

在在校未成年人被问到是否听说过 12309 检察服务中心时，997 人（占比 36.44%）表示听说过，1 739 人（占比 63.56%）则表示没有听说过。随后，进一步询问他们是否了解 12309 检察服务中心未成年人司法保护专区的功能与作用，仅有 662 人（占比 24.20%）的回答是肯定的，其余 2 074 人（占比 75.80%）表示不知道。对于青少年维权、志愿者协会等社会组织或机构可以提供的帮教范畴，在校未成年人认为排在前五位的是法律援助、心理疏导、人格教育、普法教育、国学教育，占比分别为 84.83%、74.60%、66.45%、61.81%、45.94%。

① 吴爽. 未成年人违法犯罪，需良法善治：访中央司法警官学院院长章恩友[J]. 教育家，2020（25）：29.

② 吴爽. 未成年人违法犯罪，需良法善治：访中央司法警官学院院长章恩友[J]. 教育家，2020（25）：29.

（三）青年志愿者参与未成年人司法保护社会工作的现状

研究人员通过对青年志愿者参与未成年人司法保护社会工作现状的调研发现:青年志愿者对志愿服务的认知度、关注度较高但对未成年人司法保护志愿服务的具体专业技能不甚了解;青年志愿者参与司法保护社会工作的动机纯洁但持续动力不足;各类未成年人司法保护志愿组织形式多样但缺乏系统且有效的管理。

1. 青年志愿者对未成年人司法保护志愿服务的认知

在保定未成年人司法社会服务中心的样本青年志愿者中，142 人(占比 74.35%)以前曾经参加过志愿服务。其中,1 人首次参加志愿者服务的时间是 2008 年,1 人是 2009 年,2 人是 2010 年,3 人是 2012 年,8 人是 2013 年,其余 127 人(占比 66.49%)首次参加志愿者服务的时间是 2017 年以后。中央司法警官学院有多个志愿者服务组织,近年来在开展社会公益活动、宣传法治精神等方面作出了贡献。例如,中央司法警官学院朝曦禁毒公益宣讲团自 2016 年 3 月 19 日成立以来,始终秉持着“互相帮助、助人自助、无私奉献、不求回报”的理念,积极投入禁毒公益宣讲工作,已进行禁毒宣讲数百场,赢得了良好的社会影响,先后获得全国首届禁毒辩论赛优秀奖、全国“6.27 工程”团体奖等多项禁毒先进荣誉。2020 年,在第 33 个国际禁毒日到来之际,国家禁毒委员会在北京召开全国禁毒工作先进集体和先进个人表彰会议,对 2015 年以来在禁毒工作各条战线上作出突出贡献的 100 个先进集体和 100 名先进个人进行了表彰,中央司法警官学院朝曦禁毒公益宣讲团被授予“全国禁毒工作先进集体”荣誉称号①。

从表 21 可以看出,多数青年志愿者由于曾经参加过志愿服务,所以对志愿服务工作的认知度、关注度都比较高。当被问及“您对于志愿者组织、青年志愿者、志愿服务工作范畴或领域是否了解”时,有 28 人(占比 14.66%)回答非常了解,有 120 人(62.83%)回答比较了解。而对于未成年人司法保护社会工作的志愿者活动,有 23 人(占比 12.04%)、101 人(占比 52.88%)分别表示非常了解、比较了解。同时,总共有 180 人(32 人+148 人,占比 94.24%)平时对社会上其他志愿服务活动非常关注或比较关注。然而,182 名(占比 95.29%)青年志愿者提出自己对未成年人司法保护志愿服务的具体专业技能不甚了解,期待给予充分的培训与指导。

表 21　青年志愿者对相关志愿服务的认知情况统计 单位:%

志愿服务工作认知度	占比	未成年人司法保护社会工作认知度	占比	志愿服务工作关注度	占比
非常了解	14.66	非常了解	12.04	非常关注	16.75
比较了解	62.83	比较了解	52.88	比较关注	77.49
不太了解	21.47	不太了解	32.98	不太关注	5.76
根本不了解	1.04	根本不了解	2.10	不关注	0
合计	100	合计	100	合计	100

① 中央司法警官学院. 我校朝曦禁毒公益宣讲团获国家禁毒委表彰[EB/OL].(2020-06-24)[2020-07-01].http：//www.cicp.edu.cn/xyxw/5382.jhtml.

未成年人一旦步入青春期，与其他重要他人相比，同龄群体对他们的影响力大幅增加，特别是对他们观念、认识、思想、态度的影响。因此，青年志愿者尤其是大学生志愿者参与未成年人司法保护领域的某些辅助工作具有一定的优势。作为“刚经历过青春期的过来人”，大学生志愿者更了解如今的未成年人的生活、学习境况。在青年志愿者对目前部分未成年人不良行为的认知调查中，排在前八位的是旷课；吸烟；打架斗殴；逃学；辱骂他人；酗酒；夜不归宿；观看、收听色情制品。它们分别占总数的 76.96%、75.39%、74.87%、68.59%、62.30%、58.64%、51.31%、51.31%（见图 5）。在青年志愿者对目前个别未成年人严重不良行为的认知调查中，排在前五位的是纠集他人结伙滋事，扰乱治安；拦截殴打他人；强行索要他人财物；偷窃；传播淫秽读物或者音像制品等。它们分别占总数的 80.63%、72.77%、58.64%、48.17%、45.55%（见图 6）。这两项认知情况与在校未成年人所填写的相关情况基本一致。

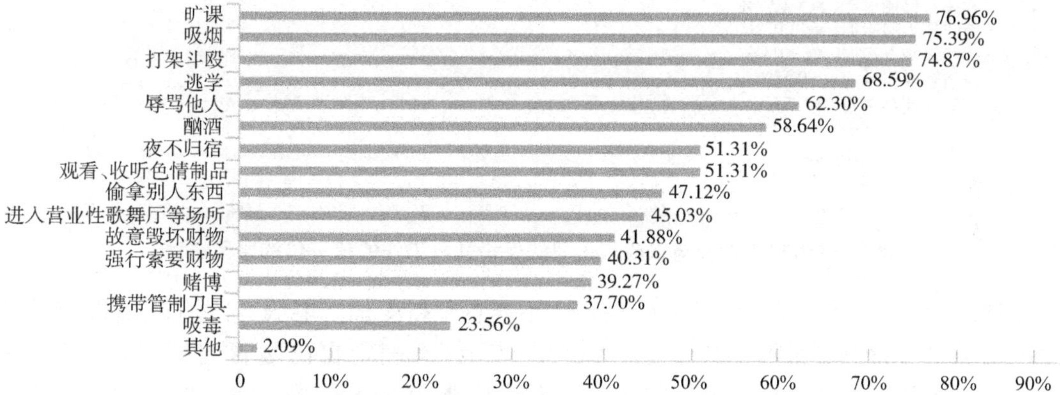

图 5　青年志愿者对目前部分未成年人不良行为的认知统计

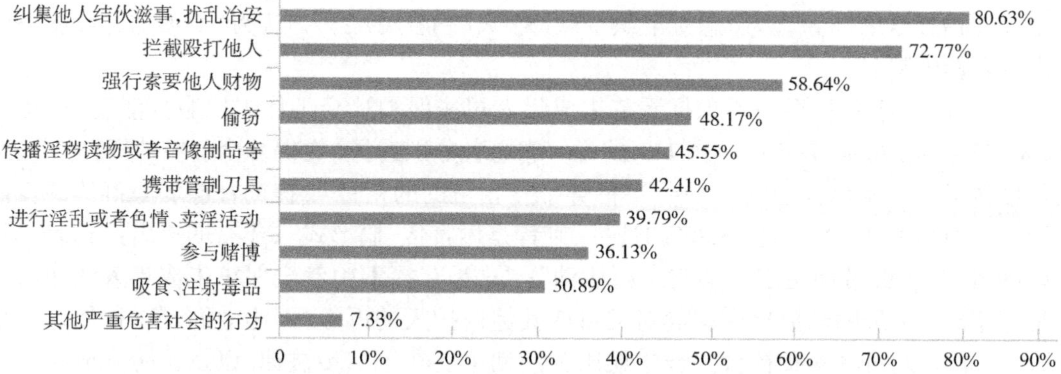

图 6　青年志愿者对目前个别未成年人严重不良行为的认知统计

2. 青年志愿者参与司法保护社会工作的动机与需求

青年志愿者参与未成年人司法保护社会工作的动机较为纯洁，利他倾向明显大于利己倾向。从图 7 可以看出，在回答参加志愿服务的第一位的原因时，选择“做对社会有意义的事”的有 83 人（占 43.46%），选择“帮助有需要的人”的有 61 人（占 31.94%），选择“这是我的社会责任”的有 5 人（占 2.62%），选择“倡导社会文明”的有 1 人（占 0.52%），选择这四项明显的利他动机的合计达 150 人（占 78.53%）。相较而言，“消磨空闲时间”“有助于找工作”“想多结识些朋友”三项具有明显利己性质的动机几乎没有人选择。其中，仅有 1 人（占 0.52%）选择了“消磨空闲时间”。对于“令生活更加充实”“增长社会见识”“能使自己有成功感和满足感”“发挥自己的潜能”等兼具利他性、利己性的混合动机，40 人（20.94%）选了其中的某一项。这种混合动机更符合现代社会注重个人、集体、社会多方共赢的理念，也能使志愿行为更具有持久性。

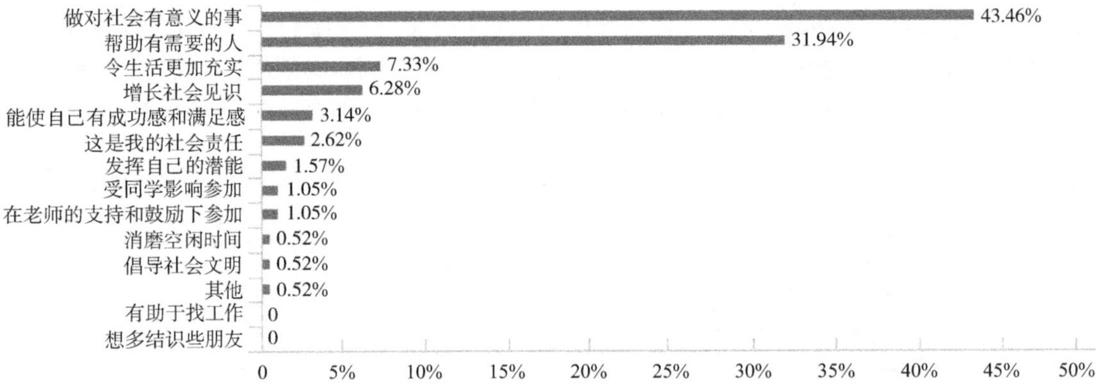

图 7　青年志愿者参与未成年人司法保护社会工作的第一位的原因统计

调查显示，在未来一段时间（4~6 年）内“不愿意坚持参加志愿服务”的青年志愿者有 70 人，占总数的 36.65%；另有 28 人（占 14.66%）表示“不确定自己是否会继续参加志愿服务”。当被问及青年志愿者服务面临的主要困难时，排在前五位的答案是“人们对志愿服务不够了解”“志愿组织缺乏有效的管理”“与个人生活工作学习相冲突”“资金不足”“青年志愿者的权益得不到保障”，分别占总数的 70.16%、61.26%、58.64%、51.83%、50.79%，另外还有 72 人（占比 37.70%）认为“志愿组织少”，52 人（占比 27.23%）认为“对参加志愿服务的人没有表彰机制”。

在回答“您感觉社会各界怎样看待未成年人司法保护社会工作志愿服务活动”的提问时，83.77%、82.20%、78.53%、76.44%的青年志愿者分别选择“提倡社会公益的好办法”“给人们创造了一个奉献社会的好平台”“倡导了互相帮助的精神”“援助社会弱势群体的良好机制”，不过也有 17 人（占比 8.90%）选择“纯粹是做宣传、搞形式”，还有的提出：“这是一种良好的风气，能够带动更多人参与志愿活动”；“这是在探索中健全保护未成年人法律法规的良好实践”；“帮助未成年人提起对父母或其他监护人的诉讼，因为他们难以行使这一权利”；“未成年人司法保护社会工作志愿服务活动主要在于宣传法律，以及预防未成年人违法犯罪”；“未成年人司法保护社会工作志愿服务活动有一定的作用但是也有弊端”；“那要看带头人的组织与安排”。

从参加未成年人司法保护社会工作志愿服务所需要的条件来看，91.10%的青年志愿者认为是“爱心、正确态度”，69.11%的青年志愿者认为是“学识、专业知识”，此外还有 67.02%、63.87%、62.83%、59.16%、17.28%的青年志愿者分别认为需要“时间、精力”“技能、技巧”“恒心”“组织观念”“金钱”。当被问到青年志愿者参加未成年人司法保护社会工作志愿者活动的物质需求时（见图 8），114 人（占比 59.69%）选择“无偿提供服务”，87 人（占比 45.55%）选择“只有在个人财力无法负担时才接受一定的报酬”，53 人（占比 27.75%）选择“得到适当的报酬”，17 人（占比 8.90%）选择“说不清”，另外有 2 人分别表示“乐于助人”“应该有餐补”。

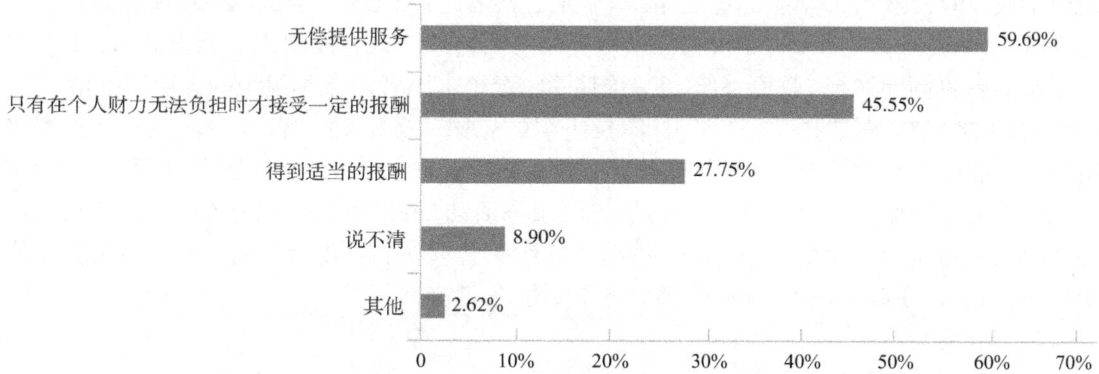

图 8　青年志愿者参加未成年人司法保护社会工作志愿者活动的物质需求统计

研究人员接着问到了青年志愿者参加未成年人司法保护社会工作志愿者活动的精神需求。例如，对于“您是否支持国家机关、企事业单位、学校优先招收志愿服务活动成绩突出者”的问题，选择“支持，可以鼓励志愿精神”的占比为 81.68%（156 人），而选择“反对，容易导致不公平现象出现”“无所谓”的占比分别为 9.42%（18 人）、8.90%（17 人）。未成年人司法保护志愿服务长期健康发展的关键在于建立起一套以法律保障为基础的志愿服务体系。其中，志愿者激励和权益保障机制尤为重要①。关于青年志愿者参加未成年人司法保护社会工作志愿者活动的激励与权益保障（见图 9），163 人（占比 85.34%）希望“获得志愿服务相关教育和培训”，134 人（占比 70.16%）希望“志愿组织提供志愿服务经历证明”，94 人（占比 49.21%）希望“遇到困难优先得到志愿服务帮助”，88 人（占比 46.07%）希望“享受招工、招生部门的优先录取、录用的权利”，另有 33.51%、27.23%、23.04%的青年志愿者期待“志愿组织或受益对象提供人身保险”“从事志愿服务获得一定的补助”“签订服务协议”，还有人建议给予优秀的青年志愿者“个人所在单位表彰”。

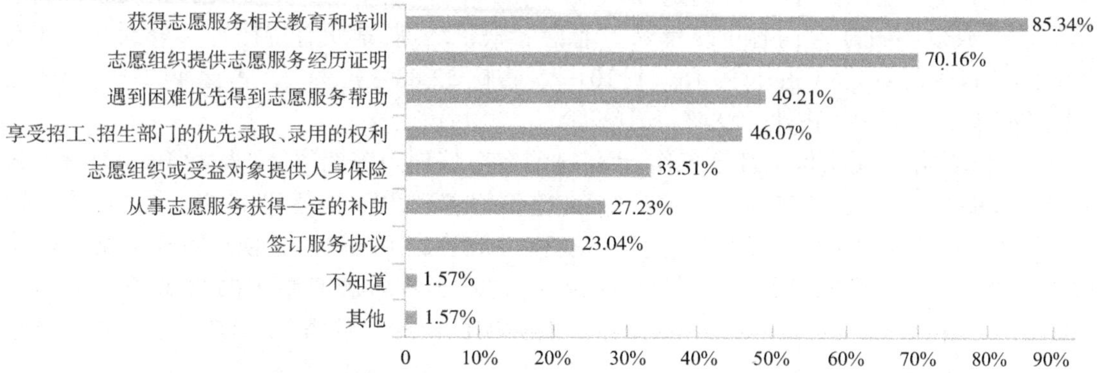

图 9　青年志愿者参加未成年人司法保护社会工作志愿者活动的权利需求统计

① 王庆民. 当前志愿者思想调查及建设路径研究：基于 J 市的调查[J]. 改革与开放，2017（10）：70.

3. 青年志愿者参与司法保护社会工作的组织与管理情况

未成年人司法保护志愿组织形式多样但缺乏系统且有效的管理体制。目前我国对志愿组织的管理体制主要分为以下六种：一是由民政局主管，如社区志愿组织；二是由工青妇等部门主管，如青年志愿者组织、巾帼志愿者组织；三是由文明办主管，如社会公益团体①；四是由学校、单位组织，如学生志愿者组织、职工志愿者组织；五是社区居委会组织，如居民志愿者组织；六是非政府组织、非营利性组织等民间团体或个人自发组织。调查显示，150 位青年志愿者更倾向选择“政府系统、工青妇系统、青年志愿者协会等组织的志愿服务活动”，占总数的 78.53%，而选择“所在单位、学校组织的志愿服务活动”“自发的青年志愿者团体组织的志愿服务活动”“非政府组织、非营利性组织等民间团体组织的志愿服务活动”“所在社区组织的志愿服务活动”“个人进行的志愿服务活动”的应答比分别为 62.83%、52.88%、42.93%、39.79%、26.18%（见图 10）。这些志愿组织管理体制不仅带有明显的部门条块化分割倾向，而且存在着责任不明确、管理服务不到位等问题。

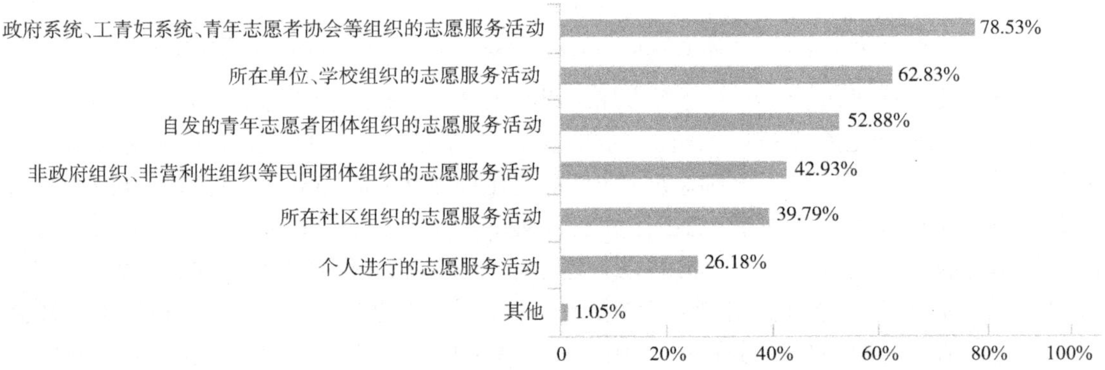

图 10　青年志愿者更倾向选择的志愿服务组织的情况统计

部分新兴的未成年人司法保护青年志愿者组织存在政社不分，开展活动的自主性、独立性不够，社会动员能力不足等问题，同时也存在组织管理服务不到位，支持力度不够，没有在长期联系的基础上建立相互信任、相互支持的平等合作关系等情况②。对于当前志愿者活动中存在的主要问题，居于前六位的是“服务过于形式化”“活动受到太多限制”“服务领域单一”“服务成效不明显”“内容重复单调”“志愿者缺乏培训，素质有待提高”，分别有 129 人（占比 67.54%）、113 人（占比 59.16%）、101 人（占比 52.88%）、94 人（占比 49.21%）、93 人（占比 48.69%）、78 人（占比 40.84%）选择。

对于未成年人司法保护社会工作，青年志愿者对培训内容期待（见表 22）最高的是“服务专业技能”（应答比 15.77%），接着依次为“志愿服务理念”（应答比 13.53%）、“司法保护知识”（应答比 13.02%）、“志愿者的责任与权利”（应答比 10.89%）、“项目团队意识”（应答比 10.68%）、“相关政策法规”（应答比 10.38%）、“志愿者对志愿组织的归属感”（应答比 9.05%）、“工作管理艺术”（应答比 8.34%）、“服务项目开发”（应答比 8.14%）。而青年志愿

① 王庆民. 当前志愿者思想调查及建设路径研究：基于 J 市的调查[J]. 改革与开放，2017（10）：70.

② 王庆民. 当前志愿者思想调查及建设路径研究：基于 J 市的调查[J]. 改革与开放，2017（10）：70.

者对服务内容期待（见表22）最高的是“心理咨询与心理辅导”（应答比10.47%），接着依次为“心理健康教育”（应答比9.14%）、“普法宣传”（应答比7.81%）、“心理矫治”（应答比7.56%）、“自我防护和自我管理指导”（应答比7.23%）、“法治教育”（应答比6.90%）、“法律援助”（应答比6.48%）、“矫正教育”（应答比6.23%）、“人际交往指导与社会关系调适”（应答比5.65%）、“理想信念教育”（应答比4.90%）。另外，还有青年志愿者选择“学业或职业生涯指导与规划”“社会活动类、运动类、职业技能类等有针对性的社会服务活动”“家庭教育指导服务”“习惯养成训练”“行为矫正训练”“促进主动社会参与和建设社会支持网络”等服务内容。

表22　青年志愿者对培训内容与服务内容的期待

单位：%

培训内容	应答比	服务内容（前十位）	应答比
服务专业技能	15.77	心理咨询与心理辅导	10.47
志愿服务理念	13.53	心理健康教育	9.14
司法保护知识	13.02	普法宣传	7.81
志愿者的责任与权利	10.89	心理矫治	7.56
项目团队意识	10.68	自我防护和自我管理指导	7.23
相关政策法规	10.38	法治教育	6.90
志愿者对志愿组织的归属感	9.05	法律援助	6.48
工作管理艺术	8.34	矫正教育	6.23
服务项目开发	8.14	人际交往指导与社会关系调适	5.65
其他	0.20	理想信念教育	4.90

总之，研究人员首先通过对服刑未成年人司法保护社会力量参与现状的调研发现：服刑未成年人心理认知、行为各方面存在诸多问题，不良行为频发，缺乏主动寻求社会力量帮助的意识；社会参与的个体支持情况不乐观，其支持的来源主要是父母及其家庭，有一部分人甚至没有任何得到支持的渠道；未成年犯管教所内的各项教育改造活动中社会人士参与不多，社会参与的频率不高，干预的广度与深度明显不足，社会力量参与的教育改造效果亦不明显。其次，通过对在校未成年人的法治教育与社会支持现状的调研发现，多数在校未成年人普遍接受过学校的法治宣传教育，总体上具有良好的法律认知、维权意识与法律态度，但法律情感不够强烈、对自身合法权益范畴的认识明显不足且维权方式总体情况并不理想，学校法治教育的主体、内容与方式单一，亟待对法治教育加以整体规划并切实引入社会力量参与其中，同时持续打击非法不良网站、尽快净化青少年的网络文化环境；多数在校未成年人与父母居住在一起，有正确的信任对象与归属群体，但部分在校未成年人对家人有疏离感以及个别留守儿童的亲情缺失不容忽视，他们对幸福的认识存在误区，需要及时的正向引导，来自老师的客观社会支持与主观社会支持较弱，参与团体组织活动积极性不高；在校未成年人自身不良行为与周围严重不良行为偶发的问题需要得到重视。最后，通过对青年志愿者参与未成年人司法保护社会工作现状的调研发现：青年志愿者对志愿服务的认知度较高但对未成年人司法保护志愿服务的具体专业技能不甚了解；青年志愿者参与司法保护社会工

作的动机纯洁但持续动力不足;未成年人司法保护志愿组织形式多样但缺乏系统且有效的管理体制。

四、改进对策与建议

(一)构建政府主导下"四位一体"的未成年人司法保护格局

未成年人违法犯罪问题的治理成效直接反映党领导人民治理国家的能力和水平。而最大限度地保护未成年人、预防未成年人违法犯罪,也是国家治理体系和治理能力现代化的重要标志。在保护未成年人、预防未成年人犯罪的综合治理工程中,政府、社会、学校、家庭乃至未成年人自身都要发挥各自独特而重要的功能。

未成年人违法犯罪行为的发生往往是家庭的监护教养不当、学校的管理教育偏颇、社区环境的不良亚文化渗透等多种因素交互作用的结果。就家庭因素而言,不良的家庭教养方式及成员间的低亲密度,尤其是家庭中长期存在的身体暴力和语言暴力现象、溺爱方式、关系紧张等对未成年人违法犯罪有着直接的影响。就学校因素而言,作为学生成长的重要平台,学校往往被看作许多学生违法犯罪行为的发源地。相关研究表明,能够预测学生不良行为发生的学校特征包括师生间的高度不信任,学校纪律管理松懈和缺乏行之有效的管理教育与规范约束,学生厌学情绪明显且处于集体边缘化境地等。就社会因素而言,作为基本的生活环境,社区对未成年人的发展具有相当大的影响,其间的人文环境恶化、邻里关系不和睦、不良亚文化泛滥等对未成年人违法犯罪行为的发生有重要影响。同时,社会、学校、家庭三方之间在未成年人保护与教育方面尚未达成价值理念的共识,尚未形成交流渠道的共通,且尚未做到亲职教育的共事①。未成年人在心智上的非完全成熟状态决定了其合法权益需要外界保护和自我保护相结合,逐步强化自我保护的能力②。政府、家庭、学校和社会应当在各自的职责范围内尽力改善未成年人权益保护状况,同时要教育和帮助未成年人保护自身合法权益,以期建立起政府主导,家庭保护、学校保护、社会保护、未成年人自护"四位一体"的未成年人司法保护格局,引导未成年人在走向成年的过程中形成较强的法律意识。对此,当务之急是出台一系列法规制度、政策措施,以进一步强化家庭监护责任、充实学校管教责任、明确社区净化环境责任、夯实国家机关保护责任③,不断推进家庭、学校、政府乃至全社会在未成年人司法保护方面的达成共识、互联共通与协作共事,从而以平衡责权、合力共行的方式构建一体化的未成年人司法保护机制。

(二)推广亲职教育制度,关注未成年人不良行为的转化边界

"每一个问题孩子的背后,都有一个问题家庭。"④ 近年来,大量的未成年人司法实践表明,未成年人走上违法犯罪道路或者遭受犯罪侵害,与其监护人不履行监护职责或者不正确

① 吴爽. 未成年人违法犯罪,需良法善治:访中央司法警官学院院长章恩友[J]. 教育家,2020(25):28-29.

② 谭毅. 试论改善未成年人安全状况的对策:基于对四川省调查的分析[J]. 广东青年职业学院学报,2014,28(3):33.

③ 吴爽. 未成年人违法犯罪,需良法善治:访中央司法警官学院院长章恩友[J]. 教育家,2020(25):29.

④ 天津市精神文明建设委员会办公室,天津市妇女联合会. 共同播种明天的希望:怎样培养教育未成年人健康成长[M]. 天津:天津人民出版社,2006:199.

履行监护职责息息相关[①]。有的父母忙于生计，无暇照顾还未成年的孩子；有的父母离异，家庭功能不健全；有的父母已经步入歧途，无力监管孩子。未成年人心智尚未发育成熟，极易受外界干扰而走上犯罪的道路。社会力量可以延伸至这样的问题家庭，拓宽未成年人社会支持的渠道，尤其关注未成年人不良行为的转化边界，直接辅助家庭合力监管罪错未成年人的日常行为，同时通过开展亲职教育，间接地增强未成年人预防被侵害的能力。当然，实施与推广亲职教育制度，对负有监护失职责任的父母或其他监护人加强家庭教育指导[②]，督促其切实正确履行监护职责，帮助为人父母者掌握教育抚养技能，不仅是预防和减少未成年人犯罪、避免其遭受犯罪侵害的现实选择[③]，更是为服刑未成年人、罪错未成年人、被害未成年人重塑健康和谐的家庭环境、促其顺利回归社会的必由之路。

目前，很多地区的中小学开展法治教育，大多聘请检察院、人民法院等司法机关的专业法律工作者进行，有的是将这些专业法律工作者作为专门的法治副校长签订合作协议，大多为义务性质的。但是司法机关工作人员业务繁忙，很少有人能定时定期完成义务性质的法治教育任务，这在一定程度上使中小学的这种法治教育流于形式。而专业的司法社会工作者、高校法律专业的教师学生、已经退休的专业法律工作者等社会力量既有能力又有时间，可以作为主要力量参与中小学的法治教育，弥补法治教育缺失的漏洞。社会力量可切实“关注未成年人不良行为的转化边界，抓住重点领域、重点人群、重点场所，完善未成年人犯罪预防和临界干预机制”[④]。同时，有必要调查和分析未成年人司法保护社会工作的核心利益相关者，深入地了解他们的基本需要、诉求以及即将出台的相关政策、指南与规范对他们的影响，多方征求合理建议与意见，谋求有效的沟通渠道与方式。

（三）落实与深化分类干预、梯度帮扶未成年人的全链条体系

未成年人司法保护工作应充分引入社会力量，构建分类干预、梯度帮扶未成年人的全链条体系，尤其是借助社会力量解决有严重不良行为未成年人、违法犯罪未成年人、被害未成年人以及其他相关困境未成年人的帮教维权方面的实际困难，加强未成年人权益保护。从目前社会力量参与服刑未成年人司法保护的现状来看，该项工作基本处于起步阶段，今后将成为完善未成年人司法保护社会工作机制的重中之重。此外，在信息技术突飞猛进的今天，实现对罪错未成年人特质的数字化编码、智能化分类、科学化矫治、针对性干预已成为未成年人司法保护社会工作的趋势，在一定程度上能够确保司法保护社会工作资源的合理配置。

分类干预是指根据罪错未成年人的不同情况对其进行多种类别的划分，然后再结合某类罪错未成年人的特殊情况进行有针对性的司法救助、社会帮扶、团体辅导、个案矫治、教育矫正、生活指导、人生规划等干预活动，从而实现梯度帮扶未成年人的目的。分类干预，突出一个“分”字，即“分类干预、分级处遇、分开矫治、分别规划”。分类干预，重在一个“类”字，即依据性别、年龄、学历、家庭状况、心理特征、日常表现、矫正需求等不同情况，采取区别对待、因人施教的方法，使罪错未成年人真正做到遵纪守法以开启新生。而罪错未成年人数字

① 最高人民检察院未成年人检察工作办公室. 未成年人检察 2017 年第 4 辑[M]. 北京：中国检察出版社，2018：84.
② 张萍，张海燕. 法治教育新起点 培育出彩青少年[N]. 河南法制报，2018-09-12（6）.
③ 余寓文. 少年刑法之未成年人帮教制度中的社会治理路径探究[J]. 新生代，2020（1）：70.
④ 张萍，张海燕. 法治教育新起点 培育出彩青少年[N]. 河南法制报，2018-09-12（6）.

化编码，就是在保护那些需要得到及时矫正的罪错未成年人的隐私信息的前提下用一组数码来描述并展示其有关的各方面特质信息的过程。

研究人员为了说明编码基本原理设计了编码规则示意表（见表 23），表中内容未经严密论证，难免存在谬误，不宜作为他用。它是一份包含 20 个要素、9 个水平值的编码规则表，总共显示罪错未成年人 20 个方面的特质要素信息，每个特质要素的水平取值最多 9 个。在 20 位编码中，前 11 位为静态码，主要用来描述罪错未成年人相对静止的特质，因其不会随着时间的推移而变化，故称为静态码。静态码反映的是罪错未成年人的基本信息，对分类干预、梯度帮扶工作具有重要参考价值。而后 9 位为动态码，用来描述罪错未成年人的变化情况，其中很多特质信息是对罪错未成年人采取分类干预措施的依据。换言之，在这组数码中的每一位（也称"码位"）分别代表罪错未成年人特质中的某个方面（也称"特质要素"）。例如，按照表 23 的规定：第一码位代表"性别"，第二码位代表"户籍"等。而每个码位上的不同取值（也称"水平值"）则代表罪错未成年人在该方面的不同状态。例如第一码位上的水平值是"1"，表示该罪错未成年人为"女性"；水平值是"2"，则表示该罪错未成年人为"男性"。第二码位上的水平值是"1"，表示该罪错未成年人的户籍为"农村"；水平值是"2"，则表示其户籍为"城市"。其他码位的情况以此类推。表 23 中各特质要素水平值按照以下逻辑排列顺序：能够连续取值的数字型特质要素（例如"年龄""非行初发时间"等），按照由小到大的顺序排列，也就是说，水平值是"1"时数字最小，水平值是"9"时数字最大；取值存在递延梯次变化的特质要素（例如"文化程度""家教情况"等），按照分类干预难度排列，即水平值数字越大，帮扶难度越大；取值存在并列关系的特质要素（例如"性别""不良行为""严重不良行为"等），也尽量按照水平值数字越大，情况越糟糕的顺序排列。按照这种设计思路，如果某罪错未成年人编码中很多数字都很大，基本上能判断这是一名犯罪风险几率大且亟须干预的罪错未成年人。如此，通过编码分类，罪错未成年人各方面的特质缺陷均会受到关注，并得到及时的社会干预，在一定程度上能够确保司法保护社会工作资源的合理配置。

（四）加大宣传力度，吸收专业人士参与未成年人的司法保护

未成年人司法保护离不开社会力量的参与，社会力量可以协助司法机关开展多项工作，除了未成年犯管教所内的教育改造、心理咨询等以外，还有如附条件不起诉考察帮教、社会调查、合适成年人到场等。司法机关应该加大对这种理念的宣传，使未成年人及其家庭知晓在遇到问题时社会力量能发挥的作用，不必单纯依靠司法机关，培养其向社会力量求助的意识；可以利用普法活动加强对社会力量的宣传，除向公民宣传基本的法律知识以外，要告诉他们可以寻求帮助的渠道。司法机关业务繁忙，专业社会工作者及组织，尤其是司法社会工作者，可以为公众提供比较专业的法律服务和困难救助。例如，未成年犯管教所内的心理咨询和部分教育矫正任务可以由社会力量完成，社会工作者的身份更容易为未成年人所接受，同时能达到教育、感化、挽救的目的。在开展教育矫正工作之前，社会工作者要了解未成年人特征，根据其自身发展需求开展项目服务，在内容上突出个性化、因人施教、个别化矫正，在形式上以常规课堂教学为主，辅以个别谈话、亲情规劝等。专业社会工作者可以尝试利用个案社会工作、小组社会工作中服务案主的程序做法开展心理咨询服务。

表 23　罪错未成年人编码规则示意表[①]

编码种类		静态码											动态码								
码位		一	二	三	四	五	六	七	八	九	十	十一	十二	十三	十四	十五	十六	十七	十八	十九	二十
特质要素		性别	户籍	政治面貌	不良行为	严重不良行为	非行初发时间	家庭环境影响	学校环境影响	社区环境影响	个性特点	爱好特长	年龄	文化程度	家教情况	学业情况	法治观念	道德水平	心理健康水平	矫正需求	社会支持情况
水平值及其含义	1	女性	农村	共青团员	1 项	1 项	…	…	…	…	…	…	<6	高中毕业	良好	良好	…	…	…	…	…
	2	男性	城市	少先队员	2 项	2 项	…	…	…	…	…	…	6~12	高中辍学	一般	一般	…	…	…	…	…
	3			群众	3 项	3 项	…	…	…	…	…	…	>12	职高毕业	较差	较差	…	…	…	…	…
	4			其他	4 项	4 项	…	…	…	…	…	…		职高辍学	很差	很差	…	…	…	…	…
	5				5 项	5 项	…	…	…	…	…	…		初中毕业			…	…	…	…	…
	6				6 项	6 项	…	…	…	…	…	…		初中辍学			…	…	…	…	…
	7				7 项	7 项	…	…	…	…	…	…		小学毕业			…	…	…	…	…
	8				8 项	8 项	…	…	…	…	…	…		小学辍学			…	…	…	…	…
	9				>8 项	>8 项	…	…	…	…	…	…		文盲			…	…	…	…	…

① 该表格是为说明罪错未成年人编码分类基本原理而制作的示意表，表中内容未经严密论证，难免存在谬误，不宜作为他用。

目前，社会力量参与未成年人司法保护的专业化水平较低。虽然高校培养的社会工作专业人才已开始实践工作，但与社会需求还有一定差距。再加上人才流失、待遇保障不完善等障碍，专业社会工作人才缺乏。由高校师生、退休人员等组成的志愿者队伍从事未成年人司法保护社会工作的稳定性受到质疑，专业性也有待提高。所以，组建专业的社会工作队伍，培养专业的社会工作人才势在必行。最高人民检察院与共青团中央联合签订的《关于构建未成年人检察工作社会支持体系合作框架协议》，拉开了两部门合力推进社会力量参与未成年人司法保护体系建设的帷幕，各地纷纷落实，尝试培育青少年司法类社会工作服务专门机构，逐步吸收专业社会工作力量参与未成年人司法领域的工作，为社会支持体系的各个层面提供专业化服务，并建立相应的绩效评估制度与工作激励机制，同时培育与扶持未成年人司法保护社会组织，充分发挥青年志愿者在其中的模范引领作用。

有效的未成年人司法保护社会工作离不开规范合理且扎实有序的司法保护社会工作专业化队伍建设。而在司法保护社会工作专业化队伍建设层面，应以专业化的资质培训为依托，采取以专为主、聘兼结合的途径。第一，应从资历或资格的维度规定专职未成年人司法社会工作者的基本选用条件，还可任用社会学、法学、心理学、教育学等专业的本科毕业生或培养其他相关专业的中青年本科、硕士、博士毕业生，逐步建立未成年人司法保护社会工作实务与研究一体化机制。第二，针对不同年龄的专职司法保护社会工作者的情况，制定详细的继续教育周期性规划，并按照不同的培训层次，将其分解为具体的计划加以实施。第三，创新不同类型未成年人个案矫治专业化技能的培训模式，增进未成年人司法保护社会工作者和司法保护社会工作研究者之间的相互沟通与交流，构建广泛意义上的未成年人司法保护社会工作共同体，形成一支职业道德高尚、向心力强、门类齐全、结构合理的未成年人司法保护社会工作专业化队伍①。第四，分析、论证与制定一套切实可行的未成年人司法保护社会工作指南，并在试行一段时间之后通过不断改进与完善，力争基本形成分类清晰、权责明确、内容科学、程序规范、配套完备、效果明显的工作制度体系，进一步保障“专业的人做专业的事”，以形成以一体化的司法制度为准绳、联动化的组织管理为载体、专业化的社会工作队伍为依托、精准化的服务项目为支撑、最优化的社会资源为保障的未成年人司法保护体系。

五、结语

上述调查分析与对策建议在一定程度上为此类研究提供了新的观点和思路，但是由于研究人员自身理论知识、实践经验所限以及研究内容本身仍处于尝试性的探索阶段，所以在研究过程中一定存在着数据统计不系统、访谈样本不充分、循证体系不完整等缺憾之处。

在研究期间，恰逢保定市共青团、保定人民检察院筹备成立保定护蕾未成年人司法社会服务中心，协办的单位成员主要包括驻保高校、中小学、社会工作服务中心等。研究人员协助成立该中心，并随后多次积极参与检、团、校合作项目。2019 年 11 月 8 日，保定市人民检察院隆重举行保定护蕾未成年人司法社会服务中心揭牌仪式暨成员单位志愿者授牌仪式。这既是保定市人民检察院、共青团市委以及高校进一步深化合作，加强未成年人司法保护的重要举措，也是推进未成年人检察工作社会支持体系构建，加强各方社会力量优势互补与密

① 姜祖桢，宋秋英，张凯. 社区服刑人员矫正效果及其相关因素实证分析[J]. 中国司法，2017(5)：44.

切协作的有效途径,更是努力实现未成年人司法工作专业化办案与社会化保护配合相衔接的前提保障。随后,研究人员帮助、指导相关社会组织注册成立了保定市正德社会工作服务中心,其主要业务为司法保护社会工作、青少年社会工作,旨在充分利用驻保高校资源,携手助力保定未成年人司法保护工作,形成社会组织良性孵化、志愿者持续培育的合力,促进试点项目向纵深方向发展。今后,我们将在未成年人司法保护社会工作的内容、方法、效果评估体系、专业队伍建设与实施保障机制等方面继续探索,为我国未成年人司法保护社会工作取得实质性、系统性进展作出贡献。